HEYNE
BÜCHER

Dieter Brandes, Diplom-Kaufmann, hat den Erfolgskurs von Aldi als langjähriger Geschäftsführer und Mitglied des Verwaltungsrates wesentlich mitbestimmt. Seit 1993 ist er Unternehmensberater für Organisation und Strategieentwicklung. Er berät außerdem neue Discountprojekte in Italien, der Türkei und Malaysia.

Dieter Brandes

Konsequent einfach

Die ALDI-Erfolgsstory

Wilhelm Heyne Verlag
München

HEYNE SACHBUCH
19/666

Umwelthinweis:
Dieses Buch wurde auf chlor- und
säurefreiem Papier gedruckt.

Aktualisierte Taschenbucherstausgabe 10/99

Wilhelm Heyne Verlag GmbH & Co. KG, München
http://www.heyne.de
Printed in Germany 1999
Umschlaggestaltung: Atelier Bachmann & Seidel, Reischach
Satz: Schaber Satz- und Datentechnik, Wels
Druck und Verarbeitung: Presse-Druck, Augsburg

ISBN 3-453-15525-4

Inhalt

Teil 3
Geschäftsprinzipien
179

ALDI heute
Ein Ausblick in die Zukunft
245

Anmerkungen

Literatur

Register

»Das Wesentliche ist für das Auge unsichtbar«

(Der Kleine Prinz, Antoine de Saint-Exupéry)

Vorwort

Gleich nach meinem Weggang bei ALDI rief mich ein Redakteur des *SPIEGEL* an und fragte mich, ob ich bereit sei, über ALDI zu schreiben. Ich lehnte ab, wie es sich für ALDI-Leute, die Diskretion großschreiben, gehört. Diesen kompromißlosen Verzicht auf jegliches öffentliches Auftreten, die typische ALDI-Askese, habe ich immer mitgetragen und erachte ein solches Prinzip auch heute für die überwiegende Zahl der Unternehmen als richtig. Die meisten Äußerungen und Interviews dienen der Selbstdarstellung und befriedigen vor allem die Eitelkeiten der Unternehmensleiter oder Manager. Oft dienen sie auch dazu, den Verkauf des Unternehmens vorzubereiten und dieses nur von der Schokoladenseite zu zeigen. Solche Informationen nützen nur der Konkurrenz, dem Kunden jedoch wenig - aber um den geht es doch eigentlich. Oder?

Heute, wenn das ALDI-Konzept etwa 50 Jahre alt wird und die beiden Unternehmensgründer, Karl und Theo Albrecht um die 80 Jahre alt sind, scheint mir ein guter Zeitpunkt zu sein, über das »Phänomen ALDI« zu schreiben - aus der Distanz, nach einigen Jahren neuer Erfahrungen bei anderen Unternehmen und mit dem Blick für das Wesentliche. Es ist schon erstaunlich, daß es bis heute kein einziges Buch über dieses »Wunder« des Einzelhandels gibt, obwohl sich zahlreiche Wissenschaftler und Journalisten immer wieder damit befassen. Die Prinzipien der Geheimhaltung und die Loyalität der Angestellten haben verhindert, daß die Öffentlichkeit über ein Gesamtbild verfügt. In den letzten Jahren allerdings sind einige Mitarbeiter zur Konkurrenz gewechselt und haben »ihre Zahlen« dabei vermutlich mitgenommen, obwohl das natürlich – wie bei jedem Unternehmen – verboten ist. Auf diese Weise, so ist anzunehmen, haben inzwischen immer mehr richtige Zahlen aus dem Hause ALDI ihren Weg in die Fachpresse gefunden und das quantitative Bild klarer werden lassen. So ist die Öffentlichkeit nicht mehr allein auf Schätzungen angewiesen. Doch im allgemeinen sind diese Zahlen strenger unter Verschluß als die Nachrichtenschlüssel der Geheimdienste, wie der Branchenkenner Hans Otto Eglau bemerkte[1], der ALDI von der Anfangszeit bis heute beobachtete.

Astrid Paprotta und Regina Schneider, die mit ihrem Buch *ALDIdente*[2] eine kleine Hommage an ALDI verfaßt und dem Unternehmen mit ihrem Bestseller fast einen Kultstatus verliehen haben, nennen ALDI »ein seltsames Reich«. Jeder kennt es, aber kaum jemand redet darüber. Vielleicht weil es sich um ein Reich der Selbstverständlichkeiten handelt.

Es ist nicht Anliegen dieses Buches, die sozusagen letzte amtliche Statistik zur quantitativen Beschreibung von ALDI zu liefern. Ich halte dies auch für unwesentlich, obwohl immer wieder gefragt wird, wie hoch der Umsatz ist, wo der Break-even liegt oder wie hoch die Nettomarge ist. Was ist daran im einzelnen so interessant? Ist es nicht von größerer Bedeutung, das Wesen dieses erfolgreichen Unternehmens zu verstehen? In bezug auf die quantitativen Daten sind Unternehmen ohnehin nur schwer vergleichbar; auch konkret beim Benchmarking helfen solche Zahlen nicht viel weiter. Für Mitbewerber sollte es viel wichtiger sein, über den Sinn und die Ziele des eigenen Geschäfts nachzudenken. Denn ausschlaggebend für den Erfolg sind vor allem eine Reihe von Tugenden bzw. die Unternehmenskultur. Aber auch Organisation und Führung sowie wichtige Geschäftsprinzipien werde ich beschreiben. Dabei wird deutlich werden: Das meiste erscheint einleuchtend und im Grunde so einfach, wie es in Wirklichkeit ja auch ist.

Ich halte es für ohne weiteres möglich, wichtige Erkenntnisse über das Unternehmen ALDI auf viele andere Unternehmen der verschiedensten Branchen zu übertragen. Unternehmer, die erkannt haben, daß sie von ALDIs Praktiken einiges ableiten können, fahren damit durchaus erfolgreich.

So bezeichnet sich Möbel Roller, Deutschlands größter Möbel-Filialbetrieb, gerne selbst mit dem Prädikat »ALDI der Möbelbranche«. Das Unternehmen folgt dem Anspruch auf Preisführerschaft an jedem Ort. Hans-Joachim Tessner, der Gründer des Unternehmens, das heute zusammen mit der Asko zur Metro-Gruppe gehört, kam 1969 auf die Idee, einen Möbeldiscount-Laden nach dem Vorbild des Unternehmens der Albrecht-Brüder zu schaffen.[3]

Auch der geschäftsführende Gesellschafter der Piasten- und Schokoladenfabrik Hofmann GmbH & Co. KG, Thomas Hofmann, sagte in einem Interview einmal über sein Unternehmen: »Wir sind der ALDI unter den Süßwarenherstellern.«[4] Damit drückt er seine Anerkennung für den Erfolg von ALDI aus sowie sein geschäftsführendes Prinzip, ALDIs Methoden möglichst zu kopieren.

Indem ich einige Eigenschaften und Prinzipien von ALDI beschreibe, wird auch deutlich werden, wo in der Einzelhandelsbranche entscheidende Fehler gemacht werden. Ich bin sicher, ich mußte ALDI verlassen, um dies erkennen und beurteilen zu können. Mit einer bei ALDI geschärften Brille war es mir möglich, das Andere zu betrachten und genauer kennenzulernen.

Gerade meine Erfahrungen im Ausland haben mir die Besonderheiten von ALDI sehr deutlich vor Augen geführt. Allem voran war für mich der Aufbau einer Discountkette nach ALDI-Vorbild in der Türkei von großer Bedeutung. Besonders erkenntnisreich war auch der Aufbau der ALDI-Gesellschaften in den Niederlanden, Belgien und Dänemark sowie der Erwerb und die Betreuung der Beteiligungen in den USA. Unterschiedlich waren auch meine Erfahrungen in deutschen Unternehmen. Was man dort erlebt, zwingt geradezu, darauf hinzuweisen, wie man es – mit Blick auf ALDI – viel besser machen kann.

Meine Ausführungen basieren im wesentlichen auf Erkenntnissen, die ich als Geschäftsführer und Mitglied des Verwaltungsrates bei ALDI Nord gewonnen habe.

In den letzten Jahren hat sich bei ALDI allerdings einiges in der Unternehmenskultur verändert. Das kann ich nicht mit dem Prädikat »besonders wertvoll« bewerten. Ich zeige vielmehr in diesem Buch, was ALDI erfolgreich gemacht hat. Das sind Prinzipien und Methoden, die heute und in der Zukunft bestens geeignet sind, Unternehmen erfolgreich zu führen.

Als ich vor Drucklegung einige Passagen dieses Buches Monika Linde, die als hervorragende Supervisorin in bezug auf Hintergründiges besonders sensibel ist, zum Lesen gab, sagte sie, das würde ja ein moralisches Buch werden. Zunächst war ich verunsichert und habe meine Ausführungen überprüft. Ihre Einschätzung ist aber durchaus richtig. In der Wirtschaft gilt auch Moral. Und ALDI ist in vielerlei Hinsicht ein moralisches Unternehmen. Das zeigt, daß man auch mit Moral viel Geld verdienen kann. Ohnehin ist Geldverdienen und Geld an sich nichts Unmoralisches. Die Lateiner sagten: »Pecunia non olet« (Geld stinkt nicht). Insofern ist dieses Buch durchaus ein moralisches Buch und ein »Kulturbuch«, denn die Unternehmenskultur von ALDI ist als Erfolgsfaktor nicht zu unterschätzen. Im Grunde leben mit der Beschreibung über ALDI auch alte Tugenden wieder auf. Interessant ist dabei: Diese können Gewinn bringen. Man wird sehen, welche Bedeutung und welchen Nutzen Ethik und Moral neben vielen – mehr technischen – Einzelheiten in einem so hemdsärmelig erscheinenden Unternehmen haben.

ALDI war für mich die beste Schule im Hinblick auf Unternehmensführung. Dafür danke ich. Und wenn wir von den Daten aus Karl Albrechts Vortrag von 1953 ausgehen, dann soll es auch eine nachträgliche Hommage zum 50jährigen Bestehen des Unternehmens sein. Wegen der ungeliebten Öffentlichkeitswirkung werden die Albrecht-Brüder dieses Buch allerdings nicht uneingeschränkt begrüßen.

Ich danke dem ehemaligen Mitglied des Verwaltungsrates, Otto Hübner. Trotz einer Reihe von Differenzen im Laufe der Jahre habe ich immer seine Prinzipientreue geschätzt. Er, der »bibelfeste« Lordsiegelbewahrer, der 1984 im *manager magazin* durchaus treffend als Theo Albrechts Hausmeier charakterisiert wurde, hatte mich als »junges Talent« 1971 von der coop Kiel zu ALDI Nord nach Herten in Westfalen geholt. Später setzte er mich als Geschäftsführer in Nortorf ein, einer kleinen 6000 Einwohner-Gemeinde in Schleswig-Holstein, die später auch Sitz der Albrecht-Stiftung werden sollte. 1975 wurde ich schließlich neben Theo Albrecht und Otto Hübner drittes Mitglied des Verwaltungsrates in Essen.

Ich danke auch Aziz G. Zapsu, der dieses Projekt unbewußt förderte, weil er begierig war, ALDI und das Einfache zu verstehen. Er errichtete in nur drei Jahren mehr als 300 Discountläden in der Türkei. Aziz und seinen Bruder Cüneyd nannte die Wirtschaftswoche schon die »Albrecht-Brüder der Türkei«.

Dieses Buch soll nach den typischen ALDI-Prinzipien funktionieren: Es ist, wie ich hoffe, einfach zu verstehen. Es soll weder scheinbare Bedeutung dadurch erlangen, daß es mit modernen Managementbegriffen gespickt wird, noch soll es den Leser mit unnötigem Beiwerk belasten. Ich will nur das Wesentliche beschreiben: das Wesentliche aus der Praxis.

Für die Unterstützung und viele gute Eingriffe danke ich dem Campus Verlag, vor allem Frank Schwoerer, Karin Beiküfner und Britta Kroker.

Dieter Brandes

EINFÜHRUNG

ALDI – ein Miniporträt

»Wenn uns bei der Kalkulation etwas beschäftigt, dann nur, wie billig wir eine Ware verkaufen können«

Die folgende Äußerung ist die einzige bekannte öffentliche Beschreibung des ALDI-Systems aus dem Munde der Albrecht-Brüder:[5]

»Wenn ich über Preisgestaltung und Betriebsvereinfachung zu Ihnen rede, erzähle ich Ihnen meinen Betrieb, wie er abläuft, weil ich glaube, daß er einfach ist.

Wenn ich heute einen Rückblick auf unseren Betrieb mache, so stelle ich fest, daß wir zum Anfang unserer Entwicklung im Jahre 1948 und im Jahre 1949 zwangsläufig nur ein kleines Warensortiment führten. Wir hatten vor, weitere Filialen aufzumachen, und mußten uns aus geldlichen Mitteln heraus sehr sparsam verhalten. Wir glaubten, späterhin unser Verkaufsprogramm zu erweitern. Wir wollten unsere Filialen dann wie ein normales Einzelhandelsgeschäft mit einem breiten Lebensmittelsortiment eindecken.

Das taten wir dann allerdings nicht, denn wir erkannten, daß wir auch mit unserem kleinen Warensortiment ein gutes Geschäft machen konnten und daß unsere Unkosten verglichen mit den anderen Betrieben sehr niedrig blieben und zum größten Teil auf unser kleines Warensortiment zurückzuführen waren.

Inzwischen haben wir diese Erkenntnis zum Grundsatz unseres Betriebes gemacht. Heute arbeiten wir mit einem Unkostensatz von 11 Prozent.

Seit 1950 verfolgen wir neben dem Grundsatz des kleinen Warenangebotes den des niedrigen Preises. Auch dazu waren wir wiederum gezwungen. Wollten wir dem Kunden keine Auswahl bieten, so mußten wir ihm zumindest einen anderen Vorteil einräumen. Wir verkauften von der Zeit an unsere Ware entschieden billiger.

Ich bin überzeugt, daß diese beiden Grundsätze, der des kleinen Warenangebotes und der des kleinen Preises, voneinander nicht zu trennen sind. Heute haben wir die denkbar besten Erfahrungen damit gemacht. Im Jahre 1949 betrug unser Durchschnittsumsatz pro Verkaufsstelle im Monat DM 8200, 1951 12 800 und heute beträgt er 20 000 bis 21 000.

Diese Umsatzsteigerung hat ihren Grund fast ausschließlich in meinen o. g. Grundsätzen, denn werbungsmäßig sind wir sehr sparsam. Der Prozentsatz für Werbungskosten beträgt noch nicht einmal 0,1 Prozent. Unsere ganze Werbung liegt im billigen Preis, und sie ist so wirksam, daß der Kunde es auf sich nimmt, Schlange zu stehen. Am Wochenende ist es fast immer so, daß er schon vor Öffnung des Geschäftes vor der Tür draußen wartet. Aber nicht nur das Wochenende, auch der Wochenanfang bringt schon gute Umsätze.

Um Ihnen ein Beispiel unserer Umsätze zu geben, möchte ich sagen, daß wir in unserer besten Verkaufsstelle mit einer Thekenlänge von 5,5 m im vergangenen Monat einen Umsatz von DM 44 000 gemacht haben. In einer anderen Verkaufsstelle mit einer Thekenlänge von 4 m haben wir DM 28 000 gemacht.

Aus diesen Beispielen können Sie erkennen, daß es sich nicht um ein normales Bedienen handelt, sondern um Massenabfertigung. Um diese Leistung technisch zu erzielen, sind unsere Regale und Theken einfach konstruiert. Das gesamte Warensortiment ist auf den Theken und in den Regalen für den Kunden sichtbar angeordnet. Dekorationen im Laden werden nicht ausgeführt.

Zu unserem Warensortiment möchte ich weiter ausführen, daß es ca. 250 bis 280 Artikel umfaßt. Wir halten es bewußt klein und unter ständiger Kontrolle. Wir sind dabei bemüht, keine Parallelartikel nebeneinander zu führen. Bei der Auswahl der zum Verkauf bestimmten Artikel sind wir so weit gegangen, daß wir eine Reihe von Waren überhaupt nicht verkaufen. Der Grund für diese Ausschließung:

1. die Umsatzgeschwindigkeit,
2. die Verkaufsgeschwindigkeit.

So führen wir z. B. wegen der Verkaufsgeschwindigkeit keine losen Konfitüren, kein Obst und Gemüse, keine Salzheringe und wegen der Umsatzgeschwindigkeit keine Obst- und Gemüsekonserven, ebenso keine Feinkostartikel wie Mayonnaisen, Rollmops, Heringssalat usw. Das Verkaufsprogramm umfaßt lediglich schnell umschlagsfähige Konsumartikel. Bei Hülsenfrüchten haben wir aber auch jeweils nur eine Sorte im Angebot, also nur eine Sorte Bohnen und eine Sorte Linsen und auch nur eine Sorte Reis.

Verpackte Hülsenfrüchte führen wir auch nicht, da die Verpackungskosten uns die Ware zu sehr verteuern und nicht mehr mit diesen vollen Preisen in den Rahmen unserer niedrigen Preise passen. Wir haben festgestellt, daß, wenn wir Ware vorweg verpacken, dies oftmals wesentlich teuerer ist, als unsere gesamten Personalkosten ausmachen. Wir packen also nichts vor. Es muß alles während des Verkaufs abgewogen werden.

Als weitere Beispiele unseres Sortimentes führe ich an:

1 Sorte Zucker,
4 verschiedene Konfitüren in Gläsern,
5 Sorten Nudeln, die wir alle immer zum gleichen Preis verkaufen,
5 verschiedene Stück Feinseife,
5 Stück Kernseife.

Von Schuhputz führen wir nur Erdal, von Zahnpasta nur Blendax und von Bohnerwachs in Dosen nur Sigella, immer nur den Artikel, der von den Markenartikeln am besten geht. Auch bei den scharf kalkulierten Artikeln wie Öl, Schmalz, Plattenfett verkaufen wir nur eine Sorte. Auf weitere Sorten zur Hebung unserer Kalkulation verzichten wir.

Auch das Verkaufsmoment beim Anbieten eines Artikels, von dem wir nur eine Sorte anbieten können, ist für unsere Verkäuferinnen wesentlich einfacher und viel kürzer, und der Kunde kann viel schneller einen Entschluß fassen: entweder zu kaufen oder nicht zu kaufen.

In unserer Preisgestaltung haben wir bei vielen Artikeln feststehende Kalkulationssätze. Bei den scharf kalkulierenden Artikeln wenden wir folgende Aufschläge an:

Tafelmargarine	5–7%
Schmalz	10%
Fetter Speck	10–12%
Plattenfett	10%
Mehl höchstens	10%

Öl verkaufen wir: kg Einstandspreis = ltr. Verkaufspreis. Da brauchen wir gar nicht mehr zu rechnen.

Beim Absinken der Einkaufspreise setzen wir unsere Verkaufspreise sofort niedriger, auch wenn wir noch nicht gekauft haben. Wir vertreten dabei den Standpunkt: Angriff ist besser als Verteidigung.

Man ist nur allzu leicht geneigt, einen Preis, auch wenn er im Einkauf gefallen ist, weiter laufen zu lassen. Das würde sich allerdings unangenehm rächen, denn das, was man erreichen muß, ist, daß der Kunde den Glauben gewinnt, nirgendwo billiger einkaufen zu können. Hat man das erst einmal erreicht – und ich glaube, daß das bei uns der Fall ist –, so nimmt der Kunde alles in Kauf. Er richtet sich sogar nach den besten Einkaufszeiten.

Wir selbst erreichen dadurch fast eine Vollbeschäftigung des Personals. Sie ist der wesentlichste Faktor bei niedrigen Personalkosten zwischen 3,1 und 3,7 Prozent.

In diesem Jahr haben wir diese Erkenntnisse noch konsequenter durchgeführt und dabei Erfolge erzielt wie noch nie bisher. Unsere Umsatzzahlen mögen ein Beispiel dafür sein.

Im Januar betrug der Umsatz DM 250 000, Februar 300 000, März 340 000 und im April 394 000.

Abschließend möchte ich sagen, daß unser Betrieb fast ausschließlich dirigiert wird von niedrigen Verkaufspreisen. Alle anderen Maßnahmen zur Belebung des Geschäfts werden nicht angewandt und stehen schon lange nicht mehr zur Debatte. Wenn uns bei der Kalkulation etwas beschäftigt, dann nur, wie billig wir eine Ware verkaufen können und nicht, welchen höchsten Verkaufspreis wir erzielen können.«

An diesen grundlegenden Feststellungen von Karl Albrecht aus dem Jahr 1953 – damals noch zu einem Konzept ohne Selbstbedienung – hat sich bis heute fast nichts geändert, außer daß der Kostensatz durch langjährige kluge Arbeit an allen Details weiter verbessert wurde. Im Grunde entstand ein ganzes System nach dem Prinzip einer Entdeckung in den Naturwissenschaften: durch *Zufall.*

Wenig ist besser als zuviel

Aus Not und notwendiger Sparsamkeit wurde Verschwendung vermieden. Es galt das Prinzip: Wenig ist besser als zuviel. Und man meinte damit Kapital, Personal, Räumlichkeiten. Resultat dieses »Notprogramms« war schließlich das ALDI-Konzept. Der Mangel an den genannten Ressourcen setzte Phantasie frei und schuf, ohne zu übertreiben, die Idee des Jahrhunderts im Einzelhandel.

In der *Lebensmittel-Zeitung,* dem angesehenen und kompetenten Fachblatt der Branche, erschien am 11. 4. 1980 ein Leserbrief des ehemaligen Vorstandsvorsitzenden der AVA/Marktkauf (heute mit fast 10 Milliarden Umsatz eines der größten Einzelhandels-Unternehmen in Deutschland), Karl H. Kuhlmann. Er sagte über ALDI: »ALDI ist der erfolgreichste Lebensmittel-Einzelhändler aller Zeiten.« Der ehemalige Oetker-Direktor, Dieter Baader, ein im deutschen Lebensmittelhandel allseits bekannter Fachmann und Debattenredner auf vielen Kongressen, formulierte es im Marketing-Club Köln/Bonn einmal so: »ALDI ist der größte handelspolitische Markenerfolg in der westlichen Welt.«

... vorantasten wie Albert Einstein

Eine bestimmte Unternehmensphilosophie oder strategische Marketinguntersuchung lag dem ALDI-Konzept nicht zugrunde. Eher handelte es sich um eine Anpassung an die Bedingungen von Wettbewerb und Märkten. Die Erkenntnisse, die man daraus ableitete, wurden konsequent umgesetzt. Das ursprüngliche Konzept wurde im Laufe der Jahrzehnte nie grundsätzlich verändert, es erfolgten immer nur schrittweise Anpassungen an verschiedenste innere und äußere Entwicklungen. Daher kann man auch nicht - wie hin und wieder in der Fachpresse geschehen - von alten und neuen Strategien bei ALDI sprechen.

Die ALDI-Strategie war das Ergebnis eines dynamischen Prozesses, geleitet von Intuition, unbewußtem wie bewußtem Handeln und einer wachsenden Reflexion darüber. Aus einem Krämerladen mit einem »einfachen Konzept der Not« wurde der erfolgreichste Einzelhändler der Welt. Wie so oft in der Wirtschaftsgeschichte stand am Anfang nicht der geniale, wissenschaftlich begründete Entwurf, sondern eine gute unternehmerische Idee, die sich im Laufe der Jahre zu einem stabilen Erfolgskonzept entwickelte. Das ALDI-System war nicht eine plötzliche Erfindung, sondern Karl und Theo Albrecht haben sich mit ihren ersten »Mini-Läden in drittklassigen Lagen« an ihr Verkaufssystem im wahrsten Sinne des Wortes herangetastet.[6] So wie auch Albert Einstein seine Arbeitsweise beschrieb: »Ich taste mich voran.«

In jüngster Zeit gibt es jedoch interne und externe Anzeichen für einen zunächst graduellen Wandel. Während ALDI über Jahrzehnte hinweg an einem streng begrenzten Warenangebot festhielt, gibt es nun eine Sortimentsausdehnung – und zwar besonders bei ALDI Nord. Die »sturen« und prinzipienfesten Mülheimer von ALDI Süd folgen dieser Aufweichung des Konzepts erst behutsam.

Aber auch andere Veränderungen finden statt, die zu Bedenken Anlaß geben. Trotz aller tief verwurzelten Geschäfts- und Führungsprinzipien verändert sich jedes Unternehmen mit den entscheidenden und handelnden Personen. Auch bei ALDI ist heute eine Führungsmannschaft im Amt, die sich deutlich unterscheidet von den Managern der 60er, 70er und 80er Jahre. In diesen Jahren wurde das ausgereifte Konzept gelebt und verfeinert. Strenge Prinzipien brachten den einzigartigen Erfolg. Askese, Bescheidenheit, Detailarbeit und unglaubliche Konsequenz machten das Wesen von ALDI aus.

Theo Albrecht wird mehr und mehr von seinen Söhnen abgelöst. Seine früher so harte Hand und die Prinzipientreue der früheren Mitglieder der Geschäftsführungen und des Verwaltungsrates scheinen heute an Gewicht zu verlieren. Gewichtige Veränderungen kann das für ALDI – hier besonders für die Gruppe Nord – bedeuten. Auf die an manchen Details erkennbaren Veränderungen wird an den entsprechenden Stellen in diesem Buch hingewiesen.

Entscheidend aber für den Erfolg von ALDI und für viele andere Unternehmen auch aus anderen Branchen sind die in diesem Buch dargestellten grundsätzlichen Einsichten und Methoden von ALDI, die im wesentlichen bis heute gelten. Sie sind noch immer modern und gewinnen an Gewicht in einer Zeit, in der sich viele Unternehmen und teilweise ganze Branchen neu orientieren müssen, um dem weltweiten Wettbewerb standhalten zu können. Mit den Einsichten und Methoden von ALDI kann manches andere Unternehmen einen Spitzenplatz in seiner Branche einnehmen.

Hätten die Mitbewerber den Ausführungen Karl Albrechts damals mehr Aufmerksamkeit geschenkt, sähe die Handelslandschaft heute möglicherweise ganz anders aus. Aber wie 1953 glaubte auch 30 Jahre später noch kaum jemand an den Erfolg dieses Konzepts.

1983 stellte die *Lebensmittel-Zeitung* fest[7]:

> »Kaum ein Marketingkonzept ist so gründlich analysiert worden, kaum eines liegt so nachvollziehbar offen - und dennoch hat beinahe eine ganze Branche dem Aufstieg eines Unternehmens und dem damit verbundenen Wachstum dieses Vertriebssegments tatenlos und phantasielos zugesehen.«

Aber da war eben viel mehr als ein »Marketingkonzept«. Jene Nachahmer, die versucht haben, das ALDI-Konzept zu kopieren, hatten offensichtlich das von Marie Ebner-Eschenbach beschriebene Problem: »Die meisten Nachahmer lockt das Unnachahmliche.«

Und wenn jemand kopierte, dann wollte er es noch besser machen. Dabei mußte er erkennen: Das Know-how von ALDI ist so einfach, daß niemand es glauben mag. Darum ist das Nachahmen so schwer.

Geheimhaltung aus Prinzip

Von ALDI ist sehr wenig bekannt. Aufgrund der klugen Firmenkonstruktion unterlag ALDI bisher nicht der Publizitätspflicht. Diese Pflicht zur Veröffentlichung von Bilanzen würde dann entstehen, wenn zwei der drei Kriterien Umsatzgröße (mindestens 250 Mio. DM), Mitarbeiterzahl (ab 5000) und Bilanzsumme (ab 125 Mio. DM) erfüllt wären. In bezug auf Geheimhaltung gibt es große Ähnlichkeiten mit C&A, Ikea und bis vor kurzem auch mit der Metro-Gruppe. Diese Unternehmen, insbesondere die Metro, zeichnen sich wie ALDI durch ein hervorragendes Konzept, durch eine sehr eigene Unternehmenskultur, aber auch durch einen ähnlich großen Erfolg über viele Jahre hinweg aus.

In einer Vielzahl von Presseartikeln wurde ALDI diskutiert, in Imagestudien und in streng vertraulichen Abhandlungen versuchten Konkurrenten, Marktforschungsinstitute und Markenartikelhersteller mehr über ALDI zu erfahren. So wurde also immer nur spekuliert. Für ALDI war es nützlich, über solche Studien, die man über Lieferanten zugespielt bekam oder die in der Fachpresse diskutiert wurden, einiges über den eigenen Absatzmarkt, seine Kunden oder über die Einschätzungen von Lieferanten und Mitbewerbern zu erfahren, ohne daß man hierfür Geld ausgeben mußte. ALDI selbst hat für Marktforschung nie Geld ausgegeben. Bei ALDI wird mehr darüber nachgedacht, was die Kundenwünsche sein könnten, und man handelt einfach, indem unmittelbar etwas ausprobiert wird.

Dieser Verzicht auf Publizität geschieht bewußt und ist Teil der Unternehmenspolitik. Die Konkurrenz erhält dadurch wenig Informationen. Neuerdings kann allerdings jedermann die Ladenzahl von ALDI ermitteln. Die Adressen aller Läden können jetzt unter www.aldi.de aus dem Internet geholt werden. Wenn Unternehmen etwas veröffentlichen über ihre organisatorischen Lösungen oder stolz über ihre Umsatzsteigerungen oder ihre besonders hohe Personalproduktivität und entsprechend niedrigen Kosten berichten, so kann das nur der Konkurrenz helfen. Diese kann die Informationen nutzen, um ihre eigenen Leistungen zu verbessern. Das kann für ein Unternehmen wie ALDI nicht vorteilhaft sein, und für ALDIs Kunden, die die Fachpresse nicht lesen, bringt es auch keine Vorteile. Die Kunden wollen gute Qualität zu niedrigen Preisen.

Die Kritik an der »fehlenden öffentlichen Kontrolle«, die zuweilen erhoben wird, überschätzt die Einflußmöglichkeiten: Die Veröffentlichung von Unternehmensentwicklungen, etwa durch Berichterstattung in den Zeitungen, hat noch nie verhindert, daß große Publikumsgesellschaften zusammenbrachen oder interne Probleme verhindert werden konnten. Erinnern wir uns an die coop AG, an den Bremer Vulkan, an die Metallgesellschaft oder an das jüngste Beispiel von schlechtem Management bei der Konsumgenossenschaft Dortmund.

Geschichte und Entwicklung

1913 eröffneten die Eltern von Karl und Theo Albrecht ein kleines Lebensmittelgeschäft auf 35 Quadratmetern in Essen. Ab 1946 betrieben die Brüder Albrecht nach ihrer Rückkehr aus der Kriegsgefangenschaft ein 100 Quadratmeter großes Geschäft in Essen-Schonnebeck, einem Bergarbeiter-Viertel. 1950 war daraus schon eine kleine Kette von 13 Läden entstanden, damals natürlich noch mit Bedienung. Karl Albrecht datiert den Beginn der eigentlichen Geschäftstätigkeit auf das Jahr 1948. Das ALDI-typische Discountprinzip bildete jedoch erst ab 1950 die Basis des Geschäftes, als man neben dem kleinen Warenangebot den Grundsatz des niedrigen Preises zu verfolgen begann. Der erste »echte« ALDI nach heutigen Maßstäben wurde 1962 in Dortmund eröffnet – eine Schöpfung von Theo Albrecht im Norden, die später von Bruder Karl übernommen wurde.

Im Jahre 1961 trennten die Brüder ihr kleines Imperium in einen Nord- und einen Südbereich. Man zog die »Einzelführung« der »Kollegialführung« vor: ein Prinzip der Dezentralisierung, das die Albrecht-Gruppe entscheidend geprägt und gefördert hat. Wesentlicher Grund für die Trennung war der dadurch mögliche Verzicht auf permanente Einigung in allen wesentlichen oder auch unwesentlichen Fragen. Jedoch wurden alle Informationen, Leistungs- und Kostenzahlen ausgetauscht, auch die Konditionen verschiedener Lieferanten wurden miteinander verglichen, und teilweise führte man auch gemeinsame Einkaufsverhandlungen. Nur über den tatsächlichen Jahresgewinn der jeweiligen Gruppe wurde unter den Brüdern nicht gesprochen.

Umsatz und Ladenzahl der ALDI-Gruppe in Deutschland
(nach Auswertung der Fachpresse und Einschätzung des Verfassers)

Jahr	Umsatz Mill. DM	Ladenzahl	Rein statistischer mtl. Durchschnittsumsatz
1955	30	100	25 000
1975	6 000	1000	500 000
1985	17 000	2000	708 000
1995	29 000	3000	805 000
1998	35 000	3250	897 000

1998 dürfte ALDI im Ausland mit 2700 Läden 18 Milliarden Mark umgesetzt haben.

Klare Strukturen

Die Gesellschaftsstruktur von ALDI ist keineswegs, wie vielfach behauptet wurde, undurchsichtig. Im Gegenteil: Sie ist sehr klar und im Grunde auch sehr einfach (siehe Abb. S. 30).

Die »Klammer« sowie Führungs- und Kontrollgröße der Unternehmensgruppe ist der Verwaltungsrat, der sich zusammensetzt aus formal völlig unabhängigen freiberuflich tätigen Managern, die zuvor erfolgreich als Geschäftsführer einer ALDI-Gesellschaft tätig waren. Die Mitglieder des Verwaltungsrates sind keine Vorstandsmitglieder oder Angestellte einer übergeordneten Gesellschaft oder Holding. Der Verwaltungsrat fungiert als Aufsichtsrat bei jeder der operativen Gesellschaften im In- und Ausland. Charakteristisch für die ALDI-Gesellschaftsstruktur ist, daß es keine Holding oder Dachgesellschaft gibt, die andere Gesellschaften beherrscht, und somit ein Konzern konstruiert werden könnte, mit allen entsprechenden Konsequenzen wie Mitbestimmung und Veröffentlichungspflichten. Da es sich bei ALDI nicht um einen Konzern im klassischen Sinne handelt, gibt es folglich auch keinen Konzernbetriebsrat; eine Tatsache, die von den Gewerkschaften immer beklagt wurde. Entscheidend für diese Konstruktion ist jedoch die konsequente Dezentralisation - ein Kernprinzip der ALDI-Unternehmensführung.

Die Gesellschaftsstruktur von ALDI (Nord)

ALDI hat eine übersichtliche Gesellschaftskonstruktion, die nur durch die vielen Einzelgesellschaften kompliziert erscheint (ALDI Nord 34, ALDI Süd 30).

Zu dieser Grundkonstruktion gehört darüber hinaus eine kleine Zahl wichtiger Gesellschaften, die zur Unternehmensgruppe gehören: Kaffeeröstereien in Herten/Westfalen und Weyhe bei Bremen, die Albrecht Immobilienverwaltung GbR, die A+G Grundstücksvermietungs und -verwaltungs GmbH sowie die Alva Versicherungsvermittlung GmbH & Co KG. Die Errichtung der Kaffeeröstereien und die Produktion des Albrecht-Kaffees war eine frühe Idee, die sich als sehr lohnend und imageprägend erwies. Mit der Kaffeemarke konnte ALDI immer besonders deutlich sein hohes Qualitätsniveau und seine niedrigen Preise demonstrieren. Kaffee blieb auch das einzige Produkt, das selbst hergestellt wurde.

Die Grundstücksgesellschaften dienten der Abwicklung von Grunderwerb und der Verwaltung eigenen Grundbesit-

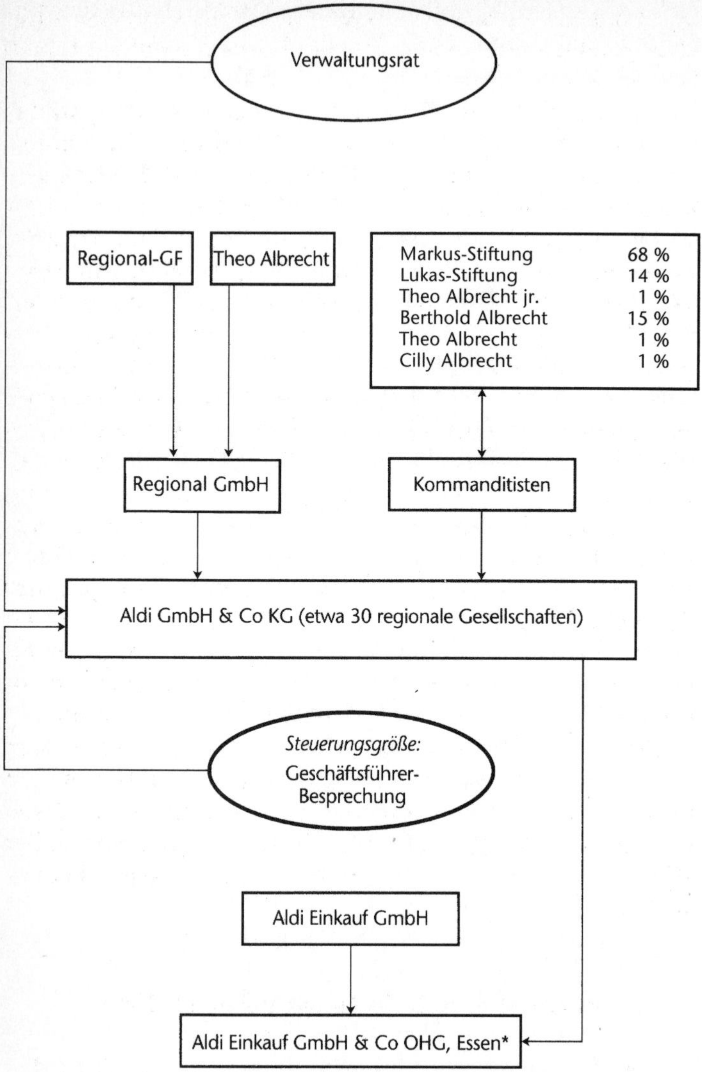

* In meiner Darstellung wird – entgegen den Veröffentlichungen in der Fachpresse – die ALDI Einkauf GmbH & Co OHG nach unten gesetzt. Sie ist tatsächlich keine Holding oder Muttergesellschaft, sondern eine Tochtergesellschaft, die für die ALDI-Gesellschaften Dienstleistungsfunktionen ausübt.

zes, über die Versicherungsgesellschaft konnten die üblichen Maklerprovisionen für Versicherungsvermittlungen kassiert werden.

Die Konstruktion der Familienstiftung wurde gewählt, um die Interessen der Familienangehörigen zu wahren und zu fördern. Da eine Stiftung grundsätzlich nicht auflösbar ist, sollte so der Unternehmensbestand dauerhaft gesichert werden, und zwar unabhängig von Familienstreitigkeiten und Erbschaftsauseinandersetzungen. Mit einer Familienstiftung kann die Zerlegung ganzer Unternehmen nach jahrelangen gerichtlichen Auseinandersetzungen vermieden werden. Wenn zwei Söhne Alleinerben wären, so hätten sie Anspruch auf jeweils eine Hälfte des Erbes. Doch bei einem Unternehmen handelt es sich um eine komplexe Einheit, die sich nicht einfach halbieren läßt wie ein Bankkonto. Da die Familienmitglieder - Eltern Theo und Cilly sowie die Söhne Theo jr. und Berthold - nur mit insgesamt 40 Prozent am Unternehmen beteiligt sind, bleibt der Fortbestand gesichert. Probleme, wie sie in jüngster Zeit bei dem großen Hannoveraner Keksehersteller Bahlsen bekannt wurden, können so vermieden werden. Bei Bahlsen konnte erst nach langwierigen Erbauseinandersetzungen eine Lösung gefunden werden, indem ein wesentlicher Unternehmensteil in den USA abgetrennt und einem Erben übertragen wurde. Die Stiftungskonstruktion macht auch einen Verkauf der Unternehmensgruppe an Dritte nur schwer möglich. Dazu hat Walter Pellinghausen in der Wirtschaftswoche vom 13. 8. 1998 einen klugen Bericht veröffentlicht.

Finanzielle Entwicklung in Deutschland

Das größte Fragezeichen blieb immer der Gewinn, den ALDI erzielte. Sehr viele Schätzungen wurden angestellt. Mit den Jahren näherte man sich immer mehr den wirklichen Zahlen, weil zunehmend mehr Informationen aus diesem mittlerweile sehr großen Unternehmen nach außen drangen. Die Firma Lever schätzte den ALDI-Gewinn 1994 in einer internen Studie auf 4,5 Prozent vom Umsatz, mehr als dreimal so hoch wie der Gewinn der Konkurrenten im Lebensmittelhandel. Die gesamten Kosten des Unternehmens wurden auf 9 Prozent geschätzt.

Aus verschiedenen Veröffentlichungen der Fachpresse und aus Daten, die aus dem Unternehmen hin und wieder doch an die Öffentlichkeit gelangen, zeigt sich etwa folgendes Gesamtbild der ALDI-Leistungszahlen, wobei eher die Größenordnungen als die einzelnen exakten Daten bemerkenswert sind.

Monatliche Leistungszahlen

Durchschnittsumsatz pro Laden	DM 900 000
Umsatzleistung pro Mitarbeiter	DM 200 000
Kosten in Prozent vom Umsatz	
Personalkosten der Läden	2,50 %
Personalkosten für Verwaltung, Logistik, Management	2,00 %
Mietkosten der Läden	1,20 %
Gesamtkosten des Unternehmens	9,50 %
Rohertrag in Prozent vom Umsatz (nach Abzug der Mehrwertsteuer)	13,00 %
Gewinn in Prozent vom Umsatz	3,50 %

ALDIs eigentliche Leistungsfähigkeit wird deutlich, wenn man sich vergegenwärtigt, daß ALDI seinen Umsatz mit nur etwa 700 Artikeln tätigt, Metro oder Rewe aber sicherlich 50 000 oder mehr Artikel führen. Ausgehend von den aktuellen Angaben und Schätzungen der Umsätze in Deutschland – ALDI 35 Milliarden DM und Rewe 50 Milliarden DM –, ergibt sich ein *durchschnittlicher Artikelumsatz pro Jahr bei ALDI von 50 Millionen DM, bei Rewe von 1 Million DM.*

Auch bei anderen Annahmen und Ansätzen kommt man zu ähnlichen durchschnittlichen Artikelumsätzen.

Rewe Lebensmittelumsatz:

40 Milliarden DM mit 20 000 Artikeln = 2,0 Millionen DM pro Artikel

Metro Lebensmittelumsatz:

24 Milliarden DM mit 15 000 Artikeln = 1,6 Millionen DM pro Artikel

Dies können keine exakten Berechnungen sein. Sie sollen nur die Dimensionen darlegen. Dabei dürfte die Rewe mit den Vertriebslinien Minimal, Penny, Toom, HL und den selbständigen Rewe-Kaufleuten das größte deutsche Unternehmen sein, gemessen am Umsatz im Lebensmittelhandel. Auf den Artikel bezogen ist ALDI jedoch 50mal größer als dieser größte deutsche Lebensmittelhändler. Auch das größte deutsche Handelsunternehmen, die Metro, macht bei einem Gesamtumsatz in Deutschland von 60 Milliarden DM nur einen Lebensmittelumsatz von 24 Milliarden DM, aber vielleicht mit 15 000 Artikeln. Diese Verhältnisse meinte Klaus Jacobs, als er 1986 zum Kaffee-Wettbewerb in Deutschland erklärte: »Unser Gegner heißt ALDI.« Dabei wurde damals der Albrecht-Kaffee in etwa 2000 Läden verkauft, Jacobs-Kaffee aber war in fast jedem Geschäft, jedem Kiosk und jeder Tankstelle in Deutschland vertreten.

Der vor Jahren immer wieder für ALDI genannte Gewinnsatz von 4 Prozent dürfte heute nicht mehr erreicht werden. Aber immerhin verbleibt der ALDI-Gruppe in Deutschland vor Steuern immer noch jährlich etwa 1,3 Milliarden DM Gewinn. Diese Gewinne schwanken weniger stark, als dies bei anderen großen Industrieunternehmen der Fall ist, die, wie etwa Volkswagen oder Daimler Benz, in manchen Jahren auch einmal Verluste in Milliardenhöhe verkraften müssen.

Insgesamt dürften sich die Ergebnisse der ALDI-Gruppe in den vergangenen zehn Jahren jedoch eher verschlechtert haben. Der Wettbewerb hat sich erheblich verschärft. Trotz starker Ausdehnung des Non-Food-Geschäftes und vor allem trotz der Ausdehnung der Artikelzahl von 600 auf neuerdings 700 bei ALDI Nord dürften die Umsätze der Nord-Gruppe in den alten Bundesländern stagnieren. Zuwachs ergibt sich derzeit nur aus der Eröffnung von Läden in den neuen Bundesländern und durch Non-Food-Aktionen. Allein bei einer einzigen Aktion mit Personalcomputern kann ALDI heute mehr als 100 Millionen Umsatz erreichen. Die Süd-Gruppe, die traditionell in der Sortimentsentwicklung erst mit einiger Verzögerung die Beispiele von ALDI Nord übernimmt – Kühlartikel, Tiefkühlware, Non-Food –, dürfte vermutlich eine etwas bessere Umsatzentwicklung gehabt haben. Hier gab es eine Erhöhung der Artikelzahl auf 650.

Nicht unerheblich für die Gewinnentwicklung sind dabei die überproportionalen Steigerungen der Personalkosten. Auch hier spielen Non-Food und vor allem die Sortimentsausdehnung eine Rolle.

Gute Noten von Verbrauchern und Fachpresse

Selbst für Insider ist der sagenhafte ALDI-Erfolg bei den Verbrauchern überraschend. Nach einer im Jahr 1996 durchgeführten Kommunikationsanalyse der Zeitschrift *Brigitte* sprechen 55 Prozent der westdeutschen und 44 Prozent der ostdeutschen Konsumenten ALDI ihre Sympathie aus. Zum Vergleich: die Rewe-Handelsgruppe finden nur 15 Prozent sympathisch. Für einen schlichten, schmucklosen Discounter ist das schon ein erstaunliches Ergebnis. Von den Befragten kaufen 82 bzw. 71 Prozent bei ALDI ein, bei Rewe, dem bis 1997 noch umsatzstärksten Anbieter in Deutschland, sind es nur 27 Prozent.

Die Einschätzung der Verbraucher spiegelt sich auch im Ergebnis einer Spontanbefragung wider, veröffentlicht 1995 in der *ALDI-Studie* der Gesellschaft für Konsumforschung. Einige Auszüge daraus:

»ALDI ist der mit Abstand bekannteste ›Markenname‹ in der deutschen Einzelhandelslandschaft.«

56 Prozent der Befragten dachten zuerst an ALDI, als sie nach Namen von Einkaufsstätten gefragt wurden. Mit weitem Abstand folgten dann Edeka mit 29 Prozent, Plus mit 21, Spar mit 20 und Lidl mit 18 Prozent.

»Zu ALDI haben die Verbraucher das größte Vertrauen.«

Auf die Frage nach Lebensmittel-Einkaufsstätten, zu denen besonders hohes Vertrauen besteht, nannten 26 Prozent spontan ALDI, mit weitem Abstand folgten Edeka mit 13 und Plus mit 10 Prozent sowie Spar mit 8 und Lidl mit 6 Prozent.

»ALDI ist nicht nur billig, sondern hat auch ein sehr hohes Preis-Leistungs-Verhältnis.«

46 Prozent nannten als Einkaufsgrund bei ALDI »billig«, 44 Prozent lobten das gute Preis-Leistungs-Verhältnis, womit offenbar die gute Qualität gemeint ist.

»Es gibt keine eindeutig negativen Punkte.«

Nur 10 Prozent der Befragten meinten, es gebe zu wenig Markenartikel, 8 Prozent hielten die Auswahl für zu gering, und nur 5 bis 7 Prozent nannten Kritikpunkte, die für den gesamten Handel gelten könnten, wie »Kassenschlangen«, »Ladengestaltung«, »Warenpräsentation« oder »Freundlichkeit des Personals«.

»Leute aller Klassen und Schichten kaufen bei ALDI.«

Das meinten 48 Prozent aller Befragten. Auch andere Untersuchungen haben immer wieder bestätigt, was die Kunden selbst bei ihren Mit-Einkäufern und im Nachbarschafts- und Freundeskreis beobachten. 90 Prozent aller Befragten bekannten sich als ALDI-Kunden.

»10 bis 15 Prozent ›müssen‹ bei ALDI einkaufen.«

Die Studie schätzt das Gewicht von ALDI-Kunden mit großen Haushalten, von Kinderhaushalten und von preisbewußten Haushalten auf 10 bis 15 Prozent aller Haushalte in Deutschland. Diese Gruppe der »Muß-ALDI-Käufer« wird weiter zunehmen.

»ALDI beeinflußt nicht unwesentlich die generelle Preisgestaltung im Lebensmitteleinzelhandel.«

Der Markt orientiert sich an den ALDI-Preisen. Sogar die Industrie gestaltet ihre Produktion teilweise entsprechend. 1981 waren ausgewählte Hersteller-Marken nahezu doppelt so teuer wie die vergleichbaren ALDI-Artikel (96 Prozent höherer Preis). 1994 waren die Markenartikel noch 74 Prozent teurer. Nicht ALDI ist teurer geworden - die anderen haben sich angepaßt.

ALDIs Überzeugungskraft basiert nicht zuletzt darauf, daß es vernünftig ist, Geld zu sparen. »Wer seinem Geld nicht böse ist«, so Theo Albrecht, »der kann doch ruhig bei ALDI kaufen.« Das tat auch der ehemalige Bundeskanzler Helmut Schmidt. Als er seinerzeit als Bundesfinanzminister anläßlich eines Treffens der G7-Finanzminister in sein Wochenendhaus am Schleswig-Holsteinischen Brahmsee einlud, konnte man in den Fernsehberichten die Herren an Schmidts Bar vor einer Reihe von ALDI-Eigenmarken sehen. Die kaufte Schmidt selbst im ALDI-Markt Nortorf ein. Obwohl es mittlerweile auch Champagner und Lachs preisgünstig bei ALDI gibt, meinen einige Kunden nach wie vor, betonen zu müssen, daß sie sich *nicht* schämen, bei ALDI einzukaufen.

Nicht nur bei den Kunden, auch in Fachkreisen schneidet ALDI gut ab. In einer Untersuchung zur Einschätzung der Krisenanfälligkeit von 66 Unternehmen (davon 7 Handelsunternehmen) aus den zehn größten Branchen Deutschlands, die das *manager magazin* im Februar 1992 publizierte, ergab sich bei einer Bewertungsskala von 0 (niedrigstes Risiko) bis 100 (höchstes Risiko) folgendes Bild:

1.	Deutsche Bank	30,83
2.	Metro	30,83
3.	ALDI	31,50
4.	Nestlé	33,50
5.	Otto Versand	36,00
6.	Philip Morris	36,67

Interessant dabei sind die guten Einzelnoten für ALDI:

Geschäftsrisiko	1. Platz
Marktrisiko	2. Platz
Finanzrisiko	5. Platz

Beim Finanzrisiko wird ALDI sicherlich noch unterschätzt, muß doch beachtet werden, daß die Gruppe konstant seit vielen Jahren ein Ergebnis von etwa 1 Milliarde DM vor Steuern erwirtschaftet und wesentlicher Grundbesitz unbelastet im Eigentum der Gruppe ist. Es wird sogar behauptet, das ALDI-Unternehmen sei der größte Immobilienbesitzer Deutschlands. Sicherlich ist es wahr, daß ALDI zu den Großen gehört.

Seit Jahren wird ALDI auch bei den jährlichen Imageuntersuchungen des *manager magazins* hervorragend beurteilt. 1996 nahm ALDI in der deutschen Gesamtwirtschaft den 21. Platz ein, vor den immerhin so hochkarätigen Industrie- und Bankunternehmen wie Dresdner Bank, Allianz, Unilever oder Esso. 1998 rutschte ALDI allerdings auf Platz 26 und ließ damit außer dem Otto-Versand immer noch alle anderen deutschen Handelsunternehmen hinter sich.

ALDI im Wettbewerb

Wie entwickelte sich ALDIs Marktposition national und europaweit? ALDI ist bisher nicht gewachsen durch die Übernahme von Mitbewerbern. Nur in einigen anderen Ländern hat man sich eines in der Regel kleinen Unternehmens als Vehikel für den Start bedient. Bei ALDI Süd waren das Hofer in Österreich und Benner Tea in den USA. Bei ALDI Nord ging es um die Unternehmen Combi in den Niederlanden und Lansa in Belgien, an deren Akquisition ich wesentlich beteiligt war.

Im Laufe der Jahre wurde die Marktposition von ALDI immer wieder von Mitbewerbern angegriffen. Zu den führenden Unternehmen im Discountsektor gehören heute in Deutschland neben ALDI die Firmen Lidl, Penny, Netto, Norma und vielleicht bald wieder Plus. Lidl & Schwarz aus Neckarsulm, mit einem europaweiten Umsatz von 25 Milliarden DM in 1998, davon etwa 10 Milliarden DM Discountumsatz in Deutschland, und Penny/Rewe, mit einem Discountumsatz von etwa 8 Milliarden DM, sind besonders ernste Konkurrenten für ALDI.

Den Versuch mit einem neuen Discountkonzept »Ledi« hat Tengelmann inzwischen wieder aufgegeben. Ledi wird in Plus integriert, und mit Plus soll angeblich ein neuer »härterer« Discounttyp wie ALDI oder Lidl versucht werden. Tengelmann scheiterte in der Vergangenheit offenbar an seiner wenig konsequenten Politik. Und eben diese Konsequenz ist es, mit der ALDI seine Meisterschaft begründet hat.

Die rasante Entwicklung des Discounts in Deutschland zeigt sich am Zuwachs der Ladenzahlen:

	1974	1999
ALDI	1000	3300
Penny	60	2300
Lidl	10	1800
Plus	180	2900
Norma	190	1000
Netto	0	800

Der Marktanteil Discount am gesamten Lebensmittelumsatz beträgt rund 30 Prozent. Nach Angaben des Hauptverbandes des Deutschen Einzelhandels belief sich der Gesamtumsatz im Lebensmitteldiscount in Deutschland 1996 auf 72 Milliarden DM. Während im Jahr zuvor 88 Prozent der

Bundesbürger angaben, im Discount zu kaufen, waren es in 1996 schon 93 Prozent. Allein auf ALDI bezogen, gaben in einer anderen Studie 72 Prozent der Verbraucher an, zumindest gelegentlich bei ALDI zu kaufen. Für die Mitbewerber lagen diese Werte entsprechend ihrer Marktanteile erheblich niedriger: Plus 33%, Lidl 28%, Penny 23%.

Der wirkliche Marktanteil von ALDI - am relevanten Markt - wird mit 13 Prozent weit unterschätzt.

Für die gesamte im Lebensmittelhandel in Deutschland tätige Branche sind folgende Zahlen für 1996 anzunehmen:

Gesamter Branchenumsatz	348 Milliarden DM
davon die 30 größten Unternehmen	334 Milliarden DM
Gesamter Lebensmittelumsatz	226 Milliarden DM
davon die 30 größten Unternehmen	217 Milliarden DM

60 Prozent des Lebensmittelumsatzes dürfte mit dem Sortiment gemacht werden, das auch ALDI führt, das heißt:

ALDI-relevanter Lebensmittelumsatz	136 Milliarden DM*
Davon wirklich vergleichbar (wegen der beschränkten Artikel-Vielfalt bei ALDI – zum Beispiel nur wenige Sorten Käse in Selbstbedienung)	90 Milliarden DM*

* Schätzungen des Verfassers

Entsprechend ergeben sich für ALDI folgende Anteile am deutschen Lebensmittelmarkt:

ALDI-Anteil am relevanten Lebensmittelmarkt	22%
ALDI-Anteil am vergleichbaren Sortiment	33%

Mit anderen Worten: jede dritte D-Mark, bezogen auf ein vergleichbares Sortiment, bringt der Lebensmittelkonsument zu ALDI.

Unterstrichen wird ALDIs Bedeutung darüber hinaus durch die Marktanteile bei einzelnen Artikeln und Artikelgruppen. Dazu einige Beispiele[8, 9]:

Artikelgruppe	Marktanteil
Fruchtsäfte	51 %
Gemüsekonserven	42 %
Fleisch- und Wurstkonserven	50 %
Obst- und Gemüsekonserven	30 %

Selbst auf dem Markt für Personalcomputer nähert ALDI sich bereits einem Marktanteil von 10%. Auch als Anbieter von Textilien gewinnt ALDI zunehmend an Bedeutung.

»Wo ALDI ist, da brummt der Laden«

Besonders in den frühen Jahren der starken Expansion mußte ALDI häufig bei der Ansiedlung neuer Läden, vor allem in kleineren Gemeinden, mit den Gemeindeverwaltungen kämpfen. Vielfach gab es bei der Neuplanung von Standorten Probleme mit dem ortsansässigen kleinen Handel, die wiederum von den Gemeinden aufgegriffen wurden, die für die Genehmigungsverfahren zuständig waren. Oft war der betroffene Kaufmann auch Mitglied im Gemeinderat. Man befürchtete, daß der übermächtige ALDI die Infrastruktur des örtlichen Einzelhandels zerstören und die Kleinen mit seinen Preisen kaputtmachen würde.

Aber im Laufe der Zeit änderte sich die Einstellung, weil die tatsächliche Entwicklung keineswegs den Befürchtungen entsprach: ALDI zog Kunden an den Standort, und mit seinem begrenzten Sortiment ließ er dem übrigen Handel genügend Möglichkeiten, sich zu entfalten. Die Mitbewerber mußten sich also nur klug anpassen, und es ging ihnen besser als vorher. Wie alle Anbieter mußten sie sich fragen: »Warum soll der Kunde in meinen Laden kommen?« So bevorzugen besonders Fachgeschäfte mit Fleisch sowie Obst und Gemüse ALDIs Nachbarschaft. Allerdings fast niemals umgekehrt, wie immer wieder vermutet wurde.

Diese Entwicklung fand dann auch ihren Widerhall in den Medien. So schrieb die *Goslarsche Zeitung* anläßlich einer ALDI-Eröffnung: »Mit der Niederlassung des ALDI-Marktes als Magnet in diesem Geschäftshaus sieht die Stadt das Ziel erreicht. Es ist bekannt, daß ALDI als Teilsortimenter mit etwa 650 Artikeln, gegenüber Vollsortimentern mit 3000 bis 5000 Artikeln, den vorhandenen Lebensmittel-Einzelhandel eher stärken als ihm schaden wird.« Der *Stern* zitierte einmal den Sprecher der Edeka-Zentrale Hamburg mit der Aussage: »Wo ALDI ist, da brummt der Laden.«

Ende des Wachstums in Sicht?

Die beeindruckenden ALDI-Erfolgszahlen sind in der Fachpresse immer wieder Anlaß für Spekulationen, ob sich die positive Entwicklung bei ALDI fortsetzen werde. Viele meinen, ohne Veränderungen nahe das Ende. Sowohl die kenntnisreiche Fachpresse wie auch die Wettbewerber verbinden diese Vorstellung natürlich mit der Hoffnung, daß nun bald alles wieder seine bekannte Ordnung habe, das eigene Weltbild von der traditionellen Unternehmensentwicklung geradegerückt und es den Wettbewerbern bald wieder besser gehen werde. Da ALDI auf Wachstum nicht verzichten könne, müsse er sein Sortiment ausdehnen, z. B. Fleisch aufnehmen, sowie vieles andere tun, so die einhellige Meinung.

ALDI aber tat über Jahrzehnte nichts dergleichen. Die Artikelzahl wurde nie erhöht, nur die Zusammensetzung der Artikel der zeitlichen Entwicklung angepaßt. Früher gab es Kaffee in ganzen Bohnen, Damenstrümpfe und Schallplatten, die heute nicht mehr gefragt sind. Dafür wurden Artikel des täglichen Bedarfs aufgenommen, die früher problematisch waren, heute jedoch einfach zu handhaben sind, wie beispielsweise Molkerei- und Tiefkühlprodukte.

Die wohl bedeutendste Erweiterung des Sortiments erfolgte in den vergangenen zehn Jahren mit der Ausdehnung von Non-Food-Aktionsartikeln und zusätzlichen Obst- und Gemüseartikeln. Diese Sortimentsänderungen konnten erst mit einer bestimmten Umsatzgröße und mit der Beherrschung aller logistischen Funktionen gestaltet werden.

Erst in den vergangenen zwei Jahren scheint sich bei ALDI in gewissem Umfang auch Nervosität auszubreiten. Wer so erfolgsgewohnt ist, kann sich schwer mit Stagnation abfinden. Der Wettbewerbsdruck im Discountgeschäft hat zugenommen, immer mehr Anbieter wie der Newcomer Netto drängen auf den Markt, auf dem Lidl eine immer stärkere Position einnimmt. Dies wirkt sich negativ auf die Umsatzsteigerungen aus und führte letztlich zu einer – wenn auch gemäßigten – Sortimentserweiterung von 600 auf 700 Produkte bei ALDI Nord.

Eine der vielen Fehleinschätzungen über ALDI war zum Beispiel 1977 eine Analyse der G+I Forschungsgemeinschaft für Marketing: »Das Umsatzplus von rund 15% im Jahre 1975 ist im wesentlichen auf eine Sortimentsausweitung der Albrecht-Filialen zurückzuführen.« Aus der gleichen Quelle stammt die Feststellung: »Erstmals muß Albrecht 1975 selbst Umsatzverluste hinnehmen, die insbesondere zugunsten von Discountern gehen: z. B. Norma, Penny, Plus etc., die im wesentlichen das Albrecht-Prinzip nachahmen.«

Doch bis auf die Tatsache, daß ein einzelner Laden von einem neuen Nachbarladen in der Regel immer berührt wird zumindest in der ersten Zeit –, waren Annahmen, ALDI könne seine Marktposition sowie die positive Entwicklung nicht aufrechterhalten, in der Vergangenheit fast immer falsch und beruhten lediglich auf Hoffnungen – die wiederum erklärbar sind: Fachzeitschriften und Fachleute wollten ja auch beim übrigen Handel gehört werden, und noch immer ist derjenige lieber gesehen, der die frohe Botschaft bringt, als derjenige, der zum Nachdenken – und vor allem zum Umdenken – zwingt.

TEIL 1

Die ALDI-Unternehmenskultur

Unternehmenskultur als Basis des Erfolgs

»Das Wesentliche ist für das Auge unsichtbar.« Dieser Satz von Saint-Exupéry drückt wohl am besten die Geheimnisse von ALDI aus. Ladenausstattungen sind für das Auge ebenso sichtbar wie Sortimente und Preise, und sie konnten durch Mitbewerber leicht kopiert werden. Aber darüber hinaus gibt es viel Unsichtbares, das ich für wesentlich, für wesensbestimmend halte, um den Erfolg von ALDI zu verstehen. In diesem Kapitel geht es um einen der wichtigsten Aspekte der ALDI-Erfolgsstory: um Normen und Werte – um die Unternehmenskultur.

Die Summe kultureller Regeln funktioniert in vielen Gemeinschaften genauso gut wie Gesetze – oft sogar besser. Kulturelle Regeln steuern das Denken, die Gefühle und das Handeln der Mitglieder. Sie werden oft auf subtile Weise weitergegeben an neue Mitglieder der Organisation und an die nächsten Generationen. Menschen suchen immer Orientierung und finden sie auch im Ungeschriebenen. Mit solchen Regeln erhält jedes Unternehmen seine eigene, unverwechselbare Identität. Die Unternehmenskultur prägt die Einstellungen der Mitarbeiter zu ihren Aufgaben, zum Produkt und zur Unternehmung. Es sind nur wenige Prinzipien, aber eine besondere Kultur, die das Unternehmen und seine Mitarbeiter zum Erfolg führen. Normen und Werte bestimmen die Persönlichkeit eines Unternehmens.

Solche Normen und Werte können offiziell und bekannt oder schriftlich formuliert sein. Es kann aber auch sein, daß sie im Unternehmen zwar gegenwärtig sind, aber ungeschrieben wirken. Unternehmen entwickeln eine ihnen eigentümliche Arbeitsweise, die für alle Mitarbeiter Klarheit darüber schafft, was im Unternehmen als »gut« oder »nicht gut« gilt, was »erlaubt« oder »nicht erlaubt« ist, was »belohnt« und was »bestraft« wird.

AVA-Manager und Marktkauf-Chef Helmut Kohlwes wurde auf dem Deutschen Handelskongreß einmal nach der Kultur in seinem Hause gefragt und antwortete erfrischend klar, ehrlich und pragmatisch: »Unternehmenskultur, ja welche haben wir denn überhaupt?« Über die Kultur von ALDI kann einiges gesagt werden, obwohl ALDI-Mitarbeiter vermutlich ähnlich reagieren würden wie Helmut Kohlwes.

Ungeschriebene Regeln

Eine Unternehmenskultur lebt von Beispielen und Vorbildern, von den besonderen »Typen« des Unternehmens, wozu insbesondere die Gründer und Inhaber gehören. Theo und Karl Albrecht sind solche »Typen«, die vorbildlich für die von ihnen gewünschte Unternehmenskultur stehen. ALDI ist entscheidend von seinen Gründern geprägt, und hier liegt wohl auch die Ursache dafür, daß es tatsächlich kaum gelingen konnte, dieses Unternehmen zu kopieren.

Die kulturellen Werte und Regeln sind bei ALDI niemals formuliert und schriftlich festgehalten worden. Die einzige Ausnahme davon bildet die Zielsetzung in den Stellenbeschreibungen: »Der Vorsprung vor der Konkurrenz ist durch extreme Anwendung des Wirtschaftlichkeitsprinzips zu sichern.« Da es bei ALDI nur umgeschriebene Regeln gibt, konnte sich zunächst auch kein Widerspruch zu den oftmals in der Literatur erwähnten »heimlichen Regeln« ergeben, die in Wirklichkeit das sogenannte Überleben im Unternehmen sicherten. Dabei ist davon auszugehen, daß auch offizielle Regeln kaum im Widerspruch zu den »heimlichen« gestanden hätten. Auch ohne ein schriftlich niedergelegtes Regelwerk ist alles sehr klar. Jeder weiß, wohin er marschieren muß. Dabei lasse ich natürlich jene Reibungsverluste außer acht, die zwischenmenschlich entstehen können. Selbstverständlich ist ALDI in dieser Hinsicht ein Unternehmen wie jedes andere, ein Unternehmen, in dem Menschen arbeiten mit ihren jeweiligen Vorzügen und ihren Führungsfehlern.

Zur Festigung einer bestimmten Kultur im Unternehmen ist das Vorbild und das Beispiel, das Inhaber und Führungskräfte geben, sehr wichtig. Aber ebenso wichtig ist, ob diese kulturellen Regeln (ohne daß sie unter einem solchen Begriff bewußt sind – man hält eben einfach etwas für wichtig!) auch immer wieder zum Thema gemacht werden. Maßgeblich ist, worauf die Unternehmensführung ihre Aufmerksamkeit und ihre Aktivitäten lenkt. Das prägt. So ist eine sehr praktikable Methode der Bewußtmachung, sich die Fragen zu stellen: Werden diese Themen immer wieder auf die Tagesordnung von Besprechungen gesetzt? Welchen Raum nehmen sie dort ein? Wichtig ist auch, worauf Unternehmensleitungen bei Mitarbeitern, Niederlassungen oder Abteilungen ihr Augenmerk richten. Diese Form der Kontrolle ist ein außerordentlich wichtiges praktisches Führungsinstrument für jeden Vorgesetzten. Entscheidend und typisch für Kultur aber scheint dabei, daß dieses Thema nicht mechanisch und unmotiviert auf die Tagesordnung gesetzt oder ein bestimmtes Kontrollprogramm danach ausgerichtet wird. Nein, entscheidend ist, daß dies geschieht, weil einfach der Drang, die Notwendigkeit, eine gewisse Leidenschaft für gute Ergebnisse es verlangen, bestimmte Themen immer wieder in den Mittelpunkt zu stellen.

Tagesordnungen und Kontrollprogramme spiegeln bei ALDI zu einem hohen Anteil die »kulturellen Anforderungen« wider. Das liegt allerdings auch daran, daß das Kostenbewußtsein als Kulturbestandteil immer ein praktisches Tagesthema ist. Vielleicht ist dies sogar typisch für Kultur: Es passiert und ist wichtig, täglich und immer.

> »Es gibt letztlich keine effizientere Steuerung als eine ausgeprägte, in sich stimmige Unternehmenskultur. Wenn nämlich die allgemeine Marschrichtung stimmt, kann man den Rest vertrauensvoll der dezentralen Selbstorganisation überlassen. Aufwendige Koordinations- und Kontrollsysteme entfallen.«

So formulieren es die Managementexperten Klaus Doppler und Christoph Lauterburg in ihrem Buch *Change Management. Den Unternehmenswandel gestalten,* und so funktioniert es bei ALDI. Die Unternehmensorganisation mit ihrer dezentralen Führung basiert auf dieser Kultur. Dazu gehören allerdings Stellenbeschreibungen, die kurz und präzise formuliert sind und von den jeweiligen Mitarbeitern genau befolgt werden, sowie ein ausgeklügeltes Kontrollsystem in Form von Stichproben. Koordination ist unter diesen Voraussetzungen selten notwendig. Wenn Mitarbeiter bei ALDI das Kontrollsystem auch als zu umfangreich ansehen mögen, so hat es doch eine andere Qualität als in vielen anderen Unternehmen. Dieses wichtige Thema der Unternehmensführung wird im Abschnitt »Die Prinzipien der Delegation und Kontrolle« vertieft.

Kultur zeigt sich am Beispiel

Wesentlicher Teil des Kontrollsystems ist außerdem die »Kulturkontrolle«. Hier geht es vor allem darum festzustellen, ob Vorgesetzte sich im Sinne des Systems verhalten und ihrerseits die Werte und Regeln an ihre Mitarbeiter weitergeben. Höchste Anforderungen bei der Umsetzung dieses Systems werden an die Vorgesetzten gestellt. Glaubwürdigkeit, also Übereinstimmung von Reden und Handeln, ist eines der Geheimnisse. Und Handeln heißt Beispiel geben. Theo Albrecht ist überall berühmt dafür, daß er in einem Raum, in den er hineinkommt, das Licht ausmacht, um Strom zu sparen, wenn es dort – seiner Meinung nach – hell genug ist ohne elektrische Beleuchtung. Ein kleines, aber sozusagen einleuchtendes Beispiel, das allerdings nicht wirken würde, wenn er und andere sich nicht ebenso in anderen, ähnlichen Situationen verhielten.

Seneca und Brecht haben diesen Erfolgsfaktor sehr schön und »ALDI-like« einfach ausgedrückt:

***»Lang ist der Weg durch Belehrungen,
kurz und wirksam durch Beispiele.«***

Seneca

»Mit Beispielen schafft man es immer.«

Bertolt Brecht

Die wesentlichen kulturellen Regeln werden im allgemeinen von allen Mitarbeitern und insbesondere von den Vorgesetzten eingehalten. Das Reglement hat sich bereits so fest etabliert, daß die berühmten Ausnahmen von der Regel schnell erkannt werden.

Helmut Maucher, der langjährige große Lenker des Nestlé-Konzerns, erwähnte den Namen ALDI als Beispiel dafür, daß zwischen Unternehmenskultur und dem Image des Unternehmens in der Öffentlichkeit ein enger Zusammenhang bestehe. Irgendwie wisse man, was Siemens, Otto-Versand oder ALDI darstellten, man habe eine Vorstellung von den Leuten und ihrem Verhalten.

Graham Seabrook, Chef der englischen Discountkette Kwik Save, formulierte einige Schlüsselworte für den Erfolg, die sich auf kulturelle Zusammenhänge beziehen:

> »Ich glaube, daß Kultur wahrscheinlich der wichtigste kritische Erfolgsfaktor beim Absatz von Niedrigpreis-Lebensmitteln ist. Der Wechsel vom hohen Gewinnspannen-Denken zum Discount-Approach bedarf einiger Anpassung. Und manche Leute schaffen das Umdenken einfach nicht, weil sie in einer anderen Kultur aufgewachsen sind. Am Beispiel Tesco wurde bewiesen, daß das Discount-Konzept ohne die absolute Überzeugung seitens der Verantwortlichen unmöglich funktionieren kann.«

Was sind nun die typischen Werte und Regeln bei ALDI? Mit dem tiefen Einblick, den ich insbesondere durch meine zehnjährige Arbeit an der Seite von Theo Albrecht gewonnen habe, will ich im folgenden versuchen, die ALDI-Unternehmenskultur zu beschreiben und zu kommentieren. Ein Versuch deshalb, weil Bestandteile der Kultur sich verändern, von niemandem mit Sicherheit vollständig oder richtig identifiziert werden können und letztlich die Wahrnehmung immer subjektiv ist. Auch die Definition, was ich nun im Einzelfall als »kulturrelevant« verstehen will, spielt eine Rolle. Zu bemerken ist außerdem, daß hier einige Unterschiede zwischen ALDI Nord und ALDI Süd bestehen, wenn auch nicht in wesentlichen Punkten.

Askese als Grundprinzip

Nach Gandhi ist »Askese die höchste aller Künste«, und »ein wahrer Asket übt seine Kunst nicht nur aus, er lebt sie«. Nach Schopenhauer sind sogar »alle möglichen Zukunftsprobleme mittels Askese zu bewältigen.« Bei ihm bekam sie gar den Rang eines »Allheilmittels«. Nun ist das möglicherweise übertrieben. Aber ich habe diesen Punkt doch an die erste Stelle der Tugenden oder der kulturellen Elemente bei ALDI gesetzt: Die Askese im Sinne des Verzichtens halte ich für das wichtigste Wesensmerkmal von ALDI, und Theo Albrecht sagte einmal: »Der Mensch lebt mehr von dem, was er nicht ißt.«

Eine Übersicht über den Verzicht bei ALDI gibt die folgende Checkliste:

Die Checkliste des Verzichtens

1. keine Stabsstellen, die der Unternehmensführung die Denkarbeit abnehmen
2. keine Controllingabteilung, die zeigt, wo der Weg hingeht
3. keine externe Marktforschung
4. keine Arbeit mit Unternehmensberatern
5. keine Jahresplanungen
6. keine wissenschaftlich ausgerichteten Statistiken, die alles zeigen
7. keine wissenschaftlichen Analysetechniken für alle Fragen der Marktbearbeitung
8. keine Kundenbefragungen
9. kein ISO 9000 oder TQM
10. kein ausgefeiltes Konditionensystem, um Lieferanten auszuquetschen
11. keine differenzierte Preispolitik nach Absatzgebieten oder Ladentypen
12. keine differenzierten Sortimente
13. keine komplizierten Kalkulationsmethoden zur Preisermittlung ▸

14. keine Spielereien mit Qualitäten, um Gewinne zu optimieren
15. keine hochkomplexe Technik in der Logistik
16. keine Warenplazierung in den Läden nach verkaufspsychologischen Überlegungen
17. kein Luxus in Geschäftsräumen und Firmenautos
18. keine öffentlichen Auftritte
19. keine Öffentlichkeitsarbeit
20. keine Annahme von Geschenken von Lieferanten
21. keine Einladungen von Lieferanten zum Essen

Die ALDI-Läden sind einfach, ja spartanisch ausgestattet. Auf ein Telefon wurde verzichtet, weil es nicht unbedingt erforderlich war und man damit erhebliche Kosten vermeiden konnte. Erst nach Installation von Datenkassen wurde das Telefon sinnvoll. Die Pausenräume für das Personal sind mit einfachen Tischen und Stühlen nicht besonders gemütlich eingerichtet. Ein solcher Arbeitsplatz und die – oft zugigen – Arbeitsbedingungen im Laden zählen nicht gerade zu dem, was sich manche Mitarbeiter erträumt haben.

So ist es nur konsequent, daß diese Verhältnisse bedacht werden bei der Ausstattung der Arbeitsplätze in den zentralen Büros und bei der Gestaltung der Arbeitsbedingungen des Managements. Hier werden ebenfalls einfache und zweckmäßige Möbel ausgewählt. Die Firmenwagen sind nicht besonders luxuriös ausgestattet. Der Verwaltungsrat fährt die kleinste Ausführung der sogenannten S-Klasse, ohne besondere Ausstattungen, ohne Metallic-Lackierung, in Standardfarbe. Dies galt Jahrzehnte.

Fast könnte man vergessen, daß es sich um das weitaus bestverdienende Unternehmen der Branche in Deutschland handelt. Wenn man dagegen die Aufwendungen für die Führungskräfte und deren Büros bei den Wettbewerbsunternehmen betrachtet, die einen Bruchteil der ALDI-Gewinne erwirtschaften, so werden kulturelle Unterschiede überdeutlich. Ich denke, hier liegt eine – wenn nicht *die* –

Erklärung für die großen Unterschiede in den Erfolgsbilanzen.

ALDI glänzte schon immer durch Bescheidenheit, und diese Haltung paßt zu dem wichtigsten Unternehmensteil, den Läden. Hier wird das Geschäft gemacht, hier sind die meisten Mitarbeiter tätig. Der Faktor Glaubwürdigkeit ist nicht zu unterschätzen. Darin besteht eine bemerkenswerte Ähnlichkeit mit den Metro Cash & Carry-Betrieben. Bei der Metro kann schon ein Außenstehender Gemeinsamkeiten erkennen: einfach und zweckmäßig ausgestattete Verkaufsräume, spartanisch eingerichtete Büroräume, auch für das Management – der langjährige Metro-Chef, Erwin Conradi, hatte in seinem Düsseldorfer Büro eine noch einfachere Ausstattung als Theo Albrecht, und für seine Mitarbeiter war er immer sichtbar, nur durch Glaswände von ihnen getrennt.

ALDI betreibt nach innen und außen ein deutlich asketisches Verkaufskonzept: sparsame, karge Ladenausstattung mit einem einfachen, auf die Grundbedürfnisse der Konsumenten ausgerichteten Sortiment. Bis in die jüngste Zeit wurden Luxusartikel wie Champagner und Lachs nur in der Vorweihnachtszeit angeboten, ansonsten liegt der Schwerpunkt des Angebots auf Konserven, Konfitüren, H-Milch, Waschmittel und Toilettenpapier.

Sparsamkeit als Leitprinzip

Bescheidenheit geht bei ALDI einher mit Sparsamkeit und extremem Kostenbewußtsein. Dies findet sowohl in konkreten Handlungsanweisungen seinen Ausdruck als auch im kontinuierlichen Bemühen, unnötige Kosten auf allen Ebenen zu vermeiden. So gibt es etwa die von Theo Albrecht vorgelebte Übung, bereits beschriebenes Papier auch noch auf der Rückseite zu beschreiben und das Licht auszuschalten, wenn es draußen hell genug ist. Auch durch eine ständige Optimierung der Lampenkonstruktion und der Lux-Zahlen in den Läden wurde Strom gespart. Die Bedeutung eines solchen Details wie dem Verzicht auf Telefone in den Läden wird deutlich an folgender Rechnung: Nimmt man einmal an, daß durch überflüssige Telefonate oder durch zu lange Gespräche oder gar durch private Gespräche in einem Laden monatlich nur 100 Mark zuviel Kosten entstehen, so macht allein das im Jahr bei 3000 Läden einen Betrag von 3,6 Millionen Mark aus.

Das Prinzip der Sparsamkeit gilt nicht nur für die tägliche Praxis in den ALDI-Läden, sondern auch für andere Bereiche. Es gab Versuche mit sogenannten Bandag-Reifen, bei denen das Reifenprofil nachgeschnitten wird, um die Lebensdauer der unternehmenseigenen Lkw zu erhöhen und einen Neukauf so lange wie möglich zu vermeiden, sowie mit Nasenkegeln an der Lkw-Front, um den Benzinverbrauch durch geringeren Luftwiderstand zu verringern. Bei der Entwicklung neuer Techniken der Lagerführung und des Warentransports ist Sparsamkeit ebenso oberstes Gebot: ALDI entwickelte ein System, das es ermöglichte, in den Zentrallagern gleichzeitig drei Paletten von Flurförderfahrzeugen transportieren zu lassen. Gemeinsam mit den Lieferanten wurden Überlegungen angestellt und umgesetzt, um optimale Kartongrößen zu erhalten und sogar auf den normalerweise notwendigen Kartonschnitt zu verzichten. Kooperationen für die Gestaltung des optimalen Kartons nennt man heute in der Branche etwas wissenschaftlicher und bedeutsamer ausgedrückt »Efficient Consumer Response« (vergleiche dazu den Abschnitt »Nicht der Einkauf, sondern das Verkaufskonzept entscheidet über den Erfolg« im dritten Teil). Schließlich wird auch Selbstverständliches in Frage gestellt, etwa, ob die Mitgliedschaft im Einzelhandelsverband, die ja ebenfalls mit Kosten verbunden ist, tatsächlich notwendig ist.

Dies sind nur einige Beispiele für ein klar ausgerichtetes Verhalten vieler Mitarbeiter, Führungskräfte und Abteilungen. Jeder Versuch, jede Lösung ist eine Umsetzung des Leitgedankens und prägt wiederum die Unternehmenskultur – sparsam wirtschaften, Verschwendung vermeiden, extremes Kostenbewußtsein. Das heute so berühmt gewordene japanische Wort für Verschwendung »muda« kannte bei ALDI noch keiner, als alle schon danach handelten. Bei ALDI bemühte man sich schon immer, die unproduktiven Arbeiten zu unterlassen, denn das meint der Begriff Verschwendung. Auch die noch zu beschreibende Detailbesessenheit wird an diesen Beispielen deutlich.

Der höchste Luxus, den ich bei ALDI erlebte, waren die First-Class-Flüge nach Los Angeles zur Betreuung von Unternehmensbeteiligungen. Allerdings dauerten diese Flüge auch zwischen elf und dreizehn Stunden. Die Inhaberfamilie gibt sich, verglichen mit den Verhältnissen, die ansonsten üblich und zu beobachten sind, ebenfalls bescheiden: Theo Albrecht fuhr bis zu seiner Entführung ohne Chauffeur und auch nicht die größte Limousine. Sein Büro ist einfach ausgestattet. Niemand kommt auf die Idee, hier hätte man sparsamer sein können. Viele andere Unternehmer und Manager dagegen lassen es an Design und Luxus nicht fehlen.

Führungskräfte aus den eigenen Reihen

Bescheidenheit bedeutet nicht nur den Verzicht auf Luxus und Statussymbole, sondern auch einen persönlichen Stil, der im Auftreten und Umgang zum Ausdruck kommt. Schon bei der Personalsuche, bei Neueinstellungen und Beförderungen wird darauf geachtet, gute aber auch bescheidene Führungskräfte zu finden, die zu dieser Kultur passen.

Da Menschen generell eitel sind, ist diese Bescheidenheit und Askese oft wohl nur dadurch aufrechtzuerhalten, daß der Einzelne stolz sein kann auf seine Leistung und das Ansehen seiner Firma im Vergleich zu den Großen und Bedeutenden im Wettbewerb. Insgeheim weiß er, daß seine Erfolge ganz andere Dimensionen haben.

Auch Selbstdisziplin ist eine für ALDI-Führungskräfte notwendige und typische Charaktereigenschaft, die den zentralen Kulturaspekten bei ALDI förderlich ist. Besonders gilt das für das Leitprinzip der Sparsamkeit, für die Zurückhaltung gegenüber der Öffentlichkeit und die Fairneß gegenüber anderen, in erster Linie den Lieferanten.

Täglich diese Askese zu praktizieren, das ist für viele sicherlich nicht einfach, und manchen gelingt es auch nicht. Daher sprach schon immer vieles dafür, den Führungsnachwuchs aus den eigenen Reihen zu rekrutieren. ALDIs Führungskräfte sind in der Regel über mehrere Jahre die »Ochsentour« durch verschiedene Abteilungen im Verkauf und im Lager gegangen. Unter den heutigen Geschäftsführern sind zum Beispiel ehemalige Bezirksleiter, Verkaufsleiter, Verwaltungsleiter, Lagerleiter und sogar Filialleiter.

Sie kennen den Laden, die »Front«, und sie nehmen in ihrer Einarbeitungszeit weitgehend die vorhandenen kulturellen Elemente des Unternehmens in sich auf. Dabei wird schon bei der Einstellung – wie bereits erwähnt – einem bestimmten Charakter größere Bedeutung beigemessen als etwa einem Harvard-Diplom, und so gibt es bei ALDI auch keine Führungskräfte mit einschlägiger Erfahrung bei McKinsey oder mit anderen exklusiven Werdegängen.

»Mensch und Strategie müssen zusammenpassen.«

Rolf Berth

Strategie und Charakter sind so untrennbar miteinander verbunden, daß eine bestimmte Persönlichkeit nicht in der Lage ist, mehr als eine sehr begrenzte Zahl strategischer Konzepte zu fahren. Die ALDI-Strategie ist so besonders, daß nicht jeder dort ohne weiteres hineinpassen würde. Der Unternehmensberater Rolf Berth untersuchte eine Vielzahl von Unternehmen[10] und fand, daß ein strategisches Konzept nur von bestimmten Persönlichkeiten durchgesetzt werden kann; Versagen, Scheitern, Firmenzusammenbrüche seien überwiegend durch Unstimmigkeiten zwischen Aufgabe und Charakter bedingt. Diese in Übereinstimmung zu bringen ist bei ALDI meines Erachtens überwiegend gelungen.

Kein Klatsch, keine Skandale

Der ehemalige VW-Manager Daniel Goeudevert, der mit seinem Buch *Wie ein Vogel im Aquarium* mittlerweile zum Bestsellerautor avancierte, beklagt Entwicklungen, die Spitzenmanager die Bodenhaftung verlieren und sie selbstgefällig werden lassen. Die Gefahr, daß Spitzenmanager wie auch Politiker ihren Status in der Gesellschaft durch medienwirksame Auftritte zu erhöhen versuchen und dabei den Erfolg des Unternehmens vernachlässigen, ist landläufig bekannt.

Bei ALDI-Führungskräften jedoch ist die Gefahr eines solchen Auftretens gering. Die Albrechts ließen es nie zu, daß sich ihre Manager als »nackte Kaiser« in der Öffentlichkeit zeigten. Sie selbst fungieren in dieser Hinsicht als Vorbilder. Das *Forbes Magazin* meinte einmal, Theo Albrecht lebe zurückgezogener als der Yeti.

Es ist eine ungeschriebene Regel, daß öffentliche Auftritte der ALDI-Manager in ihrer beruflichen Funktion nicht statthaft sind. Auf keinen Fall erlaubt sind Interviews zu ALDI-Themen, auch nicht, wenn diese dem Unternehmen zweifelsfrei nützen würden oder etwa Werbecharakter hätten. Es entspricht nicht dem Stil des Unternehmens, den die Inhaber selbst mit ihrem Beispiel vorgeben. Begründet wird diese Regel auch mit der Angst, man könnte neugierigen Journalisten zu viel erzählen. Gute Journalisten verfügen über kluge Fragetechniken.

Bedenken wir einmal, wieviel Zeit manche Führungskräfte damit verbringen, Vorträge zu halten, Interviews zu geben, Artikel zu schreiben, an Podiumsdiskussionen teilzunehmen. Nützt das ihren Unternehmen? In der Regel muß die Antwort lauten: Nein. Für Banker, Unternehmensberater, Rechtsanwälte mag das anders sein; denn ihre Kunden bilden das Forum. Aber im Einzelhandel? Das eigentliche Forum, der Kunde, ist bei diesen Aktivitäten nie angesprochen. Was hier oft passiert, ist schlicht »muda«, Verschwendung, eines der großen Übel in vielen Unternehmen mit anonymen Gesellschaftern. In diesen Unternehmen ist es relativ leicht, das Geld anderer Leute, der unbekannten Inhaber, auszugeben. Daß eine solche Kultur der Askese bei ALDI oft einhergeht mit unpersönlichem Umgang, mögen viele Mitarbeiter bedauern. Große Zusammenkünfte wie Weihnachtsfeiern oder Betriebsfeste sind selten. Das Unpersönliche ist durchaus Teil der ALDI-Kultur.

Immer wieder hat sich die Presse, insbesondere natürlich die Fachpresse, mit dem weitgehend unbekannten »Unternehmen ALDI« beschäftigt. Die Läden waren bekannt, darüber hinaus jedoch kaum etwas über die Personen, die dahinter stehen. Das Unbekannte machte unsicher, das Geheimnisvolle argwöhnisch. Aber die Suche nach dem Besonderem, nach Privatem und Klatschgeschichten blieb ergebnislos. Über die vielen Jahre gab es keine Skandale bei ALDI, keine Intimgeschichten über die Familien im Hintergrund. Lediglich ein sehr natürliches Ereignis – die Vierlinge des Sohnes Berthold – lieferte eine große Schlagzeile in der *Bild*-Zeitung. So gab es auch keinen Grund für eine bestimmte kritische Presse, ein Negativimage aufzubauen. Am ehesten ist ALDI in dieser Hinsicht noch vergleichbar mit C&A Brenninkmeijer, das als Unternehmen jedoch vor allem durch den geheimnisvollen Familienclan das Interesse der Medien auf sich zog.

Die wohl einzige spektakuläre Geschichte im Zusammenhang mit ALDI war die Entführung von Theo Albrecht. Es war die erste professionell durchgeführte Entführung in Deutschland.

Im Dezember 1971 wurde Theo Albrecht von seinem Betriebsgrundstück in Herten/Westfalen entführt. Nach Feierabend wollte Theo Albrecht in seinen Wagen steigen und nach Hause fahren. Er fuhr wie immer ohne Chauffeur. Dabei wurde er gekidnappt und in einer belebten Straße in Düsseldorf gefangen gehalten. Im Betrieb hieß es die ersten Tage, Theo bliebe mit einem Schnupfen zu Hause. An sich eine einleuchtende Erklärung, aber nicht bei Theo Albrecht. Schnupfen allein war bei ihm schon sehr ungewöhnlich, aber niemand kann sich erinnern, daß er wegen Krankheit *jemals* im Betrieb gefehlt hätte. 7 Millionen Mark

Lösegeld, von denen bis heute 4 Millionen fehlen, brachten nach drei Wochen die Freiheit. Das war damals die höchste jemals in Deutschland gezahlte Lösegeldsumme.

Nach der einzigen öffentlichen Äußerung von Karl Albrecht im Jahre 1953, die ich eingangs zitiert habe, hat das Unternehmen nie wieder etwas Grundsätzliches verlauten lassen.

Erfolgreich im Verborgenen

ALDI entwickelte sich unter den Augen »blinder« Mitbewerber, und die Geheimhaltung geht bis heute so weit, daß selbst der Fachpresse die Mitglieder der Geschäftsleitung kaum bekannt sind. Die renommierte *Lebensmittel-Zeitung,* das Fachblatt des Lebensmittelhandels, konnte bis vor einigen Jahren immer noch nicht zwischen Essen und Mülheim, den Zentralen des Nord- bzw. Südimperiums unterscheiden. Heute ist zwar vieles über ALDI bekannt, aber in den 70er und 80er Jahren, einer Zeit bedeutenden Wachstums, gab es noch so viele Fehleinschätzungen, daß ALDI davon nur profitieren konnte. Nachahmer wurden von der Fachpresse oft auf falsche Fährten geleitet.

Auf dem AIDA-Kongreß in Genf 1976 hielt Bernt Lietke von *der Lebensmittel-Zeitung* einen Vortrag über das »Albrecht Konzept«. Manches war richtig, vieles war falsch. Falsch waren die Aussagen: »Wenn Albrecht im Preis unterboten wird, dann wird der Artikel aus dem Sortiment genommen« – »Es wird Wert darauf gelegt, wenige Lieferanten zu haben.« – »Es werden langfristige Abschlüsse getätigt.« – »Das Ziel niedriger Mieten stimmt nicht mehr, sondern es werden beste Lagen gesucht.« – »Albrecht hat Schwierigkeiten mit einem langsameren Wachstum und Marktanteilsverlusten bei einigen Artikelgruppen.« Das beruhigte die Konkurrenz und nutzte ALDI. Das Unternehmen konnte in fast beschaulicher Art weiterwachsen. Und das hat wesentlich mit der Bescheidenheit zu tun, nicht zu viel und vor allem nicht in der Öffentlichkeit über die fast sagenhaften Erfolge zu reden.

Mir war damals sogar die Erwähnung meines Namens in einer Ausgabe der *absatzwirtschaft* von 1976 unangenehm, in der ich als Mitglied des Verwaltungsrates mit dem nichtssagenden und selbstverständlichen Satz zitiert wurde: »Wachstumsmöglichkeiten durch Eröffnung neuer Filialen sind naturgemäß bei zunehmender Verbreitung des Filialnetzes eingeschränkt.«

Eine Äußerung der Mülheimer - wie die Gruppe ALDI Süd von Karl Albrecht genannt wird - war allerdings noch sparsamer: Auf eine Anfrage der *Wirtschaftswoche* zu einem Testergebnis der Stiftung Warentest (im Test: Waschmittel), bei dem ALDI zum wiederholten Male vorzüglich abgeschnitten hatte, lautete die schriftliche Antwort: »Unser Unternehmen gibt aus grundsätzlichen Erwägungen keine Zahlen oder sonstigen Informationen an die Öffentlichkeit. Mit freundlichen Grüßen.«

Nur in Grenzfällen wurde Öffentlichkeitsarbeit für ALDI ein Thema, etwa bei der Entführung von Theo Albrecht und in der langen Diskussion um die sogenannten Umpackkassen vor 20 Jahren. Die Kassiererinnen mußten zu dieser Zeit noch die Waren von einem Einkaufswagen in den anderen umpacken, weil es keine Kassenbänder gab. Auf diese Weise hatten die Kassiererinnen täglich mit einer Hand mehrere Tonnen Ware zu bewegen. Dies führte in der Öffentlichkeit zu massiver Kritik, an der die Gewerkschaften sich maßgeblich beteiligten. Obwohl die Diskussion die wirklichen Bedingungen nicht ausreichend beachtete, zeigte sich ALDI nach intensiver Prüfung schließlich doch bereit, die Arbeitsbedingungen zu verändern.

ALDI hat nach längerer Auseinandersetzung zwar kraft eigener Überzeugung, aber doch auf öffentlichen Druck hin gehandelt. Das Thema wurde offensiv gelöst, und man führte die Kassenbänder mit Überzeugung ein, um den Kassiererinnen die Arbeit zu erleichtern und möglicherweise den Warenfluß an der Kasse sogar zu beschleunigen. Störend in der Auseinandersetzung mit der Gewerkschaft

HBV und dem Institut für Arbeitswissenschaften in Dortmund war, daß die Diskussionen sehr emotionsgeladen waren: Wenn zunächst akzeptiert wurde, daß körperliche Arbeit, die oft mit jahrelangem Training verbunden war, grundsätzlich nicht schädlich sei, so wurde anschließend die Einseitigkeit der Belastung beklagt. Die Frage ist dann, in welchem Beruf es diese Einseitigkeit eigentlich nicht gibt? Jeder Handwerker, zum Beispiel ein Maler, arbeitet in diesem Sinne einseitig. Sehr emotional geführt wurde auch die Diskussion darüber, inwieweit Krankheiten bei Kassiererinnen psychosomatisch bedingt seien oder von der schweren einseitigen Belastung herrührten. Ich glaube, aus diesen Diskussionen können Gewerkschaften und Arbeitgeber lernen, daß sie in offener Kooperation schneller und besser zu guten Lösungen gelangen können als in emotionalen Auseinandersetzungen.

Im Umgang mit der Öffentlichkeit, insbesondere mit der Fachpresse, lautet die Devise: Was wir tun, tun wir für unsere Kunden. Dafür brauchen wir nicht die Presse, die von neugierigen Mitbewerbern gelesen wird. Was wir dort sagen würden, kann allenfalls der Konkurrenz nutzen. Auch hier spielt asketisches Verhalten eine Rolle: *Wirklich nur das tun, was zum Erreichen der Unternehmensziele wichtig ist.* Was bleibt, ist der Stolz darauf, vorzügliche Leistungen bei interessanter Tätigkeit zu erbringen. Hierin liegt die eigentliche Motivation. Im Stillen, ohne Ablenkung kann man viel wirkungsvoller sein. Der einzigartige Erfolg und der strenge Verzicht auf Publizität sind die beiden Quellen, aus denen der »Mythos ALDI« entstand.

Ein weiterer Erfolg dieser Diskretion war, daß sich die Nachahmer kaum an dem von ALDI Praktizierten orientieren konnten; sie machten vieles anders und wollten es eigentlich besser machen. Das Resultat war aber immer schlechter, also weniger erfolgreich, weniger wirtschaftlich. Erst heute – nach vielen Fehlversuchen – hat einer der großen Nachahmer und Mitbewerber, die Firma Lidl, fast alles exakt kopiert, worin sich ALDI äußerlich auszeichnet. Selbst Fußbodenfliesen und längere Kundenschlangen an den Kassen sind »ALDI-like«. Nur in der Sortimentspolitik hat Lidl noch Nachholbedarf: Sortimentspolitik muß im Wesen begriffen werden, da reicht es nicht, einfach die optischen Aspekte eines Ladens zu kopieren. Da gibt es Geheimnisse hinter den Kulissen und einen unbeugsamen Willen zur Konsequenz. Hier ist die unsichtbare Kultur wirksam.

Keine Manipulationen – keine Tricks

Steuerliche und gesetzliche Freiräume wurden und werden bei ALDI wahrgenommen. Niemals gab es den Versuch, gesetzliche Bestimmungen zu unterlaufen oder zu umgehen. Wie kann man von seinen Mitarbeitern korrektes Verhalten verlangen, wenn man falsche Vorbilder schafft?

Das Arbeitsrecht wird bei ALDI korrekt angewendet. In mühevollen Auseinandersetzungen mit den Betriebsräten, mit Unterstützung von Gutachtern, aber auch vor Arbeitsgerichten hat ALDI immer versucht, seine Überzeugungen zum Arbeitsrecht durchzusetzen. Das halte ich für richtig, solange es sich nicht um einen Kampf gegen Windmühlen handelt. Dazu ein Beispiel: Das Prämiensystem für Verkäuferinnen und Verkäufer basiert auf der erbrachten Monatsleistung der gesamten Filiale, wobei der Monatsumsatz durch die geleistete Arbeitszeit geteilt wird. Je höher die Leistung, desto höher die Prämie. Nun hatte man versucht, kranke Mitarbeiterinnen grundsätzlich während der Krankheit vom Prämienverdienst teilweise auszuschließen. Denn durch die fehlende Person erhöht sich die Prämie nicht nur für die Anwesenden, sondern auch für die kranke Mitarbeiterin, weil normalerweise für wenige Tage kein personeller Ersatz zur Verfügung steht. Man versuchte also, dem Widersinn zu begegnen, daß Krankheit zu zusätzlichem Verdienst führt. Aber ALDI hat in dieser Sache nicht recht bekommen und korrekt abgerechnet, ohne Tricks.

Ein anderes Beispiel ist die jahrelange Diskussion um die

Beschäftigung von Teilzeitkräften. Die Gewerkschaft nannte die Mitarbeiterinnen bei ALDI die »Call Girls« des Einzelhandels, weil sie telefonisch gerufen wurden, wenn man in der Filiale zusätzliches Personal brauchte. Das System, die Personalbesetzung an schwankende Umsätze anzupassen, wurde von der Gewerkschaft »Kapovaz« genannt: kapazitätsorientierte variable Arbeitszeit. Das Bestreben aller Unternehmen, ihre Kosten den Umsätzen anzupassen, ist legitim und notwendig. Es ist ALDI letztlich auch gelungen, diese Regelung beizubehalten, trotz vieler Proteste. Aber der Streit hat für die Beschäftigten insofern eine positive Wirkung gehabt, als in Betriebsvereinbarungen zwischen ALDI und dem Betriebsrat Regelungen getroffen wurden, die die Mitarbeiter vor der Willkür einzelner Bezirks- oder Filialleiter schützten. So kann eine Mitarbeiterin nicht mal eben vom Kochtopf in die Filiale gerufen werden, sondern es muß Zeitpläne geben, auf die sich die Mitarbeiterin einstellen kann.

Das heißt, die vertraglichen und gesetzlichen oder tariflichen Bestimmungen werden gegenüber den Mitarbeitern peinlich korrekt eingehalten und erfüllt - ein Vorgehen, das vielen Unternehmern schwerfällt angesichts der ausufernden Sozial- und Schutzgesetze. ALDI hat, wie oben erwähnt, versucht, über Prämiensysteme Einfluß auf den Krankenstand zu nehmen, was aber rechtlich nicht haltbar war und deshalb zum Bedauern der kreativen Schöpfer dieser Systeme wieder aufgegeben werden mußte.

Faire Lieferantenbeziehungen

Der Grundsatz eines korrekten und fairen Umgangs gilt vor allem für die Beziehungen zu Lieferanten - auch wenn das den einen oder anderen überraschen mag; denn immer wieder war in der Presse von Knebelungstechniken, Abhängigkeiten, Machtausübung die Rede. Doch dabei handelte es sich in der Regel lediglich um Vermutungen von einigen Fachleuten oder aber um Klagen einzelner Lieferanten, die sich ungerecht behandelt fühlten, weil sie aufgrund schlechter Qualitäten die Geschäftsbeziehung verloren. Bildhaft stellte der Brancheninformationsdienst *Extrakte* diesen Sachverhalt mit einem Satz dar: »Albrecht zahlt nicht nur, daß man die Uhr danach stellen kann, sondern ist auch ein fairer Partner.«

Zum korrekten Handeln gehört, nicht bestechlich zu sein. Wenn dies auch als selbstverständlich gilt, so kommt es doch auf die feinen Einzelheiten und Unterschiede an. Ist eine Flasche Champagner zu Weihnachten nur eine kleine Aufmerksamkeit? Warum bekommt nicht jede Verkäuferin eine Flasche, sondern nur der Einkäufer? Jeder in der Branche weiß, welche Phantasie Lieferanten entwickeln können, um die Einkäufer des Handels freundlich zu stimmen. Der Gipfel kann dann schon mal ein VW Cabriolet für die Ehefrau oder ein feiner Urlaub in Portugal sein. Leider sind solche Praktiken überall trotz allgemein großen Wohlstands und guter Gehälter sehr verbreitet.

Von solchen »Angeboten« bleibt auch ALDI nicht verschont. Dabei muß man bedenken, daß ein ALDI-Zentraleinkäufer allein immerhin ein Jahresvolumen von etwa zwei bis fünf Milliarden DM verhandelt. Bei diesen Relationen, die für einzelne Lieferanten zig Millionen bedeuten mögen, fallen großzügige »Geschenke« nicht ins Gewicht. Die Gefahren sind für alle Handelsunternehmen groß, und es gibt kaum einen sicheren Schutz für das Unternehmen gegen untreue Mitarbeiter und untreue Lieferanten. ALDI hat auch eine Reihe solcher Fälle zu beklagen gehabt und sich von solchen Mitarbeitern jeweils sofort getrennt. So hatte ich während meiner Tätigkeit in der Türkei beispielsweise einmal Gelegenheit, einen kostenlosen dreiwöchigen Aufenthalt anläßlich der Olympischen Spiele in Atlanta ablehnen zu dürfen. Der bekannte Getränkehersteller wollte mit dieser Geste bei seinen Kunden einen guten und bleibenden Eindruck hinterlassen.

Doch wie sollen die Entscheider noch neutral sein, wenn sie im Zweifel doch auch »freundlich« sein müssen? Bei ALDI gibt es eine klare Regelung: Das größte Geschenk, das von Lieferanten angenommen werden darf, ist ein Jahreskalender. Alles andere wird nicht akzeptiert und den Lieferanten mit freundlichen Grüßen und der Bitte um Verständnis zurückgeschickt. Natürlich darf auch keine Einladung von Lieferanten zum Essen angenommen oder der Lieferant an seinem Produktionsort besucht werden, es sei denn, die Produktionsanlagen müssen besichtigt werden, um sich ein Urteil über Kapazitäten und Qualitätsbedingungen bilden zu können.

Die Kunden können blind vertrauen

***»Jeder, der einem anderen nützt,
nützt sich selber.«***

Seneca

Kundenorientierung heißt das moderne Schlagwort des Marketing und der fortschrittlichen Unternehmenspolitik. In der neumodischen Managementsprache sind auch andere Bezeichnungen geläufig, etwa »Clienting«, »Customizing«, »Kundenmanagement«, »Efficient Consumer Response«, »Kundenfokussierung«, »Ertragswertorientiertes Management der Kundenzufriedenheit« oder »Relationship Management«.

Beinah täglich werden neue Worte erfunden. Doch im Grunde geht es dabei um die älteste »Weisheit« in der Wirtschaft, die sich in dem schlichten Satz ausdrücken läßt: »Der Kunde ist König.« Das Geschäft wird mit Kunden gemacht, die normalerweise die Freiheit haben zu kaufen oder nicht zu kaufen. Eigentlich genügt diese einfache Regel zur Orientierung, aber die Fachbücher und -zeitschriften sind voll von »neuen bahnbrechenden Erkenntnissen«, so daß es nötig ist, dies mit einem Blick auf die Praxis bei ALDI zu kommentieren.

Kundenorientierung scheint selbstverständlich und einfach zu sein - woran sonst sollen sich die Unternehmen orientieren, wenn nicht am Kunden? Aber immer wieder kann man feststellen: ***Das Einfache ist schwierig.***

Davon profitieren dann die Beratungsunternehmen, die der verunsicherten Unternehmensleitung etwas über »Clienting« erzählen können. Da wird dann »Umsetzung der Kundennähe in ein schlüssiges Managementkonzept« gefordert. Die renommierte Unternehmensberatung A. T. Kearney hat sogar das »EKM (Ertragsorientiertes Kundenmanagement)« entwickelt.

Warum ist Kundenorientierung so kompliziert, daß selbst erfahrene Manager damit nicht mehr allein zurechtkommen? Ist es der fehlende Wille oder die mangelnde Umsetzung des Gewollten an der Verkaufsfront? Ist Kundenorientierung nur ein Lippenbekenntnis? Der mangelhaften Kundenorientierung im Unternehmensalltag wird mit wohlklingenden Bekenntnissen in theoretischen Abhandlungen zur modernen Unternehmensführung begegnet. Die vielen Worte, die hier gemacht werden, um einfache Gedanken mitzuteilen, sind - mit Schopenhauer gesprochen - untrügliche Zeichen der Mittelmäßigkeit. Da wird die Notwendigkeit eines »ertragswertorientierten Managements der Kundenzufriedenheit« begründet mit den »Kräften der Globalisierung und dem technischen Fortschritt«[11]. Vom selben Verfasser stammt die Feststellung, das Rationalisierungs- und Produktivitätsverbesserungspotential schlage sich in der Kundenergebnisrechnung sichtbar nieder:

> »Das Kundenergebnis ist letztlich die Differenz zwischen Aufwendungen und Nettoerlösen aus dem Leistungsaustausch bei Berücksichtigung der kundenindividuellen Beziehungs- und Dialogprozesse und weist den gegenwärtigen Ertragswert der Kundenbeziehung aus. Das ertragswertorientierte Kundenzufriedenheits-Management fokussiert sich auf den bewerteten zukünftigen, das heißt

potentiellen Ertragswert der Kundenbeziehung unter Berücksichtigung der zielgerichteten und systematischen Gestaltung des kundenspezifischen Beziehungs- und Dialogprozesses auf Basis des Ziel-Kundenzufriedenheitsgrades, der wiederum aus den Erkenntnissen der Kundenzufriedenheitsanalyse abgeleitet wird.«

Bei ALDI hat man sich bewußt nie die Mühe gemacht, solche Gedankengänge überhaupt nur im Ansatz zu verstehen. Das hat viel Zeit gespart und den Kopf für Wesentliches und Handfestes freigehalten. Was wäre aus ALDI geworden, hätte man sich dort um die Umsetzung dieser »fundamentalen und bahnbrechenden Erkenntnisse« bemüht? Zu solchen Luftblasen der Managementsprache paßt gut die Erkenntnis: »Was auf Sie wie Quatsch wirkt, ist meistens auch Quatsch.«

ALDI war und ist erfolgreich, weil es sich um die einfachen Fragen bemüht hat. »Back to the Basics«, wie Tom Peters und Robert Waterman in ihrem Buch *Auf der Suche nach Spitzenleistungen* fordern. Eigentlich ist es ganz einfach: Nur aus dem Umsatz mit den Kunden kann der Aufwand gedeckt werden. Der Kunde bezahlt und finanziert alles. Er zahlt die Gehälter, er zahlt die Lieferantenrechnungen, und er zahlt die Steuern an den Staat. Außerdem trägt er – hoffentlich – etwas zum Gewinn bei, damit die Inhaber oder Aktionäre auch »Spaß« an ihren Unternehmungen haben.

Fredmund Malik, Professor für Unternehmensführung an der Hochschule St. Gallen, hat auf dem Jahreskongreß des MMM-Clubs (Moderne-Markt-Methoden) 1995 die Forderung formuliert, die eigentlich alle Grundfragen beantwortet:

***»Optimieren Sie den Kundennutzen,
statt sich nur auf eine Gewinnerhöhung
zu konzentrieren.«***

Fredmund Malik

Der kürzeste Weg, Kundenbedürfnisse zu erkennen

Aber was wünscht der Kunde? Wie erfahren wir das? Dafür muß der Topmanager von seinem »Olymp« heruntersteigen und in seinen Laden gehen. Marktforschung und »Nielsen-Daten« allein helfen wenig. Tests, Befragungen, zuhören, zusehen und sensibel in die Haut des Kunden schlüpfen, selber mal sein eigener Kunde sein – das hilft. Der einfachste Weg, die Leistungen des eigenen Unternehmens zu beurteilen, ist, die eigenen Produkte zu kaufen. Im Handel heißt das: selber einkaufen; und zwar so echt wie möglich, mit einem zuvor erstellten Einkaufszettel und in einem Laden, in dem man als Chef oder Mitarbeiter der Zentrale nicht bekannt ist. Erst wenn man selbst als Kunde vor dem Regal steht, bemerkt man die wichtigen Details. Dies zu tun, bedarf keiner besonderen Systematik und schon gar keiner bezahlten Einkaufskolonnen von eigens dafür engagierten Fremdunternehmen. Auch nicht die Ehefrau des Verkaufsleiters geht in diesem Fall einkaufen, sondern er selbst. Dem ALDI-Gedanken entsprechend: Nichts einfacher als das ... Konsequent einfach machen! Bevor man Experten zu Rate zieht, genügt es oft schon, die eigenen vielfältigen Erfahrungen als Kunde aller möglichen Branchen einmal bewußt wahrzunehmen.

Dazu einige kleine Beispiele, wie sie schon jeder ähnlich erlebt hat: Ich hatte gerade ein dreibändiges Werk zum Islam neu erworben. Band 2 vergaß ich im Flugzeug. Diesen Band wollte ich nun nachkaufen. Die Buchhandlung Heymann in Hamburg, bei der ich das Werk gar nicht gekauft hatte, sagte mir, daß die Bände einzeln nicht verkauft würden. Ich mochte mir aber wegen des Verlustes eines Exemplars nicht drei neue Bände für 90 Mark kaufen. Die Buchhandlung bot nun an, beim Herder-Verlag nachzufragen, ob man nicht eine Ausnahme machen könne. Nach zwei Wochen erhielt ich meinen verlorenen Band – kostenlos! Ein nicht minder beeindruckender Fall: Möbel Kraft in Bad Segeberg lieferte ein fehlendes Kissen für eine Couch auch noch zwei Jahre nach dem Kauf kostenlos und ohne irgendwelche Formalitäten nach. Der Kunde hatte das Fehlen zuvor gar nicht bemerkt, weil das Möbel auch so vollständig aussah. Später erkannte er aber an einem entsprechenden Ausstellungsstück, daß doch etwas fehlte. Die Firma hat dem Kunden geglaubt. Aus Prinzip. Dies ist konkrete Kundenorientierung, und so entsteht Kundenbindung.

Es gibt viele solcher leuchtenden Beispiele. Aber leider auch viele - viel mehr? - andere: Bei einem in Hamburg führenden Einzelhändler für Koffer und Taschen wollte ich einmal eine bestimmte Tasche aus dem Katalog von del Sey kaufen. Diese Tasche war nicht vorrätig, man wollte sie auch nicht, zunächst nur zur Ansicht, beschaffen. Begründung: »Nachher liegt sie bei uns herum.« Bei der Telekom kann man neuerdings selbst nachts um 1 Uhr über einen Zeitraum von zwei Stunden keinen Weckruf für den frühen Morgen in Auftrag geben, weil laut automatischer Ansage alle Leitungen besetzt seien. Glaubt der Kunde das? Oder muß man annehmen, daß hier gespart wird? Der Möbelhandel hat durchweg Lieferfristen bis zu 14 Wochen. Auf ein aus mobilen Teilen zusammengestelltes Regal muß man 10 bis 12 Wochen warten. In der Industrie dagegen spricht man über »just in Time«-Lieferungen. Solche Entwicklungen machen auch den Erfolg von Ikea aus. Und die Möbelbranche klagt über Umsatzrückgänge. Müssen wir uns jetzt noch eingehend über »Ertragswertorientiertes Management der Kundenzufriedenheit« unterhalten? Gelänge es den Unternehmen doch nur, das Normale gut zu machen!

Das Selbstverständliche gut machen

Das Außergewöhnliche ist gar nicht notwendig. Der erfolgreiche Modehändler Ipuri ist berühmt für seinen guten Service. Chef und Inhaber Edgar Rosenberger hat das Erfolgsprinzip einmal so formuliert:

»Der beste Service ist der, der nicht als außergewöhnlich empfunden wird, sondern der einfach gemacht wird.«

Der ALDI-Erfolg beruht zum großen Teil auf dieser Kultur der verbindlichen und selbstverständlichen Kundenorientierung. Man macht es einfach. Mir ist aus meiner langjährigen Tätigkeit bei ALDI kein einziger Fall bekannt, in dem bewußt gegen das Interesse der Kunden gehandelt wurde, weder, um die Ergebnisse zu verbessern, noch, um betriebliche Abläufe zu erleichtern.

Ein Beispiel erlebte ich als Geschäftsführer in Schleswig-Holstein, als Theo Albrecht zu Besuch kam und wir gemeinsam einen unserer Läden in Niebüll aufsuchten. Theo Albrecht fand im Regal eine aufgerissene Packung Mars – die vollständige Packung wird mit drei Stück zu 98 Pfennig verkauft. Er nahm ein Stück und ging damit zur Kasse. Die Kassiererin, natürlich aufgeregt angesichts des hohen Besuches, verlangte 50 Pfennig. Als Theo Albrecht verwundert reagierte, antwortete sie: »Herr Albrecht, im Zweifel immer zugunsten der Firma!« Sie hatte es gut gemeint – nur keinen Fehler machen! Und in der Aufregung auch noch 0,98 durch drei teilen? Aber sie hatte natürlich zur gutmütigen Empörung des Chefs beigetragen. Dieser erklärte ihr dann ausführlich und nachsichtig, wie er es als Kunde richtig gefunden hätte.

Was ist als Wert und Regel für jeden Mitarbeiter besser verständlich und als Leitidee besser zu akzeptieren als solch ein faires Verhalten gegenüber den Kunden? Einfach, einleuchtend, selbstverständlich, moralisch, sinnvoll. Klar und konkret definierte Leistung, Zuverlässigkeit und Glaubwürdigkeit sind die Antworten auf die neumodischen Schlagworte der Berater und Marketing-Gurus.

Glaubwürdigkeit

Glaubwürdigkeit ist ein Schlüsselwort in der Beziehung zwischen Menschen, besonders in der Beziehung zu den eigenen Mitarbeitern, aber auch zu Lieferanten und Kunden. »Glaubwürdigkeit ist das Übereinstimmen von Reden und Handeln«, so drückte es Nestlé-Chef Helmut Maucher aus.

Das hat ALDI seinen Kunden gegenüber perfektioniert – und die haben es honoriert.

ALDI verfolgt das Prinzip, gute oder beste Ware zum niedrigsten Preis anzubieten. Der Kunde soll und kann Vertrauen in das Angebot haben. Er kann am Ende – oft im Gegensatz zu den Angeboten der Mitbewerber – auf fortwährende Prüfung der Preiswürdigkeit von ALDI verzichten. Der Kunde weiß, daß er gute Qualität kauft und diese nirgends billiger erhält. Früher hat er sicherlich Preisvergleiche angestellt. Inzwischen weiß er, daß er vertrauen kann. Das überschaubare Sortiment mit wenigen Artikeln ermöglicht es den ALDI-Managern, das Verhältnis von Preis und Qualität unter Kontrolle zu halten.

ALDI ist mittlerweile für den Kunden glaubwürdig, weil Reden und Handeln, Werbeaussage und Wirklichkeit übereinstimmen. Der Kunde hat keine Zweifel, weil er nie enttäuscht wurde. ALDI ist für seine Kunden so etwas wie ein Treuhänder. Ein Beispiel: Als die Weltmarktpreise für Kakao stiegen, schlug ein Lieferant vor, die Mischung von 30 Pralinen im Karton geringfügig zu verändern, damit man mit dem Verkaufspreis noch unter der Schallmauer von 3 DM bleiben konnte. Selbstverständlich lehnte der ALDI-Einkauf ab, und man erhöhte den Preis auf 3,15 DM. So einfach ist das.

Auf der Tagung der *Lebensmittel-Zeitung* zum Thema »Discount in Deutschland« 1996 wurde anerkannt, daß ALDI 30 Jahre lang ein konstantes Niveau erreichte, was für Kunden und Lieferanten schlicht »Berechenbarkeit« bedeutete. Nur so ist es begreifbar, daß Kunden heute bereit sind, bei ALDI für 2000 DM einen Computer »ohne Namen« zu kaufen. Ohne Beratung, ohne Empfehlung. Nur hohes Vertrauen macht es möglich, auf diese Weise in drei Tagen 200 Millionen DM umzusetzen.

Konsequente Qualitäts- und Sortimentspolitik

Zur Orientierung am Interesse des Kunden gehört die einwandfreie oder besonders gute Qualität als oberstes Gebot. Dies zeigt sich in einer konsequenten und permanenten

Qualitätspolitik. Ein Beispiel: Bei ALDI wurden Eier bei der Anlieferung im Zentrallager mit dem Eierprüfgerät, einer einfachen Durchleuchtungstechnik, auf Frische kontrolliert, lange bevor Salmonellenskandale in die Schlagzeilen gerückt waren. In manch anderem Unternehmen weiß man dagegen nicht einmal, was ein Eierprüfgerät ist. Wird der schnelle Warenumschlag mitberücksichtigt, so wird deutlich, daß die Frische der Eier bei ALDI gewährleistet ist.

Tägliche Verkostungen der Eigenmarken und ihr Vergleich mit den führenden Marken sowie Labortests ergänzen ALDIs intensive Qualitätspolitik, die seit Jahrzehnten praktiziert wird - »ISO 9000« und »Total Quality Management« (TQM) waren noch völlig unbekannte Stichworte. Zur Qualitätspolitik zählt ebenso die deutliche und ehrliche Deklaration des Artikels unabhängig davon, ob diese nun vorteilhaft klingt oder nicht.

Doch auch bei ALDI kommt es gelegentlich zu Ausnahmen: So nutzte ALDI jene für den Kunden schwierige Unterscheidung zwischen Grand Marnier mit »Gordon Rouge« und »Gordon Jaune«. ALDI verkaufte den »Gordon Jaune«, der wesentlich kostengünstiger auf Weinbrandbasis produziert war. Diesen Artikel vertrieb ALDI exklusiv in Deutschland, während der übrige Handel den viel teureren Artikel mit der roten Schleife auf Cognacbasis verkaufte. Per Deklaration wurde zwar nichts Falsches verkauft, aber das bewußte Vermeiden eines ausdrücklichen Hinweises auf den Unterschied kann durchaus als »Unterlassungssünde« gewertet werden.

Hinsichtlich einer konsequenten Kundenorientierung folgen viele deutsche Handelsmanager nicht dem von Fredmund Malik empfohlenen und von ALDI realisierten Prinzip: Der Stücknutzen, der absolute und prozentuale Rohertrag, der vom Lieferanten angebotene Werbekostenzuschuß (WKZ) sollten nicht die wesentlichen Entscheidungskriterien für die Sortimentsbildung sein (vergleiche dazu den Abschnitt »Nicht der Einkauf, sondern das Verkaufskonzept entscheidet über den Erfolg«). Nur so kann vermieden werden, daß der Lieferant die Regale mit Artikeln füllt, die einem sinnvollen, kundenorientierten Verkaufskonzept widersprechen. Listungsrabatte seitens der Lieferanten und die Wünsche der Kunden müssen gewissenhaft gegeneinander abgewogen werden.

Die Mitbewerber von ALDI sind stark lieferantenorientiert, wodurch sie oft erhebliche, zunächst nicht rechenhafte Nachteile zu verantworten haben. Uwe Rosmanith spricht richtig von der »Einkaufslastigkeit vieler Unternehmen«[12]. Vielfach werden nicht Artikel, sondern Werbekostenzuschüsse, Rückvergütungen und Rabatte eingekauft. Diese Praxis kann an den Regalen förmlich »abgelesen« werden: Vom gleichen Lieferanten gibt es Würstchen in Gläsern zu 750 und 850 Gramm, die kein Kunde unterscheiden kann, aber die Regale des Handels füllen. Die »Einkaufslastigkeit« verdrängt heute zunehmend die Kundenorientierung aus dem täglichen Unternehmensmanagement.

Vom Umgang mit Reklamationen

Wer kennt sie nicht, die Leiden eines Kunden, der eine Reklamation hat. Spätestens hier zeigt sich die wirkliche Kundenleistung des Unternehmens – an der korrekten und im Einzelfall mit viel Einfühlungsvermögen praktizierten Umsetzung. ALDI war bewußt, daß die Umsetzung immer problematisch ist und nur durch eine eindeutige feste Regelung Unklarheiten vermieden werden können. Daher gilt: ALDI nimmt grundsätzlich alles zurück, was dem Kunden nicht gefällt oder was nicht einwandfrei ist. Der Kunde erhält dafür einen Ersatz oder den Geldbetrag zurück. Fast jeder, der mit einer solchen Regelung konfrontiert wird, befürchtet sofort, daß Kunden sie ausnutzen könnten und daher ein Ermessensspielraum in der Filiale verbleiben müßte. ALDI hat das anders geregelt. Zum einen sind jene Fälle außerordentlich selten, in denen Kunden eine solche Großzügigkeit ausnutzen – ich gehe davon aus, daß es sich in jedem Unternehmen jeder anderen Branche ebenso verhält –, zum anderen hat ALDI den Ermessensspielraum völlig ausgeschaltet, indem es der Filiale absolut verboten ist, eine Reklamation abzulehnen. Sollte dennoch ein Mißbrauch zweifelsfrei vorliegen – etwa im klassischen Fall, wenn die Sektflasche bis auf einen minimalen Rest geleert und erst anschließend reklamiert wird –, werden Name und Anschrift des Reklamierenden notiert und die Auskunft erteilt, daß der zuständige Bezirksleiter den Fall beurteilen und der Kunde dann unverzüglich benachrichtigt werde. Damit soll willkürliches Verhalten der Mitarbeiter im Verkauf weitgehend ausgeschlossen werden.

Ein Bericht in der *Lebensmittel-Zeitung* vom 4. 10. 1996 illustriert diese für die ALDI-Unternehmenskultur charakteristische Praxis und soll daher vollständig wiedergegeben werden:

Kurzer Prozeß bei ALDI Süd

gh. **Frankfurt,** 2. Oktober. – **Die** Sache war ärgerlich. Aber so etwas kann schon mal passieren. Der im Juni bei ALDI Süd in Wiesbaden erworbene kleine Handschalenkoffer machte schon vor der ersten Dienstreise schlapp – das Zylinderschloß war herausgebrochen.

Von einem Telefonanruf bei der ALDI-Niederlassung in Mörfelden versprach sich der Redakteur einen Ausweg aus dem Dilemma. Bei ALDI traf er auf die ebenso angenehme wie freundliche Stimme einer Mitarbeiterin, die – vom Anrufer ausführlich über die Notlage informiert – flugs zu einer Kollegin durchstellte. Frau T. war gleichfalls äußerst hilfsbereit. Gegebenenfalls könne man den Koffer an der Verkaufsstelle gegen Bargeld zurückgeben, empfahl sie. Aber es gebe noch eine »Service-Adresse«, die in solchen Fällen für ALDI einspringt. Frau T. suchte die Anschrift für den Anrufer, konnte sie aber nicht gleich finden. Jedoch 20 Minuten später erfolgte der Rückruf mit Nennung der Adresse: Dario GmbH in Hamburg. Auch hier fiel dem Anrufer, der sich bisher als Kunde im Einzelhandel nicht überall als König fühlen durfte, die höfliche und zuvorkommende Art auf. Frau R. riet nach umfänglichem Gedankenaustausch, den Koffer nach Hamburg zu schicken. Dario werde die Versandkosten übernehmen und schauen, was sich machen läßt.

Der Redakteur wählte trotz des verlockenden Angebotes den bequemen Weg. Rückgabe des Koffers bei ALDI. Im Laden in der Mainzer Straße in Wiesbaden traf er auf leichtes Erstaunen, gleichwohl auch auf kurze Reaktionszeiten. Die Marktleiterin nahm den Koffer auch ohne Bon zurück. »Was hat er denn gekostet?« Sie selbst wußte es nicht, weil sie seinerzeit im Urlaub weilte. Der Redakteur – sich seiner Sache nicht ganz sicher – sagte: »29 Mark 90, glaube ich.« Die ALDI-Mannschaft vertraut ihrem Kunden und zahlt den Betrag aus.

Service in Deutschland – es macht Freude, über solche Fälle berichten zu können!

Detailbesessenheit: kleine Erfolge jeden Tag

Ein so stark auf Kostenbewußtsein ausgerichtetes Konzept wie das von ALDI praktizierte braucht Mitarbeiter, die sich für praktische Details interessieren und nicht über Marketing im Jahre 2010 nachgrübeln. Dieses Detailinteresse wird bei ALDI dadurch gefördert, daß das Unternehmen keine Stabsabteilungen kennt. Bei ALDI haben viele Mitarbeiter, die in Linienfunktion ihrem gewohnten »Tageswerk« nachgehen, zusätzliche interessante Aufgaben erhalten, die in anderen Unternehmen eher Stabsabteilungen übertragen werden. ALDI liefert damit ein Beispiel für »Job Enrichment« (Bereicherung des Arbeitsplatzes und des Aufgabengebietes) im Sinne der Motivationstheoretiker.

Erst bei der Umsetzung werden Mängel, aber auch personelle Widerstände deutlich. Deshalb ist es wichtig, daß die Unternehmen zu »Umsetzungsunternehmen« werden. Kluge vorbereitende Arbeitsweisen mit Beteiligung der Betroffenen und mit der führenden Hand von Machern und Praktikern können den Erfolg sichern helfen. ALDI hat viel probiert, getestet und *konsequent einfach* geregelt. Gute Manager wissen, daß die Umsetzung von Projekten oder Maßnahmen dann schon halb erledigt ist, wenn man von Anfang an jene Mitarbeiter an den Veränderungsprozessen beteiligt, die später mit diesen Themen zu tun haben werden und die in der Regel auch wertvolle Beiträge zum Problemlösungs- und Entscheidungsprozeß leisten können. Dabei dürfen grundsätzlich keine Grenzen nach unten bestehen – gerade die Ausführungsstufen einfachster Arbeiten sollten integriert sein.

Nach meiner Erfahrung ist das notwendige Wissen in einem Unternehmen und bei seinen Mitarbeitern bereits vorhanden. Das gesammelte Wissen vieler Mitarbeiter, die als Einzelpersönlichkeiten einen Schatz an Informationen, Fakten, Ideen, Erfahrungen und Erkenntnissen zusammentragen können, ist in jeder Firma größer als allgemein angenommen wird. Es bedarf lediglich einer Organisation, eines besonderen Klimas, einer Kultur, um diese Schätze zu heben. In vielen Unternehmen gibt es ein Vorschlagswesen. Doch eine wirkliche Erfolgskultur ist diejenige, in der die Mitarbeiter ihre Vorschläge von sich aus machen und sie sogar selbst umsetzen. Erfahrungen werden innerhalb eines Unternehmens immer wieder und über viele Jahre an neue Mitarbeiter weitergegeben. Und der Erfolg, der sich einstellt, wenn das Interesse für Details vorhanden ist, fördert die Motivation; denn Erfolg ist und bleibt der größte Motivationsfaktor.

Oft geht es nur um einfache »handwerkliche« Lösungen, um praktische Ideen, die sofort ausprobiert werden können. Wissenschaftler oder »Beratungs-Gurus« werden dann gebraucht, wenn man sich über die Grundlagen des Unternehmens nicht im klaren ist oder Spezialfragen zu beantworten sind. Handwerkliche Professionalität ist die Methode, die letztlich auch zur Kostenführerschaft von ALDI entscheidend beigetragen hat. Damit hat ALDI sich seine »Strategischen Erfolgspositionen – SEP« im Sinne Cuno Pümpins[13] erarbeitet. Diesen strategischen Wettbewerbsvorteil hat ALDI sich auf lange Zeit gesichert. Mit der dominierenden Fähigkeit zu einfachen Lösungen, die immer wieder zu extrem niedrigen Kosten führten, ist ALDI der Konkurrenz um viele Jahre voraus. Diese Fähigkeit ist nur schwer zu entwickeln, aber auf keinen Fall einfach zu kopieren.

Ein Beispiel: Unerbittliche Konsequenz und der Verzicht auf alle Verlockungen hat ALDI einen Kostenvorsprung bei den Ladenmieten eingebracht. Da Mietverträge oft über zehn Jahre laufen, braucht es eine lange Zeit, bevor Mitbewerber sich den Spitzenwerten von ALDI annähern können. Bei manchen Filialunternehmen machen die Ladenmieten 30 Prozent der betrieblichen Kosten aus. Im neuen Zentrum am Potsdamer Platz in Berlin ist ALDI - jetzt mit einem Laden im Basement vertreten. ALDI's Miete wird weit unter denen der anderen Mieter liegen, ist doch ALDI für die anderen ein Kundenmagnet, ein Frequenzbringer. Also, selbst an hervorragenden Standorten eine niedrige Miete - oder: Verzicht.

In der modernen Managementsprache heißt diese Mission zu permanenten Verbesserungen im Detail »Kaizen«, bei Volkswagen heißt die Methode »KVP^2« (Kontinuierlicher Verbesserungsprozeß »hoch 2« oder zum Quadrat), und VW-Manager Ignacio Lopez ist damit berühmt geworden. Was heute modern in neuen Begriffen daherkommt, ist bei ALDI ein alter Hut, eine fest verankerte Kultur, die sich durch Vorleben und Beispiele täglich erneuert.

Zwei Beispiele: Bei ALDI werden für die Lkw Fahrtenschreiber eingesetzt, die die Bewegungen der Ladebordwand registrieren und sowohl Rückschlüsse auf Produktivitäten als auch auf mögliche unzulässige Bewegungen an der Ladeklappe zulassen. Auch wurde eine Untersuchung darüber angestellt, ob der Fenster- oder der Deckelschnitt zur Öffnung der Kartons in den Läden vorteilhafter ist.

Theo Albrecht zeichnet Ladeneinrichtungen

Wenn sich Theo Albrecht, der gerne Architekt geworden wäre, mit der richtigen Gestaltung der Drehkreuzanlagen bei fast allen Einrichtungsplänen für neue Läden beschäftigt - und fast immer eine bessere Lösung findet als die zuständigen Verkaufsleiter -, so spart das ALDI-Unternehmen dadurch nicht nur Geld. Dieser Eingriff in die Praxis macht

Theo Albrecht auch Spaß, denn er hat einfach »ein Händchen« dafür. Die Frage ist natürlich berechtigt, ob es für den Inhaber eines so großen Unternehmens nicht wichtigere Aufgaben gebe. In jedem Fall liefert Theo Albrecht selbst ein Beispiel dafür, was die Unternehmenskultur bei ALDI prägt: Detailarbeit, die Effizienz und Produktivität immer weiter verbessert. Mit seinem Vorbild fordert er die Mitarbeiter indirekt auf, noch mehr nachzudenken, noch bessere Lösungen zu finden. Den Verkaufsleitern der regionalen Gesellschaft, die über die Ladenplanung entscheiden, kann eine solche Zeichnung auch mal einen Anruf von Theo Albrecht bescheren: »Legen Sie die Zeichnung mal so hin, daß Sie ...«, und dann wird gemeinsam optimiert. Der Erfolg liegt im Detail.

Vom Olymp in dic Lädcn

Ein ALDI-Geschäftsführer kennt die Details, ohne dabei die Gesamtstruktur aus dem Auge zu verlieren. Das bedeutet in der Praxis, daß sowohl die Mitglieder des Verwaltungsrates als auch die Geschäftsführer Interesse daran zeigen, wie frisch die Eier in den Läden sind. Interesse am Detail heißt auch, sich selbst als Topmanager in den Laden zu begeben, in allen Ecken des Unternehmens zu forschen und die hundertfachen Ansatzpunkte aufzugreifen, auf Entscheidungswege zu bringen, Problemlösungen zu finden und umzusetzen - durch Ausprobieren, Testen, Machen.

Manager müssen Vorbilder sein; das ist eine ihrer wesentlichen Aufgaben. Als Verwaltungsratsmitglied habe ich bei den Kontrollbesuchen in den regionalen Gesellschaften selbstverständlich auch die Läden besucht. Wichtig war mir, jedes Mal für einige Minuten diskret einen Mitarbeiter bei seiner Arbeit zu beobachten. Dabei ging es mir nicht um den bestimmten Mitarbeiter nicht um seine Leistung, sondern darum zu beobachten, welchen Sinn diese konkrete Tätigkeit hat und ob sie wirksam und wirtschaftlich eingesetzt wird. Denn es gibt immer und überall Verbesserungsmöglichkeiten. Was in *einem* Laden verbessert werden kann, das kann mit 3000 Läden in Deutschland multipliziert werden. Für eine Beurteilung dieser Art muß man nicht Arbeitswissenschaftler sein – kritische, fragende Beobachtung genügt.

Den Olymp der Chefetagen zu verlassen und an die Basis zu gehen, ist oft mühevoller als das Philosophieren über die großen Visionen, über Marketing 2010 und die dicken Studien der Marketingstäbe und Unternehmensberater. Arbeit am Detail macht die Tagesmühen am Ort des Geschehens sichtbar – eine ebenso notwendige wie hilfreiche Praxis. Wenige Hierarchiestufen und wenige oder keine Stabsstellen begünstigen diese Arbeitsweise. Das Jahr 2010 ist natürlich im Blick zu behalten, aber gerade die Praktiker auf den unteren Ebenen müssen in Strategieüberlegungen einbezogen werden, um auch die Details der täglichen Geschäfte würdigen und richtig einschätzen zu können.

Ein erfolgreicher Unternehmenssanierer hat einmal gesagt:

»Ein Unternehmen führen heißt,
sehr stark an den Fakten
und dem Operativen bleiben.«

Kajo Neukirchen

Das hat schließlich auch die Firma Norma erkannt. Viele Jahre hat sie ALDI sklavisch kopiert, offenbar mit recht gutem Erfolg. Nun, da die Geschäfte weniger leicht von der Hand gehen, hat Norma eine Reihe erfahrener ALDI-Manager, die ehemaligen Geschäftsführer Peter Vianden und Harald Schneidenbach sowie die ALDI-Zentraleinkäufer Pierre Schulz und Günther Kujahn, engagiert. Sie werden helfen, das entscheidend Operative zu gestalten – wenn man sie läßt! Eine Einschränkung deshalb, weil auch das inhabergeführte Unternehmen Norma eine eigene, eher autoritäre Kultur entwickelt hat. Eine wesentliche Voraussetzung für den Erfolg wäre, die Prinzipien der Delegation, auf die ich im zweiten Teil noch ausführlich eingehen werde, so zu praktizieren, wie ALDI es tut.

Auch Lidl, der größte und wohl auf längere Sicht stärkste Mitbewerber im Discount-Segment, hat sich mit ehemaligen Managern von ALDI Süd verstärkt: Klaus Gehrig und Werner Hoffmann. Sie machen jetzt ihrem früheren Arbeitgeber das Leben schwer.

Detailinteresse oder Regelungswut?

Detailbesessenheit kann allerdings auch Nachteile haben. Sehr tief in die Materie einzusteigen, mündet leicht in übertriebene bürokratische Abläufe. Einfachheit geht verloren. Naturgemäß nehmen die zu regelnden Angelegenheiten im Laufe der Zeit zu, alte Regelungen bleiben, wie bei der staatlichen Gesetzgebung, jedoch allzu oft erhalten.

Diese Gefahr ist allerdings bei einem Unternehmen wie ALDI viel geringer als bei anderen, in denen es Stabsstellen gibt, die dicke Manuals verfassen. Bei den Aufgaben der ALDI-Linienmanager rangiert theoretische Schreibtischarbeit immer hinter praxisbezogenen Arbeiten.

Doch auch ALDI hat Probleme mit der Bürokratie – im Norden bei Theo Albrecht allerdings stärker als im Süden bei Bruder Karl. Gründe für den zeitweilig erhöhten »Bürokratismus« waren sowohl Mißtrauen als auch die personelle Zusammensetzung der Führung. Im Süden gibt es keine Allgemeinbeurteilungen und keine Berichte über Besuche der Führungskräfte in den Läden. ALDI Süd war immer viel »leaner« als der Norden, wo es beispielsweise ausführliche Stellenbeschreibungen und sehr ausgefeilte Arbeitsanleitungen gibt. So beschäftigte man sich im Norden in Geschäftsführerbesprechungen gemeinsam mit dem Verwaltungsrat zum Beispiel mit Ausarbeitungen zum Thema »Reinigung der Eistruhen«, »Wohnungsvermietung in Eigenobjekten« oder mit »Abmahnungen an Verkäuferinnen«. In den »Top-Besprechungen« des Verwaltungsrates wurde ebenso über die »Stellenbeschreibung der Druckerei« diskutiert wie über die »Spesen für die Revisoren im Ausland«. Ein »Prüfungsbogen für Filialleiter« umfaßte 64 Fragen, der

Einarbeitungsplan für die Kassiererin 8 Seiten – trotz der sehr einfachen Ladenführung im Vergleich zu herkömmlichen Supermärkten. Für die Verkäuferinnen wurden Delegationsbereiche und deren Aufgaben genau beschrieben, womit das gute »Harzburger Modell«, das im zweiten Teil noch erläutert wird, sehr strapaziert wurde. Zur Bekämpfung der Inventurverluste gab es einen Leitfaden von 36 Seiten. Die »Allgemeine Führungsanweisung« war ebenfalls mit allzu vielen Detailregelungen und -definitionen befrachtet.

Zugestanden werden muß, daß jeder einzelne Punkt durchaus für sich genommen seine Berechtigung hat und durch die Multiplikation in mehreren tausend Läden erhebliche Wirkung bekommt. Aber genau darin besteht die Gefahr aller Bürokratie. Auch den ALDI-Mitarbeitern wird manchmal das Leben erschwert, wenn der Pfad der »Tugend der Einfachheit« gelegentlich verlassen wird. An bürokratisierten »Leidfäden« und an manch kleinkarierter Anweisung üben ALDI-Mitarbeiter auch massive Kritik. Einer dieser »Leidfäden« ist zum Beispiel eine Schreibtischordnung für die Büros in den Filialen, in dem für jede Schublade genau festgelegt wird, welche Papiere dort hineinzulegen sind. Ausgefeilte und sehr komplizierte Prämienregelungen für Bezirksleiter haben ebenfalls mehr Bürokratie bewirkt als Nutzen gestiftet. Zu viele Prämienfaktoren mit unzähligen Varianten führen letztlich zu Verwirrung und Praxisferne. Auch ein Informationskatalog für jede leitende Position, der die Stellenbeschreibungen ergänzt, kann nur als bürokratische Übertreibung angesehen werden. Mit diesem Katalog soll sichergestellt werden, daß jeder Mitarbeiter auch die notwendigen Informationen an andere Stellen weitergibt. In der »Allgemeinen Führungsanweisung« werden Definitionen und Regelungen getroffen über Themen wie Anregung, Anweisung, Information, Dienstweg, Beschwerde und andere mehr. Für sich genommen sicher verständliche und oft sinnvolle Hinweise, in der Summe aber belasten sie mehr, als daß sie nützen.

Die Kritik an der Bürokratie kommt aus der Praxis, und

nach meiner Erfahrung ist die Kritik der Praxis meist berechtigt. Der kritische Punkt war und ist bei ALDI der Verwaltungsrat, die »oberste Heeresleitung«. Hier gibt es - wie in anderen Unternehmen auch - verdeckte Machtkämpfe, die sich in Form und Stil der Anweisungen niederschlagen.

Jedes Mitglied des Verwaltungsrates hat wie überall seine Vorlieben und Abneigungen gegen bestimmte Methoden oder Verhaltensweisen. Dann kommt es darauf an, wer sich durchsetzt. Wenn sich der bürokratisch Orientierte oder der Mißtrauische durchsetzt, dann entstehen die entsprechenden Verfahren und Regelungen. Da der Verwaltungsrat seine Meinungsverschiedenheiten natürlich nicht in der Geschäftsführerbesprechung austragen will, tritt er dort mit einer Stimme auf. Dann haben in der Regel auch gute Argumente von Geschäftsführern nur geringe Chancen, sich durchzusetzen. Dies ist in der ALDI-Gruppe ein wachsendes Problem, das die Leistungsfähigkeit des Unternehmens zunehmend beeinträchtigen dürfte.

Konsequenz und Systemstrenge trotz täglicher Verlockungen

Viele Menschen - auch Manager - sind wankelmütig. Aber worauf kommt es an? Die Antwort scheint einfach: Ein gutes Konzept durchhalten. Richtig erkannte Prinzipien stur verfolgen. Den Verlockungen widerstehen. Konsequenz heißt: Bewährte Methoden nicht dauernd ändern, sondern der Redensart folgen:

»Schuster, bleib bei deinen Leisten«.

ALDI hat fast immer danach gehandelt. Um nur ein Beispiel zu nennen: Die Eigenproduktion beschränkte sich auf die Röstung von Kaffee - anders als es die Konsumgenossenschaften in Deutschland und A&P in Amerika handhabten, die bis zu 80 Prozent ihrer Ware selbst produzierten und daran zugrunde gingen.

Allen Verlockungen in verschiedenen Bereichen des Unternehmenslebens hat man bei ALDI widerstanden. Dazu gehören: Ausdehnung des Sortiments, Diversifikation in andere Branchen, Einkaufsentscheidungen aufgrund von Vergünstigungen der Lieferanten. Jahrelang hielt man an der Ablehnung problematischer Artikel wie Obst und Gemüse strikt fest und verzichtete auf jegliche Form von Manipulation an den Qualitäten ebenso wie auf die kostspielige Anmietung eines Ladens an einem phantastischen Standort. Solche Konsequenz im Handeln erfordert strenge Disziplin und prägt das Unternehmen und seine Mitarbeiter.

Ein Beispiel für das hartnäckige Festhalten an Prinzipien – das durchaus manchmal an Sturheit oder gar Blindheit grenzte – war der Umgang mit dem Artikel Butter. Butter wurde als einziger wichtiger Artikel im Kühlregal lange nicht geführt, weil Probleme mit den zu erwartenden Volumenmassen zu befürchten waren und mit einem Verkaufspreis ohne Gewinn gerechnet werden mußte. Dies widersprach durchaus der vielzitierten Kundenorientierung. Selbst eine Aufnahme dieses Artikels in den Niederlanden, wo gänzlich andere Bedingungen herrschten, wurde abgelehnt. Aber Ausnahmen (auch von kluger Arbeitsweise) bestätigen die Regel und unterstreichen die grundsätzlich richtige Denkweise. Hier hätte Bismarck mit seinem Ausspruch recht bekommen, daß Prinzipien haben auch heißen könne, mit einer Stange quer im Mund durch den Wald zu laufen. So mußte selbst ALDI in puncto Butter eines Besseren belehrt werden.

Der zunehmende Wettbewerb im Discountmarkt bringt durchaus auch Unruhe in die ALDI-Organisation, die sich früher eher souverän über die Konkurrenz hinwegsetzte. So konnte man schließlich nicht mehr an einem interessanten Butterumsatz einfach vorbeigehen. Auf der anderen Seite war der Verzicht auf den Verkauf von Butter immer schon inkonsequent unter dem Gesichtspunkt der Kundenorientierung. So ist auch Salz grundsätzlich kein Artikel für ein begrenztes ALDI-Sortiment. Trotzdem führt man Salz, weil es zu den täglichen Grundbedürfnissen des Kunden gehört.

Es bedarf einer enormen Disziplin, die Artikelzahl über viele Jahre um kein Stück zu erweitern. In einer Nestlé-Studie von 1987 heißt es: »Gemäß einer Umfrage unter Top-Managern des Handels sagen alle, daß ALDI zum Vollsortimenter hin tendiert«. Bei manchem Mitbewerber war dies tatsächlich der Fall. Einige haben als Discounter begonnen und dann wegen nicht zufriedenstellender Erfolge ihre Sortimente ausgedehnt. Der Schweizer Discounter Denner hat so inzwischen ein Sortiment von 3000 Artikeln – das jetzt wieder schrittweise bis auf 1000 Artikel reduziert werden soll.

ALDI hat nicht die besseren Manager. Die Konkurrenz hat sicherlich Manager mit gleichen oder gar höheren Fähigkeiten und Erfahrungen, und alle haben die gleichen menschlichen Stärken und Schwächen. ALDI-Manager bringen jedoch einige charakterliche Besonderheiten ein, die der Unternehmenskultur entsprechen. Ohne Zweifel spielt für das Verhalten der ALDI-Manager auch der Zwang der Verhältnisse, die Ordnung und Organisation des Betriebes eine entscheidende Rolle. Man muß eben entsprechend den Vorschriften handeln – auch, wenn es einmal gegen die Natur sein sollte. Die Einladung eines bedeutenden Lieferanten zu einem »Arbeitsessen« ist ja eine schöne Sache, die überall praktiziert wird. Aber – so denke ich – im Laufe eines längeren Lebens in einem Betrieb wie ALDI stellen sich bei den meisten Mitarbeitern Lernprozesse und Überzeugungen ein, die solche Kulturen tragen und unterstützen, eben weil sie so eindeutig erfolgreich sind. ALDI ist bis ins Detail konsequent seinen Zielen verpflichtet, die aus einer strengen Kundenorientierung abgeleitet sind. Bei manchem der »anderen« mag dies in ähnlicher Form gelten, nicht aber bei der Mehrzahl. An den langfristig erzielten Unternehmensergebnissen der Konkurrenz ist es ablesbar. Und da kann es kaum verwundern, wenn das berühmte 1 Prozent (Gewinn vor Steuern in Prozent vom Umsatz) schon einen Grund zur höchsten Zufriedenheit darstellt.

Daß keiner der Konkurrenten es jemals verstanden hat, ALDI wirklich zu kopieren, liegt an den asketischen Prinzipien und an Tugenden wie Konsequenz und Disziplin, die manchem Manager so schwerfallen. Ihnen fehlt allzu leicht das »süße Leben«, Kongresse, Lieferanteneinladungen und manch interessante Verlockung des Tages. Detailarbeit - konsequent betrieben - ist eine große Mühe, die nur dann besonders gut geleistet werden kann, wenn man vom Sinn seiner Arbeit und dem damit verbundenen Erfolg leidenschaftlich überzeugt ist. Das ist bei der überwiegenden Zahl der ALDI-Mitarbeiter der Fall. Auch die mit den schwereren körperlichen Arbeiten belasteten Mitarbeiter an der Ladenkasse, im Fuhrpark oder im Lager dürften überwiegend so denken. Sie erhalten nicht nur die höchsten Entlohnungen der Branche, sondern für ihre Arbeit auch viel positive Zuwendung von Kunden und Freunden. Denn fast alle loben ALDI wegen seiner guten Leistung. Und das dürfen sich alle Mitarbeiter anrechnen.

Bei Ikea ist die Konzentration eines der neun Gebote des Gründers Ingvar Kamprad »Konzentration der Kräfte ist wichtig für unseren Erfolg. Man kann nicht alles gleichzeitig machen.«[14] Mit unbeugsamer Konsequenz konzentriert sich ALDI auf sein angestammtes Geschäft mit den so klaren Zielen. Peter Drucker stellte einmal fest[15]:

»Konzentration ist der Schlüssel zu wirtschaftlichen Resultaten. Gegen kein anderes Prinzip der Effektivität wird heute so regelmäßig verstoßen wie gegen das Grundprinzip der Konzentration. Unser Motto scheint zu sein: Laßt uns von allem ein bißchen tun.«

Peter Drucker

»Management by Mißtrauen«?

In jedem Unternehmen gibt es Besonderheiten, Seltsames, Auswüchse - auch bei ALDI. Als »Management by Mißtrauen« bezeichnete 1992 die *Wirtschaftswoche* das System der »Geheimniskrämer«. Von Ausnahmen abgesehen, die sich eher auf die Inhaber beziehen, ist dies jedoch ein falsches Urteil. Es bestehen wohl kaum zwei Meinungen darüber, daß Inhaber zu Mißtrauen neigen - schließlich geht es um ihr eigenes Geld. Richtig ist sicher auch, daß das Mißtrauen von Theo Albrecht die Kontrollkultur im Unternehmen beeinflußt hat. Doch die Führung mit den bei ALDI eingesetzten Kontroll-Systemen kann als vorbildlich für viele andere Unternehmen gelten.

Niemand sollte sich scheuen, über Sinn und Unsinn von Kontrollverfahren nachzudenken. Egon Zehnder von der Beratungsgesellschaft Zehnder International hält den Satz von Lenin, »Vertrauen ist gut, Kontrolle ist besser«, für dumm und schädlich. Er hat recht, ich stimme ohne Einschränkung zu. Doch wann darf und muß Kontrolle sein?

Für viele Unternehmen, besonders für ihre Aufsichtsräte, wäre es ratsam, sich mit Fragen der Kontrolle ernsthafter und vor allem mit mehr Professionalität auseinanderzusetzen. Wenig schmeichelhaft für den Aufsichtsrat der Bremer Vulkan AG waren die Äußerungen des ehemaligen Vorstandsmitglieds Manfred Timmermann vor der Staatsanwaltschaft anläßlich der Untersuchung von Hintergründen des Konkursfalles: »Der Konzernchef konnte schalten und walten, wie er wollte, der Aufsichtsrat hakte alles ab. Mit einem besseren Management hätte die bedrohliche finanzielle Lage des einst größten deutschen Werftenverbundes verhindert werden können.«

Für das gute Management an der Spitze eines Unternehmens ist der Aufsichtsrat verantwortlich. Dieser kann seine Aufgaben nur erfüllen, wenn er selbst Kontrollen ausführt und sich nicht ausschließlich auf Berichte von Wirtschaftsprüfern und des von ihm zu kontrollierenden Vorstands verläßt. Der ALDI-Verwaltungsrat hat diese Aufgaben mit harter Disziplin gegen sich selbst ausgeführt, und diese Kontrolltechnik wird durchgehend durch alle Hierarchiestufen praktiziert.

Das System basiert auf der Stichprobenkontrolle, die jeder Vorgesetzte bei seinen Mitarbeitern monatlich durchführt. Mitarbeiter, denen eine oftmals bedeutende Entscheidungskompetenz zugemessen wird, müssen kontrolliert werden. Sie haben meiner Ansicht nach sogar ein Anrecht darauf. Wie sollte sonst festgestellt werden können, welche guten Leistungen ein Mitarbeiter vollbracht hat? Man sollte niemals Mitarbeitern Aufgaben und Kompetenzen übertragen, wenn man sie zur Ausführung weder für fähig genug hält, noch ihnen volles Vertrauen schenken kann. Vertrauen ist die Grundbedingung, nicht das »vorsichtshalber« eingesetzte Mißtrauen. Trotzdem ist es für Vorgesetzte wichtig zu prüfen, ob und wie die delegierten Aufgaben ausgeführt werden. So können zum Beispiel auch Mißverständnisse ausgeräumt werden, die bei der Aufgabenübertragung aufgetreten sein können. Beide Partner können sich im Kontrollverfahren genauer über Zielvorstellungen absprechen. Letztlich dient die Kontrolle auch dazu, Fehlerquellen zu vermeiden und Risiken für das Unternehmen zu verringern. Hier liegt eine Erklärung, warum zum Beispiel der Discounter Penny (Rewe-Gruppe) ein wesentlich schlechteres Ergebnis erzielt als ALDI. Die Ladeninventuren dürften um mindestens 1 Prozent schlechter sein. Das würde bei ALDI einen Betrag von 300 Millionen im Jahr bedeuten.

Die in Bad Harzburg an der Führungsakademie der Wirtschaft von Professor Reinhard Höhn entwickelte sogenannte »Dienstaufsicht« im Rahmen der Delegation hat den Alltag von ALDI mitgeprägt. Die bei ALDI praktizierten Kontrollverfahren können als systembestimmend und systemstützend bezeichnet werden und haben zum Erfolg des Unternehmens beigetragen. Es hat bei ALDI eine so erhebliche Bedeutung, daß es zum Charakteristikum geworden ist, eng verbunden mit der Detailbesessenheit, mit der konsequenten Arbeitsweise, mit der Korrektheit und schließlich mit dem Prinzip der Delegation.

Ausprobieren statt endloser Analyse

Peters und Waterman propagieren in ihrem Buch *Auf der Suche nach Spitzenleistungen* das KISS-System: »Keep It Simple, Stupid«. Ein Satz, wie geschaffen für die Beschreibung der ALDI-Praxis. ALDI-Leute sind Macher-Typen. Alles wird ausprobiert, möglichst schnell, man hält sich nicht allzu lange auf mit endlosen, tiefsinnigen Analysen. Wenn grundsätzlich alles, was dem Unternehmensziel dienlich ist, erdacht und ausprobiert werden kann, so ist kaum ein besserer Antrieb zu den in der Wirtschaft häufig vermißten Innovationen denkbar. Als günstig erweist sich bei ALDI zudem, daß man beim Ausprobieren niemandem in die Quere kommen kann. Keine Stabsstelle beschwert sich über eventuelle Kompetenzüberschreitungen.

Ein bezeichnendes, für die gesamte ALDI-Gruppe folgenreiches Beispiel gaben die holländischen Kollegen. Die ALDI-Kassiererinnen mußten immer die Verkaufspreise aller 600 Artikel auswendig lernen, um die nicht mit Preisen ausgezeichneten Artikel in die Kasse eingeben zu können. Der Nachteil dabei war, daß sie bei Preisänderungen immer neu lernen mußten. Wenn die Kassiererin nach dem Urlaub an ihren Arbeitsplatz zurückkehrte, bestand ein erhöhter Lernbedarf.

Eine Lösung hätte eine auswendig zu lernende Artikelnummer sein können, mit der jeder Artikel, ähnlich wie beim Scanner, in einer Datenkasse identifiziert werden kann. Dies hielt das ALDI-Management über lange Zeit für zu schwierig und nicht durchführbar. Man ging davon aus, die Kassiererinnen könnten »sprechende« Preise viel besser behalten, und nahm an, daß der Preis – etwa für ein Kilogramm Zucker von DM 1,69 eine bestimmte Aussage beinhalte und so etwas wie ein Begriff sei – allein durch seine Größenordnung. Im nachhinein betrachtet, war das eine leichtgläubige, naive Annahme, denn sie wurde nie bewiesen.

Die Holländer in der Gesellschaft Ommen/Overijssel, unter ihrem Direktor A. C. Conijn, probierten die neue

Methode, anstelle der Preise Artikelnummern einzutippen, einfach »heimlich« aus. Schließlich machten sie ihre deutschen Kollegen mit dieser Innovation, die bis heute zur schnellsten und billigsten Datenkasse im Bereich von ALDI Nord geführt hat, bekannt. Keine Scannerkasse kann diese schnellen Kassierleistungen erbringen, noch dazu so unkompliziert und kostengünstig.

Mit der schon eingangs beschriebenen Einsteinschen Grundeinstellung: »Ich taste mich voran«, ist auch zu erklären, daß ALDI völlig ohne Berater arbeitet. Keine Unternehmensberatung, keine Marktforschung, keine Werbeberater. Nur in schwierigen Rechtsangelegenheiten wird fachkundiger Rat eingeholt, der intensiv diskutiert und hinterfragt wird – kaum ein rechtlicher Rat gelangt ohne ausführliche Prüfung in die Umsetzung. Zugegeben, die Rechtsberater haben es nicht leicht mit einem Unternehmen, in dem man sich für das Detail so sehr interessiert, daß auch der juristische Rat im einzelnen kritisch beleuchtet wird: Man muß erst selbst begreifen, was Sache bzw. was Recht ist.

Das Geheimnis oder die Kunst des Einfachen

ALDIs Erfolgsstory ist eine Lehre von der Einfachheit. Alles wird in diesem Unternehmen davon bestimmt.

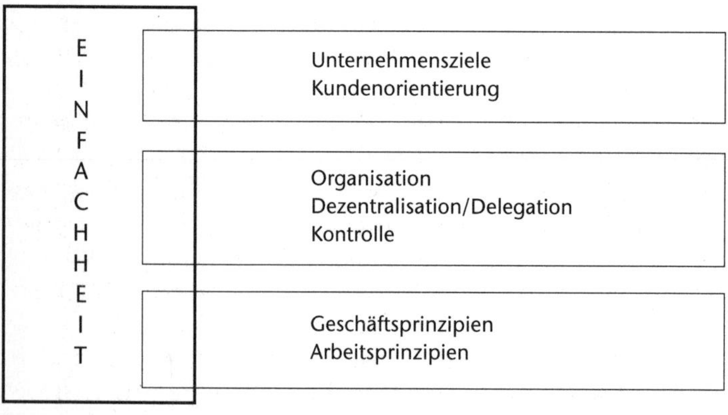

So wesentlich Kundenorientierung, Askese, Konsequenz und Disziplin das Unternehmen ALDI prägen, das eigentliche ALDI-Geheimnis lautet: *Einfachheit.*

ALDI beherrscht die Kunst, das Selbstverständliche, Normale, Vernünftige in die Praxis umzusetzen. Es gibt einfach eine Fähigkeit, eine *»Kultur der Einfachheit«*. Nicht das versteckte große Geheimnis hat ALDI zum Erfolg geführt, sondern diese Kunst, die Fähigkeit zum Einfachen. Auch Ikea, das erfolgreichste Möbelhaus der Welt, liefert ein Beispiel dafür, daß Einfachheit eine entscheidende Basis für Erfolg sein kann. Der Gründer Ingvar Kamprad bezeichnet die Einfachheit als eine Tugend. »Komplexe Regeln lähmen, übertriebene Planung ist die gängigste Todesursache von Unternehmen. Einfachheit gibt Stärke.«[16]

Es ist unglaublich schwierig, einfach zu sein. Vielleicht sind solche Verhaltensmuster und Kulturen typisch für personenorientierte Unternehmen, für Familienbetriebe, die über lange Zeit vom Inhaber geprägt wurden. Das Wesen des Inhabers als Unternehmensleiter ist eben, daß er *nicht* mit einem befristeten Anstellungsvertrag arbeitet und *nicht* nach einigen Monaten oder wenigen Jahren das Unternehmen wieder verläßt, um einem Neuen das Feld zu überlassen, damit dieser sich an der Einführung neuer Kulturen versucht. Die Entwicklung von Unternehmenskulturen braucht einige Zeit. Inhaberunternehmen haben in der Regel klein begonnen und sich über viele Jahre erst zur Reife entwickelt. An Inhabern ausgerichtete Kulturen können nicht ohne weiteres kopiert werden.

Zu Beginn meiner Tätigkeit als Geschäftsführer der ALDI-Niederlassung in Nortorf äußerte mein ehemaliger Chef Horst Langenbucher, Vorstand von coop Schleswig-Holstein, den Wunsch, unser neues Zentrallager zu besichtigen. Abgesehen davon, daß so etwas bei ALDI grundsätzlich nicht zulässig ist, war das Hauptmotiv meiner Ablehnung jedoch, daß ich niemanden sehen lassen wollte, wie einfach dort die »Wissenschaft von der Logistik« praktiziert wurde. Es wurde und wird doch immer wieder viel Geheimnisvolles in die

ALDI-Organisation hineininterpretiert. Und die Konkurrenten sollten ruhig in diesem Glauben bleiben.

Interessant in diesem Zusammenhang sind Äußerungen der Scania-Organisation zu ihren anhaltend großen Erfolgen gegenüber ihren Wettbewerbern auf den Lkw-Weltmärkten: »Es gibt wenig, was Scania viel besser macht als die Wettbewerber. Bis auf eins: Konsequent verfolgen die Schweden das Prinzip der Einfachheit. Einfache Konstruktionen, einfache Produktionsprozesse, einfache Produktpaletten und einfache Managementstrukturen.« – Man könnte meinen, es würde von ALDI gesprochen. Viele Anwender von Computer-Software dürften ebenfalls fehlende Einfachheit der Systeme beklagen. Vielleicht sollten Microsoft und andere einmal darüber nachdenken, ob ein »Discount-Windows«, das von viel Ballast befreit wäre, nicht vielen das Leben leichter machen könnte.

Auch Procter & Gamble hat Gefallen an den einfachen Wegen gefunden. »Make It Simple« zitiert die *Business Week* das Unternehmensprinzip des Konzerns, die »Strategy of Simplification«. Nicht neu ist die Erkenntnis von P&G, daß in großen Supermärkten oft von einem Viertel aller Artikel nicht mehr als ein Stück pro Monat verkauft wird. Das erfordert einen Wandel im Denken und in den Methoden.

Die riesigen Sortimente von bis zu 20 000 Artikeln und mehr bestimmen ein ganzes Unternehmen bis in die letzten Funktionen hinein. Kleine Supermärkte, auch kleine Edeka-Märkte, führen zum Teil mehr als 30 Sorten Röstkaffee oder gar 40 Sorten Würstchen in Dosen und Gläsern. In Malaysia sah ich Supermärkte mit 120 Sorten Milchpulver: die gleiche Ware von verschiedenen Herstellern, eine ganze Reihe von Marken, verschiedene Größen, verschiedene Verpackungen, leicht unterschiedliche Geschmackszusätze. Ein kleiner Laden verkauft dasselbe Omo-Waschmittel in Packungsgrößen von 800, 1300, 2500, 3000, 4500 und 8000 Gramm und das gleiche Sortiment dann noch einmal von zwei oder drei anderen Markenartiklern.

Verbunden mit einer sehr verbreiteten Lieferanten- statt Kundenorientierung liegt hier die Ursache für jene fast unendlichen Sortimentstiefen und Artikelzahlen im Handel, die die Führung der Unternehmen und alle Prozesse kompliziert machen.

Was macht ALDI? Was bedeutet das Prinzip der Einfachheit in der Praxis? Zur Beantwortung dieser Frage ist es wichtig zu verstehen, daß zunächst grundlegende Prinzipien die Voraussetzung für einfache Lösungen bilden, schließlich aber die praktischen Detailregelungen den Beweis für die Einfachheit liefern. Sie sind in der folgenden Übersicht aufgelistet:

- Es gibt keine starken Zentralbereiche wie Marketing, Controlling, Informations Systems, Public Relation, Werbung, Rechtsabteilung und keine Stabsstellen.
- Es gelten klare Ziele und Kompetenzen für alle, die auch strikt eingehalten werden.
- Die Unternehmensorganisation ist durch eine flache Hierarchie gekennzeichnet sowie durch die Prinzipien der
- Dezentralisation und Delegation.
- Es werden wenige Statistiken erstellt, hinzu kommt ein bewußter
- Verzicht auf regelmäßige Erhebung und Auswertung aller denkbaren Daten (wie zum Beispiel Kunden-Durchschnittseinkäufe an verschiedenen Tagen).
- Es gibt keine komplexen Einkaufskonditionen und
- nur wenige Direktlieferanten in den Läden (z. B. Jeweils ein Lieferant für Brot und Tiefkühlkost).
- Die Neuaufnahme von Artikeln erfolgt erst nach einem Test in drei Läden. Damit wird die Belastung der gesamten Organisation mit einem eventuellen Flop vermieden.
- Der Verkauf erfolgt grundsätzlich aus dem Karton, die
- Belieferung ausschließlich auf Paletten.
- Die Waren werden im Laden grundsätzlich nach logistischen Überlegungen plaziert, um die Arbeit zu erleichtern und die Produktivität zu steigern, nicht in der bekannten sogenannten »Augenhöhe«, damit der Kunde diese Artikel (mit zum Beispiel höherer Gewinnspanne) kauft.
- Es wird ein einfaches Kassensystem ohne Scanner eingesetzt.

Einfachheit macht die Unternehmen schneller. Zeit ist die knappste Ressource, die zur Verfügung steht. Der Zusammenhang zwischen *Zeit* und *Einfachheit* wird sehr gut deutlich an den Überlegungen, die den Neurobiologen Christof Koch von der CalTech California leiten. Er äußerte sich in *Die Zeit* vom 2. 7. 1998 über seine Forschungen auf dem Gebiet der Bewußtseinstheorie. Verschiedene Fachleute machten ihm den Vorwurf, daß er sich ausschließlich auf die Analyse des visuellen Systems beschränke. Woher er denn die Gewißheit nähme, so zum Erfolg zu kommen. Seine Antwort ist eine Beschreibung des Erfolgsprinzips *Einfachheit:* »Ich denke es ist derzeit nicht möglich, eine Bewußtseinstheorie aufzustellen, die mit allen Erkenntnissen kompatibel ist. Dafür ist unser Wissen vom Gehirn zu fragmentarisch. Man muß sich also für einen Ansatz entscheiden – und den verfolgen, ohne sich von widersprüchlichen Ergebnissen allzusehr ablenken zu lassen. Es ist ganz einfach: ich will das Problem in meinem Leben noch verstehen. Natürlich muß man irgendwann die verschiedenen Bewußtseinszustände erklären. Aber wenn man seinen Haustürschlüssel verloren hat, wird man den einfachsten Weg suchen, in sein Haus zu kommen – und das ist im Moment das bewußte und unbewußte Sehen. Es kann natürlich sein, daß die einzige Tür, die offen steht, nur in die Abstellkammer führt.«

ALDI ist erfolgreich geworden durch Verzicht auf viele Nebenwege, durch Konzentration auf einen Weg, durch Versuch und Irrtum. ALDI hat ähnlich gearbeitet wie Christof Koch.

Die Prinzipien der Einfachheit zeigen viele Parallelen zu den Bestrebungen, die Unternehmen »lean« zu machen, das heißt: schlank, überschaubar, klar, begreifbar, vernünftig, intelligent. Die einfachen Lösungen bringen den Erfolg. Es gilt deshalb, die einfachen Fragen zu stellen, wie Kinder es tun.

Die Frage nach dem »Warum«

Shigeo Shingo beschreibt in seinem Buch *Das Erfolgsgeheimnis der Toyota-Produktion* die Bedeutung der fünf »W-Fragen« bei Toyota. Dabei handelt es sich nicht, wie man bei uns vermuten würde, um die bekannten Fragen: was, wann, warum, wer, womit? Bei Toyota bedeuten die fünf »W« fünfmal dieselbe Frage: Warum? Warum? Warum? Warum? Warum?

Damit wird vieles geklärt. Je mehr mit der Frage nach dem Warum in der Praxis von Wirtschaft und Politik, nach dem Sinn und Zweck der Dinge, Maßnahmen und Ideen gefragt wird, desto klarer und einfacher sind die Antworten. Wieder eine schöne neue Statistik! Warum? Machen Sie das Experiment in Ihrem Unternehmen, und fragen Sie den Schöpfer der neuesten papiernen Errungenschaften oder jene, die die Anweisung gegeben haben, »Löcher in den Bauch«. Sie werden sich wundern! Viel zu sehr steht in den Unternehmen die Frage nach dem Wie im Zentrum der Aufmerksamkeit. Das ist die technokratische Frage, die Frage der Ingenieure. Sie ist wichtig, aber davor sollte das Warum stehen, die Frage nach dem Sinn. Das gilt auch für die einfachsten Dinge, zum Beispiel für die Frage: »Warum sollen wir diesen Punkt auf die Tagesordnung der Besprechung setzen?«

Mit dem ALDI-Erfolg untrennbar verbunden ist die einfache Gestaltung von Systemen und Prozessen. »Konsequent einfach« sein, ist immer der intelligentere Weg. Unternehmen müssen versuchen, die komplexe Welt durch einfache Organisation zu beherrschen. Kurz:

Intelligente Gestaltung ist einfache Gestaltung.

Im Wettbewerb werden sich diejenigen Gebilde behaupten, welche die Beherrschung der Komplexität am einfachsten organisiert haben. Der Computerhersteller Compaq könnte eines dieser Gebilde sein. Compaq schreibt in Anzeigen, daß man einfache Lösungen für komplexe Aufgaben suche.

Ein Wort ist hier angebracht zur Notwendigkeit von Budgets. Kaum ein Manager oder Unternehmensleiter kann sich heute vorstellen, ohne Jahresbudgets oder Abteilungsbudgets auszukommen. Im September eines jeden Jahres beginnen die Budgetvorbereitungen und Budgetverhandlungen, die so unendlich viele teuere Managementstunden kosten und so viele Mitarbeiter auf allen Funktionsstufen frustrieren. Man kann ohne Budgets oder Planungsrechnungen auskommen. ALDI beweist das.

Kluge Selbstbeschränkung im Sortiment

Ein entscheidender Schlüssel zur Einfachheit ist fraglos das jahrzehntelang auf 600 Artikel begrenzte ALDI-Sortiment.

Die bei ALDI durch eine geringe Artikelzahl erreichte Einfachheit war allerdings nicht das Ergebnis reiner Geistesgröße, sondern einer Erfahrung, die Karl Albrecht schon 1953 geschildert hatte und die im Laufe der Zeit konsequent befolgt wurde.

In vielen Branchen hat man inzwischen erkannt, daß die Sorten- und Variantenvielfalt ein gewaltiger Kostenfaktor ist. Nicht zuletzt in der Automobilindustrie hat man sich intensiv mit diesem Problem auseinandergesetzt, wie z. B. Berichte über die Teile-Vielfalt bei Volkswagen zeigen. Mit steigender Anzahl von Varianten oder Artikeln wachsen Kosten und Komplexität überproportional. Empirisch quantifizierte Feststellungen über den Zusammenhang von Kosten und Artikelzahl im Handel liegen – soweit dem Verfasser bekannt – zwar nicht vor; doch bei graphischer Abbildung der Handelswirklichkeit ist wohl von folgender Kurve auszugehen.

Die Komplexitätskurve

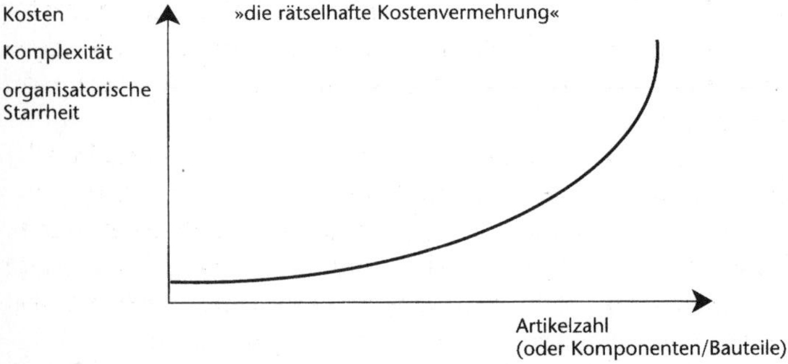

Eine Erklärung dafür liefert Christian Homburg, Professor für Betriebswirtschaftslehre an der Hochschule für Unternehmensführung in Koblenz[17]: Erfahrungen, so Homburg, hätten gezeigt, daß die Gemeinkosten der Infrastruktur in hohem Maße proportional zur Anzahl der Varianten stiegen. Zu viele Varianten würden oft infolge eines Informationsproblems produziert. Bei der Entscheidung zugunsten neuer Varianten gehe man davon aus, daß fixe Kosten ohnehin vorhanden seien und die neue Variante mit der existierenden Infrastruktur bewältigt werden könne.

Schleichendes Kostenwachstum kann die Folge sein. Zunächst ist nichts sichtbar, doch später sind die Kosten gestiegen - aus scheinbar unerfindlichen Gründen ... Die Tatsache, daß die Aufnahme jedes neuen Artikels das bereits vorhandene Sortiment beeinflußt, ist zwar hinlänglich bekannt. Aber es fehlt die Konsequenz, dieses Wissen nüchtern und ohne Illusionen umzusetzen. Oft fordert der Verkauf die Ausweitung des Sortiments mit dem Argument, dies entspreche dem Kundeninteresse. Auch der Einkauf weiß um diese scheinbaren »Notwendigkeiten« aufgrund seiner Gespräche mit Lieferanten, die für die Aufnahme eines weiteren Artikels wieder einen neuen Rabatt oder ein kreatives Incentive ersonnen haben - und auch die Werbung der Industrie trägt zur gefährlichen Sortimentsausweitung bei: Bloß nichts versäumen, keine gute Gelegenheit auslassen, keinen Fehler machen, auf keinen Umsatz verzichten. Tatsächlich aber bestehen diese Notwendigkeiten oft nicht. Für die Bewältigung des Dilemmas bedarf es keines schwer faßbaren, neuen »komplexen Komplexitätsmanagements«, sondern einer einfachen und klugen Organisation.

Ein sehr überzeugendes Beispiel für dieses Vorgehen liefert ein junges Discountunternehmen im Ausland (siehe Tabelle S. 96), das am Sortiment zunächst aufgeregt herumexperimentierte, an dem aber sehr schön die Prinzipien des Discounts und der Einfachheit demonstriert werden können.

Sortiments- und Umsatzentwicklung bei Vollwaschmitteln für Waschmaschinen
(Umsatz in DM – umgerechnet)

Artikel		Umsatz				
		1996 November	1996 Dezember	1997 März	1997 Mai	mögliche richtige Politik
Omomatik	3000 g	88000	113600	4000*		120000
Omomatik	2000 g			53000	47000	
Omomatik	4000 g				54000	
Omomatik	4500 g			75900		
Omomatik	1300 g	14300	26500	8600	9000*	30000
Omomatik	800 g			19000	22000	
Rinsomatik	3000 g	78100	83900	67600	63000	80000
Bingomatik	3000 g	18900*	-			
Allmatik**	3000 g	36000	51600	40700	48000	60000
Total		**235300**	**275600**	**268800**	**245000**	**290000**

* jeweils gestrichene Artikel
** Eigenmarke

Wenn die Prinzipien der »Konzentration« in jeder Hinsicht beachtet worden wären (siehe Spalte rechts außen), so hätte das Unternehmen dem Kunden gegenüber eine klarere Politik betrieben. Es hätte seine Einkaufskraft gegenüber den jeweiligen Lieferanten erheblich verstärken können; Unruhe, Durcheinander und Hektik im Unternehmen hätten vermieden werden können, wenn das Unternehmen neue Ideen in wenigen Läden getestet hätte, bevor die gesamte Organisation nach der Methode »Rein in die Kartoffeln, raus aus den Kartoffeln« belastet wird.

Fehlerquelle Kostenrechnung

Eine erhebliche Fehlerquelle, die die Gestaltung einfacher Systeme mit klaren und einfachen Entscheidungsgrundlagen behindert, ist oft eine falsche Kostenrechnung. Noch immer gibt es Vollkostenrechnungen, Zuschlagskostenverfahren und die Umlage von Gemeinkosten. All das ist bei ALDI unbekannt.

Der Fuhrparkleiter und sein Geschäftsführer haben die Produktivität des Fuhrparks zu maximieren und die Kosten zu senken. Was das für den zu beliefernden Kunden, den Laden jeweils bedeutet, wird entsprechend überlegt. Dafür muß man aber nicht alles verwischen und die Kosten des Fuhrparks mit vermeintlich wissenschaftlichen Methoden und zweifelhaften Kausalitätsphilosophien auf sämtliche Läden verteilen. Es reicht völlig, wenn die Fuhrparkkosten und deren Zusammenhänge und Bestimmungsfaktoren bekannt sind.

McKinsey-Berater Michael Roever diskutierte im *manager magazin,* 10/1991, drei Illusionen zum Thema Kosten und Komplexität, die im folgenden verglichen werden mit der Praxis bei ALDI.

Die erste Illusion: »Wenn der Markt stagniert und Verdrängungswettbewerb droht, ist die Ausweitung des Sortiments durch Einbeziehung von Nischenkunden das absatzpolitische Instrument« (Komplexität I). ALDI hat trotz Stagnation und Verdrängungswettbewerb sein Sortiment über Jahrzehnte nicht ausgedehnt und keine Nischenkunden gesucht. Das Sortiment wurde verändert unter dem Kriterium des Kundeninteresses. Heute sind allerdings Veränderungen zu beobachten, auf die ich im Ausblick noch näher eingehen werde.

Die zweite Illusion: »Wir sind ein großer Kunde; auf unseren Bezugslisten steht ein Riesenvolumen an Vorprodukten und Dienstleistungen. Wir tun gut daran, unsere Wertschöpfungsstufen zu erweitern, um die Gewinne unserer Lieferanten einzustreichen und andere Vorteile wie größere Liefertreue, Qualität und bessere Geheimhaltung mitzunehmen« (Komplexität II). ALDI orientiert sich an dem schlichten Grundsatz: »Schuster, bleib bei deinen Leisten.« ALDI verzichtet auf jegliche Eigenproduktion (außer Röstkaffee). Es gibt keine Importgesellschaft, keine Repräsentanz in Hongkong. Aber ALDI arbeitet mit Agenturen, die selbstverständlich für ihre Leistung einen Teil der Handelsmarge einstreichen und damit zunächst, rechnerisch am grünen Tisch, ALDIs Gewinn schmälern.

Die dritte Illusion: »Wir könnten unsere Konzerngröße richtig ausspielen, wenn wir Funktionen, die in vielen unserer Geschäfte oder sogar in allen vorkommen, in Zentralbereichen zusammenfassen und dabei Größenvorteile und ein hohes Maß an funktionalem Professionalismus einsetzen« (Komplexität III). Die ALDI-Organisation ist ein Musterbeispiel für Dezentralisation. Nur zentrales Cash Management, Einkauf und »ein wenig« Datenverarbeitung sind in zentralen Funktionen zusammengefaßt. Denn die Erfahrung bei ALDI lehrt: Nicht die Zusammenfassung von Funktionen, sondern die Teilung bringt Kostensenkung! Im übrigen scheint »Professionalität« in verschiedenster Hinsicht ein zweifelhafter Begriff zu sein.

Roever beschreibt den fatalen Weg der sogenannten Synergien, die Komplexität und Kosten bringen und fast immer eine Illusion bleiben. Wie wichtig ist es also, Verbesserungen an der täglichen Routine herbeizuführen! *Kaizen* ist eine Antwort darauf.

Die Angst, Fehler zu machen

Ein weiterer Schlüssel zur Vermeidung von Komplexität und zur Gestaltung von einfachen Systemen ist Dezentralisation, die ALDI meisterhaft beherrscht. Größe und Wachstum von Unternehmen schaffen zunächst automatisch Komplexität. Die Antwort der Mitarbeiter und Manager darauf ist meist der Aufbau komplexer Systeme und Strukturen. Stabsabteilungen sind ein typisches Mittel des Versuches, Komplexität zu bewältigen. Diese Denkweise ist der entscheidende Fehler. Wichtig ist vielmehr, die Organisation, das Unternehmen arbeitsfähig zu halten. Das bedeutet in erster Linie, Abläufe und Sachverhalte den vielen, oft zigtausend Mitarbeitern verständlich zu machen; denn die sind letztlich die wirklichen »Macher« in jedem Unternehmen. Verständlich macht man sich, indem man sich »einfach ausdrückt« und »verständlich, übersichtlich, einfach organisiert«.

Dezentralisation und Delegation mit dem Ziel einfacher Strukturen bedeutet auch, Stellenbeschreibungen und Ziele für die Mitarbeiter auf das Notwendige zu beschränken. Das Urteilsvermögen der Mitarbeiter ist oft höher einzuschätzen als die Wirkung vieler Regelungen.

Überkomplexität beruht in vielen Unternehmen auf der Angst des Managements, Fehler zu machen oder vor dem Aufsichtsrat eine Maßnahme nicht begründen zu können. Diese Angst ist sicherlich bei Publikumsgesellschaften mit angestellten Managern weiter verbreitet als bei inhabergeführten Unternehmen. Sie ist mit ein Grund für die Bildung von Stabsabteilungen, den Einsatz von Unternehmensberatungsgesellschaften sowie für große Marktanalysen. Damit sollen Fehler vermieden und – so die Hoffnung – »Entscheidungsunfähigkeit-durch-Angst« reduziert werden. Angst ist die Wiege der Bürokratie.

Wenn Klarheit und die Frage nach dem Sinn zu Maßstäben des Handelns und der Entscheidungen werden, dann können generelle Regelungen die detaillierten Einzelanweisungen ersetzen. Allgemein akzeptierte Regeln und Prinzipien treten an die Stelle von Vorschriften, Regulierungen, genauen Formulierungen von Abteilungspolitiken und Arbeitsabläufen. Eine derartige Unternehmenskultur trägt zur Vermeidung unnötiger, bremsender und kostspieliger Bürokratie bei. Sie erfordert jedoch auch den Mut zu Versuch und Irrtum. Doch wenn der Sinn einer Entscheidung ausreichend und verantwortungsbewußt geprüft wurde: »Warum muß das sein?«, gibt es kaum noch Anlaß zur Sorge. An die Sinnfrage schließt sich automatisch die Frage an, ob man bei einer Lösung oder einem Prozeß alles Vorgesehene oder Geplante auch wirklich braucht oder ob nicht doch noch etwas weggelassen werden könnte.

***»Große Kunst ist dann erreicht,
wenn man nichts mehr weglassen kann.«***

Chinesisches Sprichwort

Was ist das Besondere an der ALDI-Unternehmenskultur?

Nach dem Vorbild von ALDI entwickeln sich ähnliche Discount-Konzepte in der ganzen Welt, in Japan, in den USA, in Asien, überall in Europa. Aber was ist nun kennzeichnend für die ALDI-Erfolgsstory? Es sind nicht hohe Gewinne durch Windfall-Profits, und es sind auch nicht hohe Gewinne durch eine einzige glorreiche Erfindung oder ein Patent. Ist Daimler Benz eine Erfolgsstory? Mit Ausnahme einiger Jahre um 1990 und der Geburtsprobleme bei der A-Klasse sicherlich. Und Tengelmanns Gewinn von 1 Prozent vom Umsatz aus vielerlei Geschäften? Kaum jemand bei Tengelmann wird wissen, wo die Gewinne eigentlich herkommen oder die Verluste entstehen.

ALDI pflegt die Qualitäten, die Don Clifford und Richard E. Cavanagh den erfolgreichen mittelständischen Unternehmen in den USA zuschreiben.[18] Sie kamen in ihren Untersuchungen zu ähnlichen Ergebnissen wie Peters/Waterman. Demnach zeichnen sich erfolgreiche Unternehmen aus durch

- einen ausgeprägten Sinn für ihre Mission (leidenschaftlich verfolgte Werte und Ziele),
- die uneingeschränkte Hinwendung zu den fundamentalen kaufmännischen Aufgaben,
- Erzfeindschaft mit jeglicher Bürokratie, statt dessen Experimentierfreudigkeit, und schließlich
- ein Denken wie die Kunden.

Rolf Berth hat sich eingehend mit der »Einmaligkeit« als Wettbewerbsfaktor auseinandergesetzt. Unternehmen wie Ikea, ALDI, Swatch und Benetton seien etwas Einmaliges, etwas Seltenes: »ALDI war und ist der einzige Billiganbieter, der diese Angebotsstrategie eisern durchhält, ohne der Versuchung von Uptrading und feineren Qualitäten zu erliegen.« Berth nennt hier die überdurchschnittliche Konsequenz als Quelle der Einmaligkeit. Einmaligkeit, so Berth weiter, sei nicht zuletzt deshalb so schwer nachzuahmen, weil dazu auch ein »Schuß Verrücktheit und Anormalität« gehörten. Wie wahr! In vielerlei Hinsicht ist ALDI nicht nur »einfach einmalig«, sondern auch »einfach verrückt« – verrückt mit Sinn.

Die Besonderheiten der ALDI-Unternehmenskultur lassen sich kurz und zusammenfassend beschreiben:

Askese und Bescheidenheit

Bescheidenheit beginnt auf der Chefetage, alle persönlichen Eitelkeiten müssen zurückgedrängt werden. Extremste Sparsamkeit ist ein Muß. Verschwendungen dürfen nicht sein.

Totale Kundenorientierung

Das Vertrauen der Kunden erwerben heißt: keine Tricks oder Vorteile zu Lasten der Kunden.

Liebe und Leidenschaft zum Detail

Täglich nach kleinen Verbesserungen streben. Lust an kleinen Erfolgen entwickeln.

Einfache Systeme

Das Prinzip der Einfachheit umsetzen und Mut entwickeln für einfache und schnelle Lösungen.

Konsequenz im Handeln

Den täglichen Verlockungen widerstehen und gute Konzepte durchhalten.

TEIL 2

Organisation und Führung

Gute Organisation kompensiert Führungsmängel

***Nicht glückliche oder unglückliche Umstände,
sondern allein die Methoden
der Unternehmensführung
entscheiden über Erfolg oder Mißerfolg.***

Konosuke Matsushita

Dieser Satz von Konosuke Matsushita, einem der erfolgreichsten Unternehmer der Welt (Panasonic), hat mich immer begleitet, nachdem ich bei ALDI die tiefe Wahrheit dieser Aussage erlebt habe. Wir brauchen die gute Idee. Aber alles, was dann kommt, hat fast nur noch zu tun mit Unternehmensführung, mit Führung und Organisation und mit Unternehmenskultur.

Wenn der Satz von Matsushita richtig ist, wird klar, welche Verantwortung Führungspersönlichkeiten tragen. Immer wieder hat sich in meiner Beratungspraxis und während meiner Tätigkeit als Manager diese Wahrheit bestätigt. Ich habe daraus das Schaubild auf Seite 106 abgeleitet, das die Zusammenhänge sichtbar macht.

Die Ressourcen (Hardware und Software) des Unternehmens sind die Grundlage für den Erfolg. Sie werden kombiniert durch die Organisation und die Führungsfähigkeiten des Unternehmens und fließen wie durch einen Flaschenhals. Organisation und Führungsfähigkeiten können den Flaschenhals weit oder eng gestalten und damit den Durchfluß verringern oder erhöhen. Entsprechend verändern sich die Ergebnisse. Schwache Ressourcen können bei guter Führung und Organisation trotzdem zu guten Ergebnissen führen. Umgekehrt können große Ressourcen durch schlechte Führung und Organisation beengt werden und nur zu mäßigen Erfolgen führen. Schwache Führung kann durch gute Organisation kompensiert werden. Umgekehrt kann allerdings auch eine gute Führung die Mängel einer schlechten Organisation ausgleichen. Gute Organisation und Führung können insbesondere die Software des Unternehmens verbessern. Häufig anzutreffen sind jedoch Män-

Führung und Organisation bestimmen den Erfolg

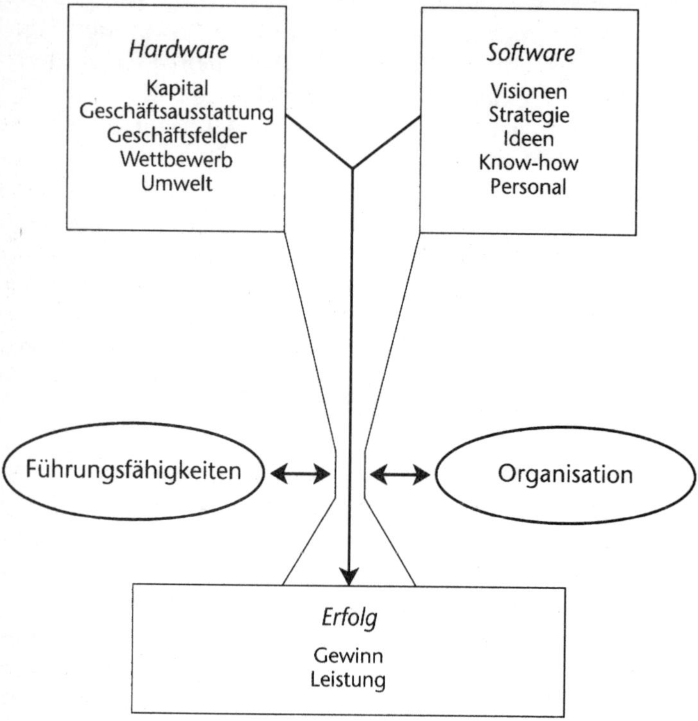

gel in der Führung. Für Inhaber und Aufsichtsräte mag es tröstlich und hilfreich sein zu wissen, daß sie diese Mängel durch eine kluge - auch personenbezogene - Organisation ausgleichen können. Aber Inhaber und Aufsichtsräte müssen dafür Mut und Durchsetzungskraft aufbringen.

Die gute Organisation zwingt eine weniger geeignete Führung in einem bestimmten Rahmen zu immer noch akzeptablem Handeln, wenn vielleicht auch nur für eine Übergangsperiode. Führungsfehler sind ja nicht vorher bekannt, sie können jederzeit auftreten. Die Organisation kann aber zu Beginn gestaltet werden, und neue Führungskräfte passen sich in diese Organisation ein. Sind gute Führungskräfte vorhanden, so kann die Organisation auch an diese Mitarbeiter angepaßt werden. Zum Beispiel können bestimmten Managern durchaus mehr Aufgaben und Kompetenzen übertragen werden. Das sollte nicht automatisch vorherbestimmt sein. Natürlich sind solche flexiblen Methoden leichter anwendbar, wenn es sich entweder um ein kleines Unternehmen handelt oder wenn ein größeres Unternehmen in kleineren Einheiten mit mehr Autonomie organisiert werden kann. Bei ALDI ist dies nur in beschränktem Umfang möglich, weil die regionalen Gesellschaften und ihre Führungskräfte mit gleichen Aufgaben und Kompetenzen ausgestattet sein sollen. Auf jeden Fall aber werden mögliche Führungsschwächen bei ALDI kompensiert durch eine gute Organisation, die auf den Prinzipien von Delegation und Dezentralisation beruht.

Nur ein Mindestmaß an Kommunikation

Grundsätzlich sollten Organisationen einfach und überschaubar gestaltet werden, mit flachen Hierarchien und einfachen Betriebsabläufen. Daraus ergeben sich günstige Kostenstrukturen, wenig Koordinierungsaufwand, und es ist nur ein Mindestmaß an notwendiger Kommunikation zwischen den Organisationsmitgliedern erforderlich.

»Ziel und Zweck der Organisation ist es, den Umfang notwendiger Kommunikation und Koordination zu verringern. Somit ist Organisation ein radikaler Angriff auf Kommunikationsprobleme.«

Frederick P. Brooks Jr.

Frederick P. Brooks Jr. war bei IBM der verantwortliche Projektmanager für die 1964 auf den Markt gebrachte legendäre IBM/360. Ein Riesenprojekt, an dem 10 000 Mitarbeiter mehrere Jahre gearbeitet hatten und das für Jahrzehnte den Industriestandard setzte so wie die Erfindung der Byte-

Architektur das Ende der Pionierzeit in der elektronischen Datenverarbeitung markierte. Dieses System, das als eines der größten privaten Entwicklungsvorhaben der Industriegeschichte bezeichnet wurde, hat den Weltmarkt der Computerindustrie lange Zeit beherrscht.

Brooks schildert in *The Mythical Man Month* seine Erfahrungen und vermittelt eine Reihe grundlegender Erkenntnisse, darunter der oben zitierte Satz. Nach seiner Theorie sollen so viele kleine Einheiten in einem Unternehmen oder einem Projekt geschaffen werden wie nur irgend möglich, und zwar solcherweise, daß diese Einheiten prinzipiell unabhängig voneinander arbeiten können. So werden unnötige Wege, Kosten und Reibereien vermieden und die Projekte beschleunigt. Auch die Frage nach der Schnelligkeit und der Beschleunigung von Vorhaben ist zu einem wesentlichen Teil eine Frage guter Organisation. Von geringerer Bedeutung ist es oft, wie viele Mitarbeiter und wieviel Kapital für ein Projekt eingesetzt werden. Brooks hat während seiner Projektarbeit auch feststellen können, daß die Programmierarbeit nicht allein dadurch beschleunigt werden kann, daß einfach mehr Programmierer eingesetzt werden. An einer bestimmten Aufgabe kann oft nur eine begrenzte Zahl von Menschen arbeiten, so wie man etwa eine Schwangerschaft von neun Monaten nicht durch den Einsatz von zwei Frauen verkürzen kann.

Brooks Handlungsmaxime findet in den meisten Unternehmen jedoch nur wenig Beachtung. Im allgemeinen heißt es, daß Kommunikation besonders wichtig sei. Das ist in vielen Fällen sicher richtig, beispielsweise wenn es um die Kommunikation zwischen einem Vorgesetzten und seinen Mitarbeitern geht, auch zwischen verschiedenen Abteilungen muß koordiniert werden. Aber ein vorrangiges Ziel sollte nach den Erfahrungen von Brooks sein, den Umfang von Koordination und Kommunikation zwischen den verschiedenen Unternehmenseinheiten zu reduzieren.

Charakteristisch für viele Handelsunternehmen ist die Trennung zwischen Einkauf und Verkauf. Der Einkauf bestimmt in der Regel die Sortimente und hat Kalkulationsvorgaben zu erfüllen. Da der Absatzmarkt aber nun einmal bei Sortimentsfestlegungen und Preisentscheidungen eine Rolle spielt, werden in den Unternehmen Koordinierungsstellen zwischen den Abteilungen Einkauf und Verkauf eingerichtet, etwa in Form einer wöchentlichen Marketingbesprechung, in der eine intensive und zeitraubende Kommunikation und die notwendige Koordination stattfindet.

Das geht auch anders. Bei ALDI gibt es zwar auch die Trennung zwischen Einkauf und Verkauf, jedoch sind die Verhältnisse hier bei einem überschaubaren Sortiment von 700 Artikeln grundsätzlich anders als bei anderen Filialunternehmen. Die Geschäftsführung entscheidet über Sortimente und Preise, im Prinzip unter reinen Verkaufsgesichtspunkten. Der Einkauf hat dagegen die klare Aufgabe, die definierte Ware zum niedrigsten Preis bei kompetenten Lieferanten zu beschaffen. Er entscheidet über die konkrete Umsetzung dieser Vorgabe prinzipiell allein. In diesem System ist nur wenig Koordination und Kommunikation erforderlich.

So konnte ALDI vermeiden, unwirtschaftliche Wasserköpfe und Stabsstellen aufzubauen, die mit hohen allgemeinen Verwaltungskosten und Koordinierungsnotwendigkeiten verbunden sind. Viele Unternehmen fragen sich heute sehr ernsthaft, wofür die Stabsstelle X eigentlich wirklich erforderlich oder nützlich ist und ob die Unternehmensziele ohne sie nicht auch und mit geringeren Kosten und weniger Reibungsverlusten erreicht werden könnten. Hier liegt einer der Gründe für den zu beobachtenden rasanten Abbau von Hierarchien mit oft harten Konsequenzen, gerade im Mittleren Management. Wofür sind die umfangreichen Planungsabteilungen und Planungssysteme denn nötig und nützlich? Vielleicht eher zur Versorgung von Vorgesetzten und von Aufsichtsgremien mit Informations- und Alibimaterial statt zur Erfüllung von Kundenwünschen.

Andere Unternehmen haben diese Problematik nach Jahrzehnten der Reibungsverluste inzwischen auch erkannt und das »Category Management« als einen im Prinzip richtigen Lösungsansatz erfunden, der jedoch wieder eine komplizierte Kunstform mit eigenen Tücken ist. Fragen im Zusammenhang mit dem Category Management werden im Abschnitt »Nicht der Einkauf, sondern das Verkaufskonzept entscheidet« vertieft.

In der Industrie zeigen sich vergleichbare Konfliktfelder zwischen den Bereichen Marketing und Verkauf. Auch hier gilt: Die Unternehmen sollten wieder mehr an die Zusammenführung von Aufgaben denken. Arbeitsteilungen wie im Taylorismus werden aufgehoben, warum müssen sie in den so eng verzahnten Feldern Marketing und Vertrieb erhalten bleiben? In zwei Abteilungen wird etwas abgeteilt, getrennt.

Die Organisation einer ALDI-Gesellschaft

Die ALDI-Organisation ist flach, einfach, lean. Auch in den operativen Einheiten gibt es nur Linienfunktionen mit klaren Verantwortungen und Kompetenzen, die in Stellenbeschreibungen festgelegt sind. Stabsstellen, die ohne Ergebnisverantwortung einfach nur gute Vorschläge machen können, gibt es bei ALDI nicht, wie die folgende Übersicht zeigt.

Eine ALDI-Gesellschaft kann ein oder zwei Verkaufsleiter haben. Jeder Verkaufsleiter steht vier bis sechs Bezirksleitern vor, jeder Bezirksleiter ist für sieben bis zehn Filialen zuständig. Eine ALDI-Gesellschaft operiert mit etwa 40 bis maximal 80 Filialen. Bei Erreichen einer bestimmten Größe, die dann zwei Verkaufsleiter bedingt, erfolgt in der Regel eine »Zellteilung«. Vor der Zellteilung kommt es durchaus vor, daß es in der alten Gesellschaft bis zu 100 Läden gibt, eine neue Gesellschaft kann unmittelbar nach der Zellteilung vielleicht auch nur 25 Läden betreiben.

Der Verwaltungsleiter ist zuständig für Verwaltungsarbeiten inklusive Personalabteilung und Datenverarbeitung. Die Personalabteilung hat jedoch bei ALDI keinerlei Befugnisse gegenüber den Mitarbeitern, sondern ist nur verwal-

**Organisation einer ALDI-Gesellschaft
(Rechtsform GmbH & Co KG)**

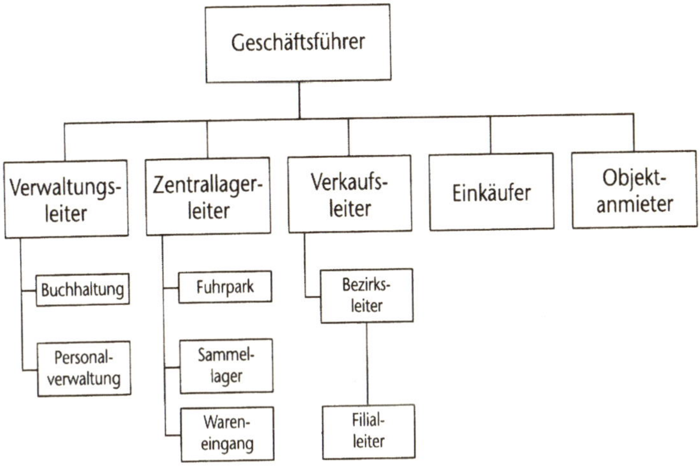

tend tätig. Zum Aufgabengebiet des Verwaltungsleiters gehört auch die Verbindung zum Betriebsrat und die Beratung und Vertretung des Unternehmens in arbeitsrechtlichen Angelegenheiten.

Der Verkaufsleiter führt über seine Bezirksleiter alle Läden. Er ist besonders verantwortlich für die reibungslose und wirtschaftliche Funktion der Läden.

Der Leiter des Zentrallagers steuert den Warenfluß vom Wareneingang bis zur Versorgung der Läden. Lager und Fuhrpark sind seine Bereiche.

Der Einkäufer ist im wesentlichen verantwortlich für den richtigen Lagerbestand und die Bestellungen beim Lieferanten. Er führt die Qualitätskontrollen durch und bemüht sich darum, durch Markt- und Konkurrenzbeobachtung neue Artikel für das Sortiment zu finden. Darüber hinaus betreut er das für jede ALDI-Gesellschaft zulässige spezielle Regionalsortiment. Etwa 30 Artikel, die nicht in jeder Gesellschaft geführt werden, können nach eigener Entscheidung der Gesellschaft beschafft werden. Oft bilden diese Entscheidungen später die Grundlage für die Aufnahme in das Gesamtsortiment, das für jede Gesellschaft identisch ist.

Der Objektanmieter sucht neue Standorte, schließt Mietverträge ab und betreut die Mietvertragsangelegenheiten.

Eine wesentliche Rolle in der ALDI-Organisation spielt die zentrale Einkaufsgesellschaft, die ALDI Einkauf GmbH & Co. OHG. Sie ist eine Tochtergesellschaft der regionalen ALDI-Gesellschaften. Sie verhandelt mit den Lieferanten und kauft die gesamte Ware ein. Für die ALDI-Gruppe Nord etwa nehmen nur sechs Einkäufer alle Aufgaben wahr, die mit der Warenbeschaffung zu tun haben: Analyse der Beschaffungsmärkte, Lieferantensuche, Qualitätsbeurteilungen, Preis- und Konditionenverhandlungen, Kontraktabschlüsse. Daneben nimmt die Einkauf OHG einige Dienstleistungsaufgaben wahr wie zentrales Cash Management, zentrale statistische Betriebsvergleiche und zentrale Datenverarbeitungsaufgaben.

Die Geschäftsführerbesprechung: Autoritäre Tendenzen nehmen zu

Haupt-Entscheidungsgremium für die wesentlichen organisatorischen, unternehmenspolitischen und konzeptionellen Fragen ist die regelmäßig stattfindende Geschäftsführerbesprechung, an der alle Geschäftsführer der regionalen ALDI-Gesellschaften zusammen mit dem Verwaltungsrat teilnehmen. Die Geschäftsführerbesprechung ist die Koordinierungsinstanz von ALDI. Besonders die Sortiments- und Preispolitik wird hier ausführlich diskutiert und gemeinsam entschieden. Letztlich muß nicht jeder einverstanden sein, aber in der Regel kann er mittragen, was sich nach intensiver Auseinandersetzung herausbildet.

Das in vielen Unternehmen praktizierte Konsens- oder gar Mehrheitsprinzip ist bei ALDI unbekannt. Bei ALDI wird kaum nach dem Konsensprinzip entschieden. Es gibt keine Abstimmungen, bei denen eine Mehrheit entscheidend ist. Entsprechend werden nur wenige Kompromisse getroffen. Fast immer sind Kompromisse suboptimal, also sollte so lange gerungen werden, bis man das Optimum gefunden hat. Die Themen werden ausdiskutiert. Allgemein ist bekannt, welche Auswüchse das Konsensprinzip in der Politik haben kann. Zu oft sind die Gruppen und Parteien zu schnell bereit, den Kompromiß zu suchen, damit sie ein Thema beenden und dabei den ganz großen Konflikt möglichst vermeiden können. Dabei wurde wertvolle Zeit in der Regel mit den Vorbereitungen und Analysen bereits vertan. Konflikte müssen an der Wurzel gepackt werden, radikale Lösungsansätze sind hilfreich.

Hans-Olaf Henkel, Präsident des Bundesverbandes der Deutschen Industrie, fordert zu recht »Schluß mit der Konsenssoße«[19]. Nicht nur im Staat, auch in großen Konzernen kann das gefährlich sein, zumindest aber werden die besten Möglichkeiten oft nicht gewählt. Die ALDI-Geschäftsführer bereiten sich auf diese Besprechungen sorgfältig in ihren Gesellschaften vor. Sie führen meistens ausführliche Gespräche über die anstehende Tagesordnung mit ihren leitenden Mitarbeitern. Überwiegend kommen die zu besprechenden Themen auch von den Geschäftsführern oder aus ihren Gesellschaften. Geleitet werden die Besprechungen von Mitgliedern des Verwaltungsrats. Seit einigen Jahren schon und in zunehmendem Maße gibt der Verwaltungsrat den Ausschlag bei unterschiedlichen Meinungen. Bei ALDI nimmt heute die Praxis ab, daß Themen lange und intensiv diskutiert werden, bis man zu einer möglichst breiten Übereinstimmung kommt. Autoritäre Tendenzen nehmen zu. Erst nach den Besprechungen wird das altbewährte System der Delegation und der persönlichen Autonomie der Mitarbeiter in den regionalen Gesellschaften fortgesetzt.

Allerdings haben auch demokratische Prinzipien mit Mehrheitsentscheidungen in der Führung von Unternehmen nichts zu suchen. Ziel muß sein, die besten Ergebnisse zu erzielen, und entscheidend dabei ist, mit welchem Ansatz man in die Diskussionen geht. Letztlich muß allen Beteiligten klar sein, daß es wirkliche und letzte Wahrheiten nicht gibt, so daß es auch nicht schwerfallen kann, am Ende mit den Lösungsvorschlägen anderer einverstanden zu sein.

Grundlagen guter Führung und Organisation

Ich habe in meiner Zeit bei ALDI gelernt, welches die Grundlagen guter Organisation und Führung sind. Sie lassen sich in einfachen Worten beschreiben:

- klare Ziele,
- wenige aber leicht verständliche Geschäftsprinzipien,
- totale Kundenorientierung,
- kompromißlose Konsequenz in Anwendung und Umsetzung der Konzepte sowie
- Arbeit im Detail auf allen Ebenen.

Eine gute, an diesen Prinzipien orientierte Organisation verhindert hektischen Aktionismus, der oft zu einer Hauptursache für Krisen werden kann. Mit eigener Verantwortung ausgestattete Mitarbeiter tun ihren Job als ein wichtiges Rad im Getriebe. Da ist kein Platz für einen allmächtigen hektischen Chef, der mal eben das Ruder herumwirft und den Kurs ändern will. Wer sagt, daß seine Nase oder sein Bauch den richtigen Kurs angeben?

Die Führungs- und Organisationsprinzipien bei ALDI, die im folgenden noch näher beschrieben werden, kamen meinem Naturell sehr entgegen. Daher war es wohl auch möglich, daß ich bei ALDI nicht nur vieles gelernt habe, sondern, insbesondere in zehn Jahren als Mitglied des Verwaltungsrates, das Wohl des Unternehmens wesentlich mitgestalten konnte. Nicht zuletzt aus Anerkennung teilte mir Theo Albrecht dann (auf der Toilette – er war kein Mann großer Gesten) mit, daß ich jetzt Vorstand der Theo Albrecht Stiftung werden solle.

Klare Ziele vermeiden Konflikte

In vielen Unternehmen sind Ziele und Wege sowie alle möglichen Methoden so unklar oder gar geheim, daß ein ständiger, mehr oder weniger störender Kampf und Krampf um Wahrheiten, Scheinwahrheiten und persönliche Vorstellungen stattfindet. Oft genug gehen diese Auseinandersetzungen bis in die Aufsichtsgremien hinein, in denen sich dann ebenfalls Gruppen bilden.

Ein Unternehmen, das wie ALDI von klaren Zielen und Regeln geleitet wird, schafft ein Klima, in dem offen von allen Mitarbeitern das Notwendige gesagt werden kann. Tricks oder mühevolle Überzeugungsprozesse sind nicht notwendig, damit die Mitarbeiter ihre eigenen Ziele umsetzen können.

ALDIs klares Unternehmenskonzept, unterstützt durch die dezentrale Organisationsstruktur, trägt dazu bei, das Konfliktpotential grundsätzlich zu verringern. Natürlich schließt das nicht aus, daß einzelne Personen mit ihren Eigenarten Klima und Zusammenarbeit stören, und es gibt auch spürbare Unterschiede zwischen verschiedenen ALDI-Gesellschaften in Abhängigkeit von ihren Geschäftsführern und leitenden Mitarbeitern. Aber deren Wirkungsmöglichkeiten sind - aufs Ganze gesehen - doch sehr eingeschränkt.

In jüngster Zeit deuten sich aber auch hier Veränderungen an. Die wachsende Distanz und Fremdheit zwischen Verwaltungsrat und regionalen Gesellschaften sowie die wachsende Machtausübung des Verwaltungsrates können in der Zukunft negativ wirken auf Kultur und Führung im Unternehmen. Allerdings schützen die sicheren Organisationsstrukturen und die klaren Ziele vor kurzfristigen Wirkungen.

Die Zielvorgaben bei ALDI sind außerordentlich einfach: Es geht nur um niedrigste Kosten beziehungsweise um höchstmögliche Leistungen und Produktivität in allen Bereichen, niedrigstmögliche Verkaufspreise und beste Qualität. Das versteht jede Kassiererin und jeder Packer im

Lager. Diese Ziele sind auf Dauer für alle Abteilungen und Mitarbeiter anwendbar und umsetzbar, eine Unterscheidung in kurz-, mittel- und langfristige Ziele erübrigt sich, ebenso eine Zielhierarchie von der Unternehmensspitze bis nach unten in den Laden. Mitarbeiter aller Ebenen und Funktionen können sich überall an den gleichen Zielen orientieren: Strategien, Pläne und Ziele sind keine Geheimnisse der »Palastwache«, sie sind im ganzen Unternehmen bekannt.

Was ALDI will, ist für jeden verständlich: Kein einziger Pfennig darf unnütz ausgegeben werden. Jeder Mitarbeiter kann stolz darauf sein, wenn es ihm für seinen vielleicht auch kleinen Bereich gelingt, dieses Ziel umzusetzen. Das erfordert tägliche Kleinarbeit, tägliches Nachdenken, tägliche Verbesserungen und auch Erfahrungsaustausch, um das Gesamtoptimum oder zunächst das absolute Kostenminimum zu erreichen.

Das ungeschriebene Unternehmensziel ist in den Stellenbeschreibungen für einzelne Abteilungen konkret ausgeführt.

Der Geschäftsführer ...

- hat auf Dauer den höchstmöglichen Umsatz zu erzielen und zur Stärkung der Marktposition ein leistungsfähiges Filialnetz auszubauen und zu sichern,
- einen optimalen Gewinn zu erreichen, ohne die künftige Unternehmensentwicklung zu beeinträchtigen, und
- die Marktposition des Unternehmens durch extreme Anwendung des Wirtschaftlichkeitsprinzips zu festigen und auszubauen.

Der Verkaufsleiter ...

- hat sicherzustellen, daß in seinem Verkaufsbereich auf Dauer höchstmögliche Umsätze erzielt werden.
- Dabei hat er zu beachten, daß ein reibungsloser Geschäftsablauf in ordentlich aussehenden Verkaufsstellen

bei niedrigsten Kosten sowie höchstmöglichen Leistungen und stimmenden Abrechnungen gewährleistet ist, um die bestehende Wettbewerbsfähigkeit zu erhalten und noch zu verbessern.

- Er hat die Verkaufsstellen mit Filialleitern zu besetzen, die den Anforderungen der Position entsprechen, und sicherzustellen, daß die ihm unterstellten Bezirksleiter ihre Aufgaben entsprechend den Stellenbeschreibungen wahrnehmen.

Der Bezirksleiter ...

- hat in den Verkaufsstellen personell die Voraussetzungen zu schaffen, die in den Läden Sauberkeit und Ordnung, einen reibungslosen Verkaufsablauf und stimmende Inventuren bei hohen Verkaufsleistungen ermöglichen, und
- die Einheitlichkeit der Befolgung von Anweisungen der Geschäftsleitung in den Verkaufsstellen sicherzustellen.

Der Filialleiter ...

- soll die von ihm verwaltete Verkaufsstelle stets in einem sauberen und ordentlichen Zustand halten,
- für ein ausreichendes Warenangebot sorgen (ohne Überbestände und möglichst ohne Fehlartikel),
- gewährleisten, daß allen Kunden freundlich und höflich begegnet wird –
- und dies alles in einer Weise, bei der der bestehende Kundenstamm erhalten bleibt und neue Kunden hinzugewonnen werden können.
- Er hat mit aller nur denkbaren Sorgfalt stimmende Abrechnungen anzustreben und soll durch überlegte Arbeitseinteilung und gute Unterweisung seiner Mitarbeiter möglichst gute Verkaufsleistungen erzielen.

Der Leiter des Zentrallagers ...

- hat sicherzustellen, daß in seinem Zentrallager unter Wahrung geltenden Rechts und der Sicherheit ein rei-

bungsloser Betriebsablauf bei niedrigsten Kosten, höchstmöglichen Leistungen und geringsten Inventurverlusten gewährleistet ist.
- Dabei hat er sowohl im Zentrallager als auch auf dem Betriebsgelände für Sauberkeit und Ordnung zu sorgen.

Der Personal- und Verwaltungsleiter ...

- hat, unter extremer Anwendung des Prinzips der Wirtschaftlichkeit, in allen Abteilungen der kaufmännischen Verwaltung organisatorisch und personell die Voraussetzungen für einwandfreie Aufgabenerledigung im Rahmen der betrieblichen und rechtlichen Bestimmungen zu schaffen und
- zu gewährleisten, daß die für die Geschäftsleitung erforderlichen Unterlagen und Daten spätestens zum geforderten Termin zur Verfügung stehen.

Für alle Mitarbeiter gilt:

- Bei der Erfüllung seiner Aufgaben hat sich der Stelleninhaber die Initiative und das Mitdenken seiner Mitarbeiter nutzbar zu machen.
- Die zu beachtenden Führungsgrundsätze ergeben sich aus der allgemeinen Führungsanweisung.

Verzicht auf Deklarationen

Eileen C. Shapiro befaßt sich in ihrem Buch *Trendsurfen in der Chefetage* eingehend mit dem Thema »Zieldeklaration« und beschreibt das erfolgreiche amerikanische Stahlunternehmen Nucor, das als wundersame Erfolgsstory überall intensiv diskutiert und untersucht wurde. Dieses Unternehmen hatte – wie ALDI – keine schriftlich formulierten Ziele. Shapiro stellt fest, daß in den Zieldeklarationen der meisten Unternehmen nichts als Unfug steht. Sie sind voll von wohlklingenden, blumigen Formulierungen, die die meisten Mitarbeiter überhaupt nicht lesen und die keinen

Bezug zu den tatsächlichen Abläufen in den Unternehmen haben. Unternehmen mit großartigen Visionen und Wertvorstellungen benötigen zur Verwirklichung ihrer Ambitionen keine Zieldeklarationen.

Genau das trifft für ALDI zu. ALDI hat niemals eine solche Formulierung gehabt – und sie auch niemals gebraucht. Der Grund ist meines Erachtens so klar und einfach wie die Ziele selbst: Die Ziele niedrigster Preise und beste Qualität sind einfach, verständlich, sie machen Sinn. Was wäre da noch viel zu sagen oder aufzuschreiben? Auf Verständnis bei den Mitarbeitern kann nur treffen, was verständlich ist.

Trotzdem gehen immer mehr Unternehmen dazu über, ihre Ziele zu formulieren. Dagegen ist nichts einzuwenden, solange es dazu dient, sich zu klaren Strategien zu bekennen. Wenn diese Formulierungen Sinn und Ausprägung der Unternehmenstätigkeit für alle Mitarbeiter verständlich machen, den Handlungsspielraum abstecken und die Aktivitäten kanalisieren, dann erfüllen auch solche schriftlich formulierten »Deklarationen« ihren Zweck. Voraussetzung allerdings ist, daß die Ziele »operational« formuliert werden, daß sie als »Handlungsanleitung« wirken können, daß jeder Mitarbeiter damit auch etwas anfangen kann.

Wenn man sich auf wenige klare, operationale Ziele festlegt, die jedem einleuchten und verständlich formuliert sind, braucht man sich später nicht mehr um alles zu kümmern in der Sorge, es funktioniere nicht richtig. Einige im folgenden aufgeführten Beispiele von Zieldeklarationen sollen das Gesagte verdeutlichen:

Ein bedeutendes Filialunternehmen in Deutschland hat als Ziel formuliert: »Wir wollen dafür sorgen, daß Menschen bequem gute Produkte preiswert einkaufen können.« Was können die Mitarbeiter mit solchen Sätzen anfangen? Geben sie eine operationale Anleitung, eine klare Handlungsaufforderung, die Praxisfragen löst?

Ein anderes Unternehmen formulierte: »Anerkannte Preiswürdigkeit und Vollsortiment in anspruchsvollen Märkten mit gut ausgebildeten und motivierten Mitarbeitern dokumentieren unsere Philosophie. Unseren Kunden bieten wir alles für den täglichen Bedarf unter einem Dach.« Wissen jetzt alle Mitarbeiter Bescheid, was zu tun ist? Oder sollen nur nette Formulierungen eine Formalität erledigen, weil man solche Zielformulierungen heute eben haben sollte?

Und wie würde die Formulierung für ALDI lauten? Etwa so: *»Wir führen 600 Artikel des täglichen Grundbedarfs an Nahrungsmitteln mit den besten Qualitäten zu den niedrigsten Preisen am Markt. Voraussetzung dafür sind extrem niedrige Kosten in allen Bereichen.«* Die ALDI-Mitarbeiter dürften somit für ihr Tagesgeschäft alles Erforderliche wissen. Sie können handeln, sie können entscheiden. Diese Zielformulierung ist operational, das heißt, sie ist eine Handlungsgrundlage. Klare Ziele machen die Unternehmensführung sicher und einfach. Auch für Projektarbeiten wäre es sinnvoll, am Anfang über die wirklichen und klaren Ziele nachzudenken. Das macht Projekte sicherer und schneller. Manches Projekt scheitert am Mangel klarer Ziele. Projekte stinken am Anfang – so wie man sagt, daß Organisationen am Kopf zuerst stinken.

Mehr Ähnlichkeit mit Toyota als mit Tengelmann

Seit vielen Jahren werden japanische Managementmethoden diskutiert. Zwar ist nicht ganz sicher, ob alles, was aus Japan kommt, auch dort seinen Ursprung hatte, wie Robert Townsend in *Further up the Organisation* darlegt. Beispiel: Die Qualitätszirkel habe IBM schon vor 1960 eingerichtet. Vermutlich aber haben die Japaner als Detailbesessene vieles einfach gut kopiert und später besser gemacht als die Erfinder.

Auch deutsche mittelständische Unternehmer kennen Kulturen und Führungsmittel, die denen von ALDI und den japanischen sehr ähnlich sind. Inhaber haben weniger den Drang nach Publizitätswirkung als angestellte Manager, und das mag ein Grund dafür sein, daß solche Kulturen und Führungsmethoden viel weniger bekannt werden. Herbert H. Bernhardt, Inhaber des gleichnamigen großen Hamburger Papierhandelshauses, ist ein Beispiel dafür. Er drückt sein Selbstverständnis, seine kulturelle Haltung so aus: »Ich bin der erste Diener meiner Firma. Mein Maßstab ist: Nützt es der Firma?« Viele arbeiten ähnlich, etwa Klaus Ostendorf, Geschäftsführender Gesellschafter der Großbäckerei Wendeln im Emsländischen Garrel. Für ihn und seine Führungskräfte ist »Effizienz im Detail« der Motor. Er ist als oberster Chef eines Milliardenunternehmens vier Tage in der Woche draußen bei seinen Kunden. Am fünften Tag räumt er seinen Schreibtisch auf. Im Stillen ist dieses Unternehmen vom kleinen Industriebäcker mit nur regionaler Bedeutung zum Branchenersten in Deutschland aufgestiegen. Und immer noch bescheiden.

Vergleicht man die japanischen Methoden mit den Methoden ALDIs, so kann man feststellen, daß ALDI eigentlich ein »japanisches« Unternehmen ist, vielleicht sogar das »japanischste« in Deutschland. Zunächst hatten japanische Unternehmen viel kopiert. Das geht nicht ohne Detailverliebtheit, und für die japanischen Unternehmen war die Arbeit im Detail immer ein wesentliches Prinzip. Aber dann haben sie ihren eigenen Weg gefunden, der sich mit den Begriffen »Kaizen«, »Just in Time«, »Kanban« und »Lean Management« beschreiben läßt. Deutsche Filialbetriebe arbeiten anders. Im wesentlichen haben sie wenig Ähnlichkeit mit ALDI. So hat ALDI mit Toyota mehr Gemeinsamkeiten als mit seinen deutschen Mitbewerbern Tengelmann und Rewe.

Kaizen bei ALDI

Besonders das sogenannte Kaizen ist eine ALDI-typische Methode. Kaizen meint die ständige Verbesserung aller Dinge im Unternehmen, insbesondere der Produktions- und Logistikprozesse. Dieses Verfahren ist bei vielen Unternehmen schwierig durchzusetzen, bei ALDI findet man dafür eine einfache Lösung: Jeweils eine ALDI-Gesellschaft ist für bestimmte Aufgaben zuständig. So bekommt eine große Anzahl von oberen und mittleren Führungskräften zusätzliche interessante Aufgaben, die in anderen Unternehmen von Stabsabteilungen ausgeführt werden.

Ein Lagerleiter übernimmt bei ALDI beispielsweise, neben seiner Hauptaufgabe, der Führung eines Zentrallagers, die Zuständigkeit für die Flurförderfahrzeuge. Er bemüht sich, ständig Verbesserungen zu erzielen, eine vollständige Marktübersicht zu erhalten, Gespräche mit den bedeutenden Herstellern zu führen, organisatorische Verbesserungen aller Art zu erfinden. Dazu kann er sich eine kleine Arbeitsgruppe zusammenstellen, mit der er permanent zusammenarbeitet. Auf diese Weise entstanden im übrigen die Flurförderfahrzeuge mit zunächst zwei und später drei Paletten auf der Gabel - damals eine Innovation, heute überall im Einsatz. ALDI hätte vermutlich eine Reihe von Patenten anmelden können.

Für diese Arbeitsweise bei ALDI gibt es sicherlich an die hundert Beispiele, etwa die Zuständigkeit eines Verkaufsleiters für die Stellenbeschreibung der Verkaufsleiter - und damit für die wesentlichen Aufgaben einer Position - oder für die richtige technische Ausstattung und die Größe von Kühlregalen in den Läden.

Versuch und Irrtum

Eine hervorragend geeignete Methode im Kaizen-Prozeß ist »Versuch und Irrtum«. Sie bekommt eine besondere Bedeutung, weil auf diese Weise Ideen und neue Methoden sofort oder zumindest wesentlich schneller in die Praxis umgesetzt werden können. Nach einigen grundsätzlichen Überlegungen wird eine Anwendung unmittelbar in der Praxis geprüft, bevor man lange Zeit mit der exakten Prüfung und Vervollkommnung zubringt. Nach ersten Versuchsergebnissen kann dann eine Anpassung oder Veränderung vorgenommen werden, der Test abgebrochen oder zeitlich verschoben werden.

Diese Methode macht Mut, etwas zu versuchen und dabei vielleicht auch einen Flop zu riskieren. Wenn dies der Fall ist, steht jedoch das Ergebnis im Mittelpunkt, die Erkenntnis, die daraus gewonnen wurde - und nicht die Frage: »Wer hat Schuld?« Fast niemals gibt es wirklich richtige oder falsche Entscheidungen. Mit der Methode »Versuch und Irrtum« gelang es ALDI, größere Katstrophen und Irrtümer zu vermeiden. Es waren immer kleine Versuche und kleine Irrtümer. Die weit verbreiteten Analyse- und Entscheidungsverfahren sind meist verbunden mit dicken schriftlichen Ausarbeitungen, mit denen zahlreiche wichtige und teuere Mitarbeiter ihre Zeit zubringen. Im Zweifel gibt es dann einen Kundenkontakt weniger oder ein Mitarbeitergespräch wird vertagt, bis es nicht mehr nützlich ist. Viele Ausarbeitungen landen am Ende im Reißwolf - es war ja »top secret« - oder verstauben schließlich in der Schublade eines Top-Managers.

Dies alles ist auch gar nicht neu. Eileen C. Shapiro zitiert in dem erwähnten Buch einen wunderbaren Satz von Mark Twain:

»Kontinuierliche Verbesserungen sind besser als hinausgezögerte Vervollkommnung.«

Bei allen neuen Ideen, Entwicklungen technischer oder organisatorischer Art, bei der Einführung neuer Artikel, geänderter Qualitäten oder Verpackungsgrößen arbeitet ALDI nach diesen Grundsätzen.

Der »Test in drei Läden«

Ein geflügeltes Wort in der ALDI-Organisation ist der »Test in drei Läden«. Mit solchen Tests werden die Erfolgsaussichten neuer Artikel oder geänderter Verpackungsinhalte und ähnliches ausprobiert. Aus einem solchen Test kann man ziemlich treffsicher fast alle notwendigen Erkenntnisse gewinnen, und das mit dem geringsten Aufwand. Dies wurde früher so verfeinert angewendet, daß der Umsatz der inzwischen sehr bekannten und begehrten Non-Food-Aktionen zuvor getestet wurde, nicht nur um die Chancen des Artikels zu erkennen, sondern auch, um die zu disponierende Menge zu ermitteln.

Tests sind auch deshalb nicht zu unterschätzen, weil man die Unzulänglichkeiten einer Maßnahme oft genug erst bei der Umsetzung in die Praxis erkennt. Nicht philosophieren, sondern machen heißt die Devise, schnell, radikal, aber konsequent einfach.

In einem Vortrag zu Fragen der Logistik hat der heutige Metro-Aufsichtsratsvorsitzende, Erwin Conradi, vor einigen Jahren einen bemerkenswerten Satz gesagt, der sehr der bescheidenen und praktischen Denkweise bei ALDI entspricht. Das ist im übrigen nicht sehr verwunderlich, stimmen doch manche Ansätze beider Unternehmen und nicht zuletzt die hervorragenden Betriebsergebnisse überein: »Wenn Ihnen diese Grundsätze zu platt, zu trivial, zu sehr Hausmannskost sind, dann möchte ich Ihnen gerne entgegenhalten, daß ich sehr viel mehr Projekte an den sogenannten ›Selbstverständlichkeiten‹ habe scheitern sehen als am ›grand design‹.«

Selbstverpflichtung und Leidenschaft

Welche Anforderungen Kaizen an die Führungskräfte eines Unternehmens stellt, formulierte Kaizen-Erfinder Masaaki Imai: Für die anspruchsvolle Tätigkeit der kontinuierlichen Verbesserung ist das »höchste vorstellbare Maß an Selbstverpflichtung der Manager notwendig.« Dafür sind ALDI-Manager ein Musterbeispiel.

Leidenschaft und Willenskraft der Mitarbeiter sind die Grundlage von Leistung und Kreativität. Die Vermeidung von Verschwendung, bei ALDI in den Stellenbeschreibungen als »extrem niedrige Kosten« gefordert, ist Leitprinzip. Und jeder Manager weiß, welche Unsummen an Geld und Zeit in unseren Unternehmen regelmäßig im wahrsten Sinn des Wortes verschwendet werden: lange Arbeitswege, Doppelarbeiten, unnütze Lagerung, umständlich verschachtelte Organisationsstrukturen, viele lange Besprechungen und schließlich auch Unordnung und Schmutz.

Daniel Jones, Mitglied der Autorengruppe, die 1990 die aufsehenerregende Studie zur schlanken Produktion *Die zweite Revolution in der Autoindustrie* veröffentlichte, hält nicht die hohen Löhne für das Hauptproblem der deutschen Unternehmen. Er kommentierte eine Untersuchung zu Organisationsstrukturen in Deutschland mit den Worten:

»Die wahren Probleme sind zu suchen in der schlechten Organisation und in der Verschwendung.«

ALDI hat in seiner einfachen Organisation und in der Vermeidung von Verschwendung sowie in der Ausschöpfung aller denkbaren Reserven eine Meisterschaft entwickelt, die den eigentlichen Wettbewerbsvorteil ausmacht.

Toyota hat vor vierzig Jahren mit dem begonnen, was heute unter Lean Manufacturing bekannt ist. Auf die Frage, warum es so lange gedauert habe, bis die Amerikaner die Geheimnisse des Toyota-Erfolgs entschlüsselt hatten, geben Garry Harmel und C. K. Prahalad in ihrem Buch *Wettlauf um die Zukunft* eine einfache Erklärung: »Die in Japan praktizierten Prinzipien widersprachen allen Annahmen und Überzeugungen der Amerikaner.« Das gleiche können wir von ALDI behaupten, wenn die Frage gestellt wird, warum ALDIs Mitbewerber noch immer nicht die Geheimnisse von ALDI entschlüsselt haben: *Alles, was ALDI tat, widersprach den Annahmen und Überzeugungen der deutschen Handelsmanager.*

Deutsche Handelsmanager und inzwischen auch Manager des Einzelhandels in der ganzen Welt, die mit dem Hard Discount konfrontiert werden, hielten und halten es nicht für möglich, daß man mit einem so begrenzten Sortiment so bedeutende Umsätze tätigen kann. Hinzu kommt, daß die kulturellen Elemente für Außenstehende nur schwer erkennbar und oft noch schwerer begreifbar sind. Was die Japaner praktizieren, hat nur wenig zu tun mit Methoden und Techniken. Das ist eine kulturelle Sache, die Japanern vielleicht besonders entsprechen mag, aber in westlichen Industriestaaten ebenso praktiziert wird - siehe ALDI.

ALDIs Dispositionssystem: »Ist was weg, muß was hin«

In vielen Unternehmen werden komplizierte Bestandskontrollsysteme und Dispositionssysteme mit einem immensen Datenaufwand gepflegt. Bei ALDI funktioniert dies dagegen sehr einfach nach dem »Kanban-Prinzip«, der japanischen Methode der Bestandskontrolle. Einfach ausgedrückt: *»Ist was weg, muß was hin«.* Der Regalplatz für einen Artikel hatte in der Regel die Kapazität eines Wochenbedarfs. Wenn also der Bestelltag für diesen Artikel kam, so bestellte der Filialleiter das, »was weg war« und füllte den Regalplatz wieder auf. Auch wenn dies teilweise bei ALDI heute bereits mit Computerunterstützung geschieht, am Grundsatz hat sich nichts geändert. Buchhandlungen arbeiten nach einem ähnlich einfachen, aber hochintelligenten System: Den Büchern liegt ein Bestandszettel bei, der beim Verkauf von der Kassiererin entnommen wird und damit die Grundlage bildet für die Bestellung eines neuen Exemplars nach der Methode »ist was weg, muß was hin«.

Dezentralisation und Delegation

Die ALDI-Organisationsprinzipien haben einen so grundsätzlichen Stellenwert, daß sie die gesamte Unternehmenskultur prägen und die wesentliche Basis für den Erfolg bilden. Zentrales Organisationsprinzip ist das Prinzip der Delegation und Dezentralisation.

Die erste und wichtigste Dezentralisation in der ALDI-

Gruppe war vielleicht die entscheidende: Die Aufteilung des Unternehmens auf die beiden Brüder, Karl Albrecht im Süden mit der Zentrale in Mülheim an der Ruhr und Theo Albrecht im Norden mit Sitz in Essen, Anfang der 60er Jahre. Vermutlich war dies eine Entscheidung, die den Bestand des Unternehmens und die erfolgreiche Entwicklung erst möglich gemacht hat. Ein Bruderzwist, der das Unternehmen hätte aufreiben können, wurde so auf jeden Fall vermieden. Bei Karl Albrecht im Süden ist dies aus familiären Gründen mit Sohn und Tochter auch in der Zukunft nicht mehr zu erwarten, beide sind nicht mehr im Geschäft tätig. Im Norden bei Theo Albrecht sind allerdings beide Söhne in der höchsten Verantwortung als Mitglieder des Verwaltungsrates tätig. Doch die Konstruktion der Familienstiftung mag hier schützend für das Unternehmen wirken.

Durch die Trennung des Unternehmens konnten die Brüder grundsätzlichen strategischen Auseinandersetzungen aus dem Weg gehen. Das führte zum Beispiel dazu, daß im Süden 450 Artikel und im Norden 600 Artikel im Sortiment waren; später begann der Norden mit Kühl- und Tiefkühlprodukten, während der Süden abwartete; der eine hatte gelbe, der andere graue Fußböden in den Läden, der eine war konservativer, der andere experimentierfreudiger. Dabei beeinflußten natürlich auch die jeweiligen unmittelbaren Mitarbeiter der Brüder Albrecht, die Mitglieder des Verwaltungsrates, diese Entscheidungen. Doch Abstimmungen und einheitliche Entscheidungen waren zwischen den Brüdern nicht mehr erforderlich.

Dezentralisation macht es möglich, Methoden, Erfahrungen und Ergebnisse zu vergleichen, und gibt die Freiheit, sich entsprechend dafür oder dagegen zu entscheiden. Den Erfahrungsaustausch haben die beiden ALDI-Gruppen immer gepflegt, und die Trennung hat den Erfahrungsschatz erheblich vergrößert. Es ist dabei weniger eine Frage von »richtig« oder »falsch«, von fortschrittlich oder rückständig, vorsichtig oder mutig – es gibt immer mehrere Möglichkeiten. Aber viele Unternehmen vergeuden ihre

Kräfte über lange Zeit mit internen Auseinandersetzungen über den richtigen Weg, wobei der Beweis, ob der schließlich gewählte richtig oder falsch war, fast nie angetreten werden kann, weil beide oder mehrere Wege gleichzeitig ja kaum beschnitten werden. Ein anderer Aspekt ist ebenfalls nicht zu unterschätzen: Strategische Entscheidungen in einem Unternehmen werden nicht ausschließlich nach sachlichen Gesichtspunkten, durch Logik bestimmt - erfahrungsgemäß spielen dabei andere Dinge eine Rolle: Intuition, Erfahrung und der »richtige Riecher«.

Autonomie ist weniger komplex

Wohl unbewußt folgte ALDI mit der Dezentralisierung auch einer der wesentlichen Aufgaben der Organisation: den Umfang von Kommunikation und Koordination so weit wie möglich zu reduzieren. Eine Organisation wird um so leistungsfähiger, je einfacher sie ist. Einfachheit erfordert weniger Managementkapazität - zumindest quantitativ.

Hochentwickelte Gebilde in Wirtschaft, Technik und Gesellschaft zeichnen sich durch vielfältig miteinander vernetzte Wirkungsbeziehungen aus. Sie sind komplex, und komplexe Zusammenhänge müssen organisiert werden, und dies geschieht in der Regel mit hierarchischen Strukturen. Dabei wird die Zahl selbständiger Einheiten reduziert, Selbststeuerung wird abgelehnt, und ein möglicher Wettbewerb zwischen alternativen Lösungen findet nicht statt. Administrative Regeln müssen eingeführt, ihre Einhaltung kontrolliert werden, und die »Pflege« dieser Regeln, ihre Aktualisierung und Anpassung an veränderte Gegebenheiten, bindet beachtliche Kapazitäten: zusätzliche Abteilungen, Stabsstellen, Gremien und Fachleute. Der Teufelskreis der Bürokratisierung beginnt und ist selten zu durchbrechen.

Wenn also eine einfache Organisationsgestaltung gelingt, so ist sie intelligenter und effektiver. Die Lösung liegt zum einen in einem sinnvollen Verständnis von Führung, vor allem aber darin, kleine selbständige Einheiten zu schaffen – zu dezentralisieren. Damit lassen sich auch Führungsprobleme vermeiden, die durch einen ungeeigneten oder weniger geeigneten Vorgesetzten hervorgerufen werden. Die Fehlbesetzung einer verantwortlichen Position im Unternehmen ist niemals zu verhindern, selbstverständlich gibt es auch bei ALDI Probleme mit ungeeigneten Führungskräften. Nur: Die Auswirkungen sind bei kleinen dezentralisierten Einheiten mit klaren Verantwortungsbereichen sehr viel weniger belastend und betreffen weniger Mitarbeiter als in einer zentralisierten Großorganisation. Der Schaden, den ein einzelner, mächtiger Herrscher dort in der Lage ist anzurichten, kann immens sein.

Auch ein Unternehmen wie ALDI kann nicht ausschließlich mit intelligenten Systemen und Regeln wirken, auch bei ALDI spielen Menschen eine wichtige Rolle, auch hier kommt es immer wieder auf die einzelnen Personen an – wie sollte es auch anders sein. Richtig aber bleibt: Eine schlechte Führung kann durch gute Organisation kompensiert werden.

ABB und ALDI: Erfolgreich mit Dezentralisation

Nur von wenigen Unternehmen ist bekannt, daß sie so grundsätzlich und konsequent mit der Dezentralisation und mit der Delegation von Aufgaben, Verantwortung und Kompetenz arbeiten und dabei eine so einfache und übersichtliche Organisation gefunden haben. Der schwedisch-schweizerische Konzern Asea Brown Bovery (ABB) hat nach Meinung von Fachleuten in den vergangenen Jahren mit dem Konzept der Dezentralisierung eine grandiose Erfolgsstory geschrieben. 200 000 Mitarbeiter sind in 1000 Einzelunternehmen tätig, die wiederum in Profitcenter gegliedert sind. ABB erzielt eine Eigenkapitalrendite von 20 Prozent und eine Umsatzrendite nach Steuern von 10 Prozent. Im Handel sind die Umsatzrenditen zwar geringer wegen des höheren Volumens, in der Eigenkapitalrendite schlägt ALDI die ABB-Gruppe aber um Längen.

Vermutlich sind nur konsequent dezentralisierte Unternehmen und Organisationen in unserer komplexen Welt überlebensfähig. Klein statt groß oder, wie bei ABB und ALDI, »klein innerhalb groß«. Ameise statt Elefant. Kleine Einheiten sind flexibler und anpassungsfähiger. Mehrere kleine Fehler sind leichter zu verkraften als der eine »große Fehler«, den die eine mächtige Führungsperson machen kann. Aber auch die Chancen sind größer, daß mehrere kleine Einheiten und deren Führungspersonal gute Ideen und gute Leistungen hervorbringen, als wenn eine Abhängigkeit besteht von einer Person oder einer Institution. Peter Drucker hat in seinem Werk »Concept of Corporation« die fundamentale Bedeutung der Dezentralisation als Organisationsprinzip gewürdigt. Drucker bezeichnete die Dezentralisation nicht nur als eine Managementtechnik, sondern als den Entwurf einer Gesellschaftsordnung. Das wird deutlich, wenn man sich über die Unternehmen hinaus die Verfassung der Bundesrepublik Deutschland mit ihrer dezentralisierten Bundesländerstruktur oder die Gliederung der Vereinigten Staaten in Bundesstaaten ansieht. Das sind grundlegende Gestaltungen von Gesellschaft, die ich mir durchaus noch deutlicher und etwas mehr dezentralisiert vorstellen kann, vor allem in der Europäischen Union. Ich glaube, ein Unternehmen wie ALDI könnte hier Beispiele geben. Entscheidend für den Weg der Dezentralisation oder der Zentralisierung ist, wie sich die Organisationen besser steuern lassen, wenn sie an Größe und Komplexität zunehmen. Das Schaubild auf der gegenüberliegenden Seite zeigt die Alternativen.

Begleitet wird die Dezentralisation und die Delegation bei ALDI von klaren Zielen und Regeln, verbunden mit einer angemessenen Kontrolle. Besonders deutlich wird das in der immer wieder vorgenommenen Zellteilung der ALDI-Gesellschaften. Sobald eine bestimmte Ladenzahl in einer Region erreicht ist (etwa 60 bis 80 Läden) und die Entfernungen vom Lager zu den Läden sinnvollerweise verkleinert werden sollten (auf maximal 50 km) oder auch die Lagergröße schon bei beispielsweise 25 000 qm liegt, wird

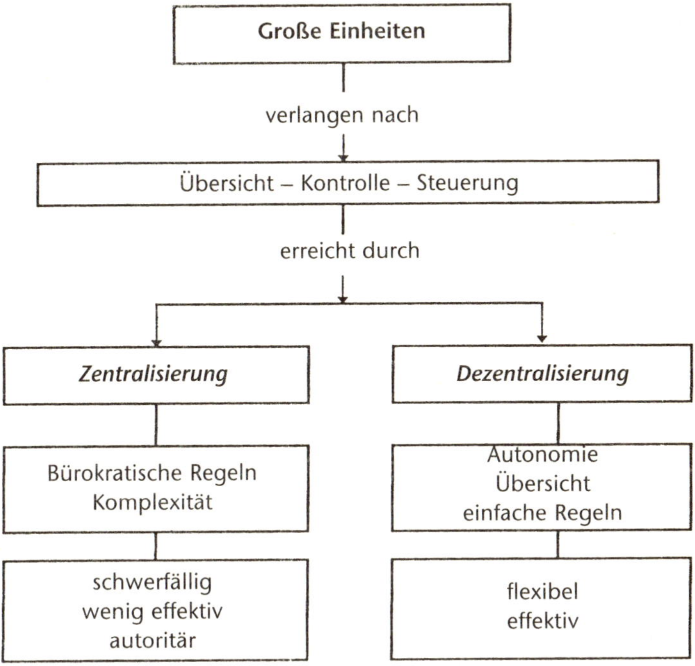

eine Abspaltung in Form einer neuen Gesellschaft vorgenommen. Das geschieht mit allen Konsequenzen, bis hin zu einem eigenen Rechnungswesen mit eigener Bilanzerstellung und allen Funktionen wie in der alten Gesellschaft. Der zunehmende Wettbewerb alternativer Lösungen in den täglichen Details hat bei ALDI in der Vergangenheit sehr oft zu absolut sinkenden Kosten in der Summe der dezentralisierten Einheiten geführt. Allein in Deutschland betreiben beide ALDI-Gruppen heute 60 regionale Gesellschaften mit völliger operationaler Selbständigkeit.

Die grundsätzlichen Vorteile der Dezentralisation lassen sich wie folgt zusammenfassen: Kleine Einheiten zeichnen sich aus durch

- geringere Komplexität und
- geringeren Kommunikationsbedarf sowie
- bessere Marktkenntnis vor Ort;
- neue Leute können sich unabhängig entwickeln;
- kleine überschaubare Einheiten bergen weniger Konfliktstoff;
- die Verkäuferin kennt den Geschäftsführer;
- ein Gemeinschaftsgefühl entwickelt sich besser in kleinen Einheiten;
- Details werden wichtiger und
- es entwickelt sich eine größere Vielfalt von Ideen;
- in jeder Hinsicht findet mehr Konzentration auf Weniges statt,
- auf überraschende Probleme kann schneller reagiert werden;
- Problemfelder lassen sich besser eingrenzen;
- die einzelnen Unternehmensteile befinden sich in einem gesunden Wettbewerb untereinander;
- auch die Zusammenarbeit mit dem Betriebsrat kann besser sein.

Die oft von Gewerkschaften und Öffentlichkeit unterstellte Begründung, daß ALDI mit der konsequenten Dezentralisierung und »Zellteilung« nur die Publizitätspflicht umgehen und einen Konzernbetriebsrat verhindern wollte, ist also nicht der Grund – höchstens ein willkommener Zusatznutzen.

Die Einschätzung, wie sie folgender Artikel im *manager magazin* 4/84 widerspiegelt, trifft daher auch nicht den Kern:

> »Neugründungen von ALDI-Gesellschaften wurden immer dann aufgezogen, wenn bestehende Regionalzentralen durch Umsatzwachstum in die Publizitätspflicht zu geraten drohten. Beispiel Berlin: ... zerlegte Theo Albrecht die ALDI GmbH & Co. KG in zwei Gesellschaften – eine ALDI GmbH & Co. Berlin Nord KG und eine ALDI GmbH & Co. Berlin Süd KG. Betriebswirtschaftlichen oder logi-

stischen Sinn machte die Aufspaltung zwar nicht, aber sie half, indiskretes Interesse an den Umsatz- und Ergebniszahlen abzublocken.«

Tatsächlich ging es damals um eine dringend notwendige Vergrößerung des Zentrallagers im Norden von Berlin. Das war aber nicht möglich, weil ein zusätzliches Grundstück nicht zur Verfügung stand. So wurde die bekannte Zellteilung vorgenommen, weil es keine andere Möglichkeit am gleichen Ort gab. Natürlich ergeben sich allein daraus erhebliche logistische Vorteile, gerade in einer verkehrsreichen Großstadt, wenn man vom Norden und vom Süden jeweils bis zur Mitte fahren kann. Aber Außenstehende vermögen die organisatorischen Vorteile einer Zellteilung nicht einzuschätzen. Zwischen beiden Berliner Gesellschaften entbrannte ein sportlicher Wettbewerb um die besseren Ergebnisse und Leistungen, ein Wettbewerb, der nicht von einer Zentrale angewiesen oder irgendwie trickreich initiiert werden mußte, sondern sich aus Leistungslust entwickelte. Und das, obwohl man den Berliner Leistungen gegenüber immer ein wenig langmütig war, weil ja bekanntermaßen alle Bedingungen in einer solchen Großstadt viel ungünstiger waren als in anderen westdeutschen Regionen. Aber man konnte feststellen, daß dies zumindest zu einem erheblichen Teil eine Fehleinschätzung der noch vorhandenen Reserven war.

Heute läßt sich allgemein eine Tendenz zu mehr Dezentralisation und Delegation beobachten, wobei der Idealfall in tatsächlich getrennten und selbständig operierenden Unternehmen in eigener Rechtsform mit voller Verantwortung für ihre Geschäfte zu liegen scheint – allerdings im Rahmen einer gemeinsamen Konzernstrategie. Großunternehmen werden wieder mittelständisch, zentrales Management wird abgebaut.

ALDI ist im Prinzip immer ein mittelständisches Unternehmen gewesen und geblieben. Nicht Größe an sich ist entscheidend, sondern die richtige Größe. Nicht Umsatzgröße, sondern Marktstärke heißt die Devise.

Von Unternehmensleitern und Managern wird gegen eine umfassende Delegation und Dezentralisation immer wieder angeführt, daß eine zentrale Lösung an einem Ort die Kontrolle vereinfache oder überhaupt erst möglich mache. Kritiker meinen, bei konsequenter Dezentralisation fielen Doppelarbeiten und damit doppelte Kosten an. In zwei regional getrennten Einheiten jeweils gleiche Funktionen zu haben, halten viele für ausgeschlossen. Außerdem könne man die Mitarbeiter an einem Ort besser überwachen. Die bei ALDI so weitgehend praktizierte Dezentralisation, sogar der Buchhaltung und Bilanzierung, ist für viele Unternehmen kaum vorstellbar. Kritiker einer konsequenten Dezentralisation geben sich aber einem Trugschluß hin: Wenn an einem Ort in einem bestimmten Zeitraum zehn Millionen Daten anfallen, so sind diese schwerer zu kontrollieren, als wenn an zehn Orten je eine Million Daten anfallen.

Die Praxis zeigt in der Regel, daß Fehler und Problemfelder bei der Dezentralisierung besser eingekreist werden können, allein schon dadurch, daß – zum Beispiel auf die operativen ALDI Gesellschaften bezogen – es 30 voneinander unabhängige Ergebnisse gibt, die nicht in einem großen undurchsichtigen Massentopf analysiert werden müssen.

Viel Zeit und viel Mut braucht es, bis Unternehmen sich durchringen zu neuen organisatorischen Ufern. Die *FAZ* berichtete am 2. 3. 1995 über die REWE-Gruppe:

> »Der Druck auf die Spannen hat die Rewe-Filialbetriebe stärker getroffen als die selbständigen Rewe-Händler: Während die Filialbetriebe Ergebniseinbußen zwischen 10 und 15 Prozent verzeichnet haben, konnten die selbständigen Händler ihre Betriebsergebnisse halten oder sogar steigern. Da diese Selbständigen offensichtlich schneller und flexibler am Markt reagieren können, wird Rewe nun verstärkt mehr unternehmerische Verantwortung auf die angestellten Filialleiter übertragen ...«

Hier würde begriffen, in welche Richtung der Zug fährt. Allerdings bleibt die schwierige Aufgabe der Umsetzung in die Praxis. Noch vor kurzem hat ein bekannter Handelsmanager zum Thema Delegation die lapidare Feststellung getroffen: »Die Filialleiter können das nicht«. Gemeint war, daß ihnen die begrenzte Freiheit nicht gegeben werden kann, aus der zentralen Artikellistung eines Filialunternehmens auszuwählen. Dem liegt ein bestimmtes Menschenbild zugrunde, das Delegation in Wirklichkeit nicht zuläßt und die Zusammenhänge von Motivation, Leistung und Erfolg nicht erkennt. In der Praxis sind antiquierte Vorstellungen über die Motivation von Mitarbeitern und Führungskräften nach wie vor häufig anzutreffen, beispielsweise, daß Mitarbeiter durch Lob und ein ausgeklügeltes Anreizsystem »motiviert« werden müßten. Mit diesen und ähnlichen Vorstellungen hat vor Jahrzehnten schon Frederick Herzberg aufgeräumt, und Reinhard Sprenger hat in seinem Bestseller *Mythos Motivation* die fatalen Folgen solcher Überzeugungen sehr wirksam vielen deutschen Managern bewußt gemacht. Der Schlüssel zum Erfolg ist, den Mitarbeitern Erfolgsmöglichkeiten zu verschaffen. Das geschieht durch Delegation.

Delegation ist Machtverteilung

Führungskräfte haben bei ALDI einen Teil ihrer Befugnisse, ihrer Macht an ihre Mitarbeiter abgegeben. Machtkonzentration in den Händen einiger weniger wird so vermieden, und viel mehr Mitarbeiter können an der Unternehmensentwicklung maßgeblich, das heißt verantwortlich, beteiligt werden. In einem Unternehmen, das erfolgsorientiert ist, können Vorgesetzte es sich einfach nicht leisten, auf die Beteiligung ihrer Mitarbeiter zu verzichten. Ob die Vorgesetzten ihren Möglichkeiten und Verpflichtungen zur Zusammenarbeit auch nachkommen, das kann bei ALDI im Rahmen der Dienstaufsicht sehr gut festgestellt werden.

Das Mittel zur Übertragung dieser Macht ist die Stellenbeschreibung. Grundsätzlich ist eine gewisse Skepsis gegenüber zu vielen schriftlichen Regelungen und zu detaillierten Stellenbeschreibungen angebracht. Man kann es noch einfacher machen, als ALDI es praktiziert. Aber im Prinzip ist es richtig, über Aufgaben- oder Stellenbeschreibungen die wesentlichen Aufgaben und Entscheidungsbefugnisse klar zu regeln. Das schafft Sicherheit für die wirkliche Anwendung der Delegation. Dabei sollte vieles nicht detailliert, sondern eher im Sinne von generellen Regelungen und zielorientiert formuliert werden.

Auch die Dezentralisation durch Errichtung immer neuer Gesellschaften mit eigenen Zentralen (Lager, Fuhrpark, Verwaltung) bewirkt bei ALDI die Verteilung von Macht. Es gibt nicht die kleinen, schwachen und großen, mächtigen Gesellschaften, alle werden auf ein gleiches Maß »gestutzt«. Dieses System hat zur relativ konfliktfreien Arbeit im Unternehmen beigetragen. Es gibt keine übermächtigen Instanzen, und die Mitarbeiter haben im Normalfall keine Rückdelegation betrieben. Das System funktioniert praktisch reibungslos. Bei ALDI gibt es nicht den in anderen Unternehmen oft zu beobachtenden Streit um Befugnisse, das sogenannte Kompetenzgerangel. Die Dinge sind klar, sie sind vernünftig, und sie werden von den Vorgesetzten kontrolliert. Es wird auch kontrolliert, ob der jeweilige Vorgesetzte seinen Mitarbeiter auch entsprechend der Stellenbeschreibung entscheiden und handeln läßt.

Unternehmen, die, ähnlich wie Supermarktketten, im Prinzip schon dezentralisiert sind, können ihre Wettbewerbsfähigkeit erhalten und stärken, wenn sie ihren Mitarbeitern vor Ort, die im direkten Kontakt zum Kunden stehen, mehr Kompetenz geben. Oftmals aber fehlt dazu der Mut. Aufgrund sehr unterschiedlicher und umfangreicher Aufgabenstellungen für die Mitarbeiter mit Kundenkontakt in anderen Unternehmen ergeben sich dort sogar mehr gestalterische Möglichkeiten als bei ALDI mit seinen ziemlich festgelegten Verkaufsbedingungen. Die organisatorische Gestaltung in diesen Unternehmen ist für deren Wettbewerbsfähigkeit noch viel entscheidender als bei ALDI.

Das »Harzburger Modell«

Formal und organisatorisch wird die Delegation bei ALDI nach dem Vorbild des »Harzburger Modells« gestaltet. Dieses System der Delegation von Aufgabe, Kompetenz und Verantwortung hat ALDI so wesentlich geprägt, daß es im einzelnen hier vorgestellt werden soll. Manches mag dabei den Eindruck von übertriebener Ordnung und Bürokratie erwecken, aber für ALDI war es ein sehr passendes System, und die gut durchdachte Anwendung führte auch zu einer schlanken Organisation.

Die Führungsakademie der Wirtschaft in Bad Harzburg unter der Leitung ihres Gründers, Professor Reinhard Höhn, war lange Jahre ein in Deutschland führendes Institut zur Aus- und Weiterbildung von Führungskräften. Die Akademie, aus der renommierte Dozenten hervorgegangen sind, entwickelte ein in sich geschlossenes Führungsmodell, das sogenannte »Harzburger Modell«.

Im Zentrum des Modells steht das Prinzip der konsequenten Delegation. Das heißt, daß übereinstimmend drei Dinge zu delegieren sind:

- die Aufgabe,
- die notwendigen Kompetenzen, diese Aufgabe auch wahrnehmen zu können, und
- die Verantwortung für Ausführung und Ergebnis.

Was wird delegiert und warum? Delegiert werden Aufgaben,

- die andere besser erledigen können,
- die andere kostengünstiger erledigen können,
- die den Arbeitsplatz für Mitarbeiter interessanter machen,
- die Verantwortung beinhalten,
- die als Herausforderung und Ausbildungsmöglichkeit für den Mitarbeiter genutzt werden können,
- die den Vorgesetzten entlasten, damit dieser sich auf Kernaufgaben konzentrieren und unnötigen Zeitdruck vermeiden kann.

Darüber hinaus gelten folgende Prinzipien:

- Delegiert wird an den Ort des Geschehens (Kundennähe) und an Mitarbeiter, die mit der Ausführung betraut sind.
- Die Führung beschränkt sich auf Rahmenrichtlinien und Zielvereinbarungen zur Vermeidung von Einzelanweisungen und Einzelaufträgen.
- Die Kontrolle erfolgt durch Stichproben und Ergebnisbewertung.
- Rückdelegation wird nicht akzeptiert.

Führungs- und Handlungsverantwortung

In der Umsetzung des Delegationsmodells werden allerdings leicht Fehler gemacht. Die Funktionsfähigkeit ist nur gegeben, wenn kein Element fehlt. Die *Verantwortung* wird unterschieden in die *Führungsverantwortung,* die eine Person gegenüber ihren Mitarbeitern hat, und die *Handlungsverantwortung,* die sich aus der Erledigung eigener Fachaufgaben ergibt. *Aufgabe und Kompetenz* werden zusammen mit einer generellen *Zielsetzung* für die Position in einer Stellenbeschreibung niedergelegt. Das folgende Beispiel gibt in Auszügen die Stellenbeschreibung für einen ALDI-Verkaufsleiter wieder, der Vorgesetzter von fünf bis sechs Bezirksleitern ist, die wiederum je sechs bis acht Filialleiter führen:

Stellenbeschreibung für Verkaufsleiter

I. Stellenbezeichnung
Verkaufsleiter

II. Unterstellung
Der Stelleninhaber untersteht dem Geschäftsführer.

III. Überstellung
Dem Stelleninhaber sind die Bezirksleiter unterstellt.
Er ist Disziplinarvorgesetzter der Filialleiter.

VI. Ziel der Stelle

Der Stelleninhaber hat durch seine Tätigkeit sicherzustellen, daß in seinem Verkaufsbereich auf Dauer höchstmögliche Umsätze erzielt werden. Dabei hat er zu beachten, daß ein reibungsloser Geschäftsablauf in ordentlich aussehenden Verkaufsstellen bei niedrigsten Kosten sowie höchstmöglichen Leistungen und stimmenden Abrechnungen gewährleistet ist, um die bestehende Wettbewerbsfähigkeit zu erhalten und noch zu verbessern.

Dabei hat der Stelleninhaber die Verkaufsstellen mit Filialleitern zu besetzen, die den Anforderungen der Position entsprechen, und sicherzustellen, daß die ihm unterstellten Bezirksleiter ihre Aufgaben entsprechend den Stellenbeschreibungen wahrnehmen.

Bei der Erfüllung seiner Aufgaben hat er sich die Initiative und das Mitdenken seiner Mitarbeiter nutzbar zu machen. Die zu beachtenden Führungsgrundsätze ergeben sich aus der Allgemeinen Führungsanweisung.

V. Aufgabenbereich

Der Stelleninhaber hat folgende fachlichen Aufgaben selbst zu erfüllen:

1. Er entscheidet über Einstellungen und Kündigungen von Filialleitern und Filialleiteranwärtern sowie über den Inhalt der Zeugnisse.
   Er hat die arbeitsrechtlichen Bestimmungen zu beachten. In Zweifelsfällen kann er sich durch den Personal- und Verwaltungsleiter beraten lassen.
2. Er entscheidet über die Höhe der Gehälter und Zulagen der Filialleiter.
3. Er entscheidet über die Einarbeitung von Bezirksleitern.
4. Er nimmt einmal im Jahr eine schriftliche Beurteilung eines jeden Bezirksleiters vor und bespricht sie mit ihm.
5. Er entscheidet über die Einteilung der Bezirksleiter-Gebiete.
6. Er entscheidet über die Urlaubstermine, die Stellvertretung und die Beurlaubung von Bezirksleitern.

7. Er legt die Einrichtungspläne der Verkaufsstellen fest und entscheidet über die Warengruppenanordnung.
8. Er entscheidet, in welcher Verkaufsstelle Renovierungen durchgeführt werden sollen.
9. Er entscheidet über Reparaturen und die Beschaffung von Einrichtungen bis zu DM 5000,– im Einzelfall.
10. Er berät den Geschäftsführer bei der Gehaltsfestsetzung der Bezirksleiter.
11. Er berät bei der Errichtung und Planung von Verkaufsstellen.
12. Er macht Vorschläge zur Aufnahme und Streichung von Artikeln.
13. Er berät den Geschäftsführer über den Umfang und den Plan der Flugblattwerbung und über Sonderaktionen in einzelnen Verkaufsstellen.
14. Er berät den Geschäftsführer bei der Festlegung der Geschäftsöffnungszeiten.

Natürlich gibt es für bestimmte Entscheidungen Rahmenregeln, zum Beispiel für die Entscheidung über die Gehaltsfestlegung. Aufgabe des Vorgesetzten im Rahmen der Delegation ist es, sich zu überzeugen, daß seine Mitarbeiter die fachlichen Aufgaben aus seiner Stellenbeschreibung gut erfüllen, und zu prüfen, ob er seine Führungsaufgabe als Vorgesetzter wahrnimmt.

Besonders die *Führungsaufgaben* machen vielen Managern in vielen Unternehmen Probleme. Im Grunde handelt es sich wiederum um einfache Zusammenhänge. Die Führungsaufgabe besteht darin,

- mit dem Mitarbeiter Ziele zu vereinbaren,
- ihn auszubilden und so zu fördern, daß er in die Lage versetzt wird, die Aufgaben zu erfüllen, und
- den Mitarbeiter zu kontrollieren, ob und wie dieser seine Aufgaben ausführt und seiner Verantwortung gerecht wird.

Die Leistungen der leitenden Mitarbeiter werden im Rahmen einer jährlichen Beurteilung durch den jeweiligen

Vorgesetzten schriftlich bewertet. Einstufungen von 1 bis 10 sollen dabei ein Leistungsbild geben. Beurteilungsfaktoren sind:

- das fachliche Wissen bezogen auf die Tätigkeit
- Einsatzbereitschaft
- Erledigung von Aufgaben aus dem Delegationsbereich und von Einzelaufgaben
- Verantwortungsbewußtsein
- Planerisches Denken und Handeln
- Fähigkeit, etwas zu erklären
- Intensivbearbeitung des Aufgabenbereichs (Verbesserungen, Vorschläge, überdurchschnittliche Erfolge)
- Tätigkeit als Vorgesetzter
- Ausfüllung des Delegationsbereichs insgesamt

»Dienstaufsicht« und Erfolgskontrolle

Kontrolle dient der Erreichung der Ziele, macht die Unternehmen sicherer und - vielleicht ist es das Wichtigste - sie eröffnet wichtige Kontakte zwischen Vorgesetzten und Mitarbeitern. Die *Kontrolle* erfolgt in Form der Dienstaufsicht und Erfolgskontrolle. Bei der Dienstaufsicht wird in bestimmten Abständen in bestimmtem Umfang eine Stichprobenkontrolle durchgeführt. Bei ALDI ist das konkret so geregelt, daß jeder Vorgesetzte im Prinzip bei jedem seiner Mitarbeiter im Monat drei Aufgaben oder Themen stichprobenweise prüft. Diese Prüfpunkte sollen gut überlegt sein und daher zu Beginn des Monats schon geplant werden. Damit soll auch vermieden werden, daß Vorgesetzte auf »Fehlersuche« gehen, indem sie erst bei der eigentlichen Prüfung genau bestimmen, was sie prüfen wollen, und dann nur noch die gefundenen Fehler als Kontrollpunkte beschreiben. Oder man begibt sich einfach auf Fehlersuche nach dem Motto: Wer sucht, der findet.

Bei der jährlichen Erfolgskontrolle dagegen wird die Entwicklung wichtiger Kennzahlen im Vergleich zum Vorjahr oder im Vergleich zu anderen Abteilungen oder ALDI-Gesellschaften beurteilt.

Aufgrund der monatlichen Dienstaufsicht kann es bei den jährlichen Erfolgskontrollen nicht mehr so leicht zu Überraschungen kommen. Höhn unterstrich die Bedeutung der Dienstaufsicht gegenüber der Erfolgskontrolle deshalb auch mit dem Satz: »Erfolgskontrolle ist langfristig angelegt, da kann es schon mal passieren, daß sie nur noch Leichenschau ist.« Ich bin überzeugt, wenn alle Unternehmen das Prinzip der Dienstaufsicht angemessen anwendeten, dann würde es nicht so leicht zu solchen Katastrophen kommen, wie etwa der Pleite der Barings Bank in London, die aufgrund der Fehlspekulationen eines leitenden Angestellten in Singapur in eine existenzbedrohende Krise geriet.

Abzulehnen ist ein Kontrollverfahren und vor allem ein bestimmtes Kontroll*verhalten,* das nicht grundsätzlich auf Vertrauen basiert – Vertrauen darauf, daß der Mitarbeiter seine Aufgabe auch erfüllen kann. Ohne eine solche Vertrauensbasis ist erfolgreiches Arbeiten schwer vorstellbar. Vertrauen ist auch unbedingte Voraussetzung, um die Komplexität zu verringern. Der Soziologe Niklas Luhmann hat dies im Untertitel seines Buches zum Ausdruck gebracht: *Vertrauen. Ein Mechanismus der Reduktion sozialer Komplexität.* Jegliche Kontrolle wird sinnlos, wenn nicht eine Basis des Vertrauens vorhanden ist. Mit voller Verantwortung, wohlüberlegt und mit aller Konsequenz müssen Mitarbeiter für bestimmte Positionen ausgewählt und dann dort mit den dazugehörigen Kompetenzen eingesetzt werden. Keine Zweifel sollten bestehen, ob er die Position wird ausfüllen können. Im Zweifelsfall sollte man ihm diese Stelle nicht geben. Der Mitarbeiter wird in der Regel nur dann gute Leistungen erbringen, wenn er spürt und weiß, daß er das Vertrauen seiner Vorgesetzten genießt.

Kontrolle in diesem Sinn – als Feedbackverfahren und als Dialog zwischen Vorgesetzten und Mitarbeitern – bedeutet dann aber auch, festzustellen, wie *gut* der Mitarbeiter ist – nicht nur, welche Fehler er macht. Diese Form der Kontrolle soll dem Mitarbeiter, dem Vorgesetzten und dem Unternehmen helfen, gut zu sein. Sie fördert die Zusammenarbeit und zeigt dem Mitarbeiter, was der Vorgesetzte und das Unternehmen als wichtig ansehen. Kontrolle heißt damit nicht zuletzt, Interesse zu zeigen für die Leistung des Mitarbeiters. Das Fraunhofer Institut hat festgestellt, daß 75 Prozent der Mitarbeiter beklagen, daß sie von ihren Chefs kein Feedback erhalten, daß diese ihre Leistungen nicht wahrnehmen.

Für deutsche Unternehmen sehr beachtenswert ist in diesem Zusammenhang das in der *Lebensmittel-Zeitung* vom 6. 6. 1997 berichtete Verhalten des Metro-Aufsichtsratsvorsitzenden Erwin Conradi:

> »**Conradi feuert Baumarkt-Leiter.**
> In einem Rundgang durch drei Praktiker-Baumärkte in Mönchengladbach in der vergangenen Woche hat Metro-Aufsichtsratschef Erwin Conradi in einer Filiale unhaltbare Zustände angetroffen ... Mit seinem Store-Check-Programm will Conradi alle Sparten der Metro-Gruppe besuchen.«

Solche »Store Checks« sind ALDI-Manier. Wie Conradi begibt sich auch das ALDI-Top-Management mit detaillierten Prüfprogrammen in die Läden, trifft selbst die Feststellungen und gibt Beurteilungen ab. Dazu sind ALDI-Manager ebenso wie offensichtlich Metro-Manager in der Lage, weil sie die Details kennen. Allein das »Feuern« ist bei ALDI anders geregelt, vermutlich ist das aber auch bei der Metro nicht so wie beschrieben.

An einem einfachen Beispiel aus meiner eigenen Praxis möchte ich illustrieren, wie so etwas ablaufen kann: Als ALDI-Geschäftsführer in Schleswig-Holstein war ich der Vorgesetzte des Verkaufsleiters. Zu den Aufgaben des Verkaufsleiters gehörte unter anderem, über Reparaturen in den Läden zu entscheiden. Aber auch eine Reihe anderer Aufgaben waren mit Ausgaben und Kosten verbunden. So wählte ich als einen Dienstaufsichtspunkt: »Kontrolle der vom Verkaufsleiter veranlaßten Kosten im Monat September.« Zum vorgesehenen Zeitpunkt bat ich den Verkaufsleiter in mein Büro – sehr oft fand so etwas im übrigen auch in seinem Büro statt – und ließ mir von der Buchhaltung den Ordner mit den Kostenbelegen des Monats September geben.

Gemeinsam blätterten wir den Ordner durch. Immer, wenn ein Beleg mit seiner Unterschrift auftauchte, hielten wir kurz inne. Meistens waren es irgendwelche Routine-Ausgaben, die nicht unsere besondere Aufmerksamkeit fanden. Allerdings waren da immer wieder auch Kostenrechnungen über die Reparatur von Putzmaschinen, die in den Läden zur Fußbodenreinigung benutzt wurden. Kosten für Arbeitslohn des Herstellermechanikers, Lohn für An- und Abfahrten und Kilometer-Geld sowie Materialkosten. Nachdem wir eine ganze Reihe solcher Belege gesehen hatten, begannen wir die Durchsicht aufs neue und machten eine Liste der Gesamtkosten. Wir stellten fest, daß die Kosten für die Reparatur der Reinigungsmaschinen unerwartet hoch waren. Was kann man tun – abgesehen davon, daß die Qualität der Maschinen in Ordnung und diese Art von Reparaturen kaum zu vermeiden war? Das wurde zur entscheidenden Frage in dieser Dienstaufsicht.

Nach einigen gemeinsamen Überlegungen kamen wir zum Schluß, daß wir die Reparaturen selbst von unserem Schlosser im Zentrallager machen lassen sollten, insbesondere, um die hohen Anfahrtkosten der Mechaniker zu verringern. Wir beschafften zwei Reservemaschinen, die wir im Zentrallager stationierten und die wir dann mit unserem Fuhrpark bei der nächsten Lieferung jenem Laden zur Verfügung stellen würden, der eine defekte Maschine hatte. Auf diese Weise konnten wir immense Kosten einsparen. Die Lösung war so gut und so einfach, daß sie später von allen anderen ALDI-Gesellschaften übernommen wurde.

Ich habe bewußt ein positives Beispiel dafür gewählt, *wie* man diese allgemein oft als unangenehm betrachteten Kontrollen ausführen kann. Zugegeben, es gab auch andere Beispiele und andere Situationen. Mir geht es hier jedoch um das Prinzip, das - im wohlverstandenen Sinne und vernünftig ausgeführt - positive und negative Aspekte der Mitarbeiter-Leistung gleichermaßen wahrnimmt. Im allgemeinen waren ALDI-Führungskräfte durch ihre intensive und jahrelange Übung mit diesem System Meister in der Kontrolltechnik.

Kontrolle der Geschäftsführer

Das ALDI-Kontrollsystem gilt nicht nur für Filialleiter und Mitarbeiter, auch die Tätigkeit der Geschäftsführer wird von Zeit zu Zeit überprüft. Dies übernimmt das höhere Organ, der Verwaltungsrat. Weil die bei ALDI vorgenommene Beurteilung von Führungskräften meines Erachtens auch auf andere Unternehmen übertragbar ist, soll sie im folgenden ausführlich dargestellt werden.

Zu unterscheiden sind dabei zunächst die Aufgaben, die ein Geschäftsführer selbst zu erledigen hat, seine *Fachaufgaben.* Diese kann man direkt prüfen. Daneben ist aber vor allem die Ausführung derjenigen Aufgaben zu prüfen, die er als Vorgesetzter wahrzunehmen hat, seine *Führungsaufgaben.*

Zu den *fachlichen* Aufgaben des Geschäftsführers zählen laut Stellenbeschreibung:

- Die Einstellung der leitenden Mitarbeiter,
- die Entscheidung über Höhe und Rahmen der Löhne und Gehälter,
- die Entscheidung über den Einsatz des Werbeetats sowie
- über Umbauten von Verkaufsstellen, wenn sie den Betrag von 10 000 DM übersteigen sowie
- die Anmietung neuer Läden (Lage, Miete, Vertragsbestandteile),
- die Entscheidung über Kauf und Verkauf von Lastkraftwagen und
- die Leitung der Bezirksleiterbesprechung.

Aus diesen *Fachaufgaben* könnten sich beispielsweise folgende Kontrollpunkte ergeben, wobei es in der Regel für die Ausführung der Aufgaben allgemein verbindliche Regelungen und Bestimmungen geben kann, zum Beispiel: »Neue Läden sollen eine Verkaufsfläche von mindestens 600 qm haben«.

- Welche Bezirksleiter wurden im letzten halben Jahr eingestellt? Anhand der Akten und der Durchsicht der Personalunterlagen können die Einstellungsvoraussetzungen beurteilt werden.
- Wie wird die letzte Gehaltserhöhung bei den Leitenden begründet? Entsprechend der persönlichen Beurteilung oder der Leistungen? Dabei sind zum Beispiel die Leistungen bestimmter Mitarbeiter durchaus überprüfbar anhand von Leistungsergebnissen und Vergleichen.
- Welche Werbemittel wurden in welchem Umfang in den vergangenen zwei Monaten eingesetzt? Welche Kosten entstanden für bestimmte Werbemittel? Gab es dafür verschiedene Anbieter? In welchem Umfang und warum wurden bestimmte Läden mit Flugblättern beworben?
- Welche Umbauentscheidungen wurden getroffen im letzten Quartal? Warum und wie wurde umgebaut? Die entsprechenden Kostenrechnungen können geprüft werden. Wurden verschiedene Angebote von Bauunternehmen eingeholt?
- Wurden bei der Anmietung von Läden die allgemeinen Richtlinien eingehalten? Dazu gehört die Besichtigung des neuen Standortes mit dem Versuch einer eigenen Einschätzung der Standortqualität.
- Bei welchem Kilometer-Stand erfolgten im vergangenen Jahr die Verkäufe von Lkw? Gibt es Lkw mit regelmäßigen hohen Reparaturkosten, die besser schon verkauft werden sollten? Welche Lkw-Größen wurden zu welchen Preisen eingekauft? Gab es besondere Verhandlungsbedingungen und -erfolge?
- Wie der Geschäftsführer die Bezirksleiterbesprechung leitet, kann durch die Teilnahme an einer Besprechung mit

Beurteilung nach Tagesordnung, Besprechungsklima, Ergebnissen, Kommunikationsprozessen, Beteiligung aller Bezirksleiter beurteilt werden.

Die *Führungsaufgaben* ergeben sich aus den allgemeinen Anforderungen. Dazu gehören:

- Mitarbeiter selbständig im Rahmen ihrer Stellenbeschreibungen arbeiten und entscheiden lassen,
- Führung mit Zielen,
- Übertragung von Sonderaufgaben,
- Überprüfung der Leistungsergebnisse (Erfolgskontrolle),
- Durchführung der regelmäßigen Dienstaufsicht bei den Mitarbeitern.

Darüber hinaus kann bei einem Geschäftsführer dessen Führungsfähigkeit und -verhalten indirekt auch an den Ergebnissen des Unternehmens und an den Erfolgen einzelner Mitarbeiter gemessen werden. Auch Geschwindigkeit und Qualität von Umsetzungen einzelner Unternehmensentscheidungen können ein Bild von der Leistung der Führungskraft vermitteln.

Ein sehr gutes Indiz für Verhalten und Befähigung der Führungskräfte ist die Dienstaufsicht, die der Vorgesetzte selbst bei seinen Mitarbeitern durchführt. Aus den schriftlich festzuhaltenden Prüfungsergebnissen läßt sich unter anderem ablesen:

- Wie wurden die Prüfungspunkte ausgewählt?
- Welche Feststellungen hat der Vorgesetzte rein sachlich getroffen?
- Wie hat er die Ergebnisse bewertet?
- Wie werden Kritik und Anerkennung ausgesprochen?
- Wie hat er die Feststellungen formuliert?
- Gab es interessante neue Aspekte bei der Prüfung?

Der prüfende Vorgesetzte – beim Geschäftsführer also der Verwaltungsrat – kann sich aber auch einzelne Unternehmensbereiche ansehen. Hier einige Beispiele, quer durch das gesamte Unternehmen, die einen guten Einblick in den Stand des Unternehmens geben können und eine Beurteilung ermöglichen, inwieweit der Geschäftsführer die Zielsetzungen in seiner Stellenbeschreibung erfüllt. Eine solche Prüfung kann beinhalten:

- Nachfragen zur letzten eigenen Dienstaufsicht durch den Verwaltungsrat;
- einen allgemeinen Gedankenaustausch mit dem Geschäftsführer über die Unternehmensführung, über Kompetenzfragen, über dessen Mitarbeiter und die generelle Zusammenarbeit. Was funktioniert nicht gut?
- Eine Prüfung der Umsetzung von Entscheidungen der Unternehmensleitung,
- die Durchsicht von Besprechungsprotokollen,
- eine gemeinsame Analyse: des letzten Betriebsvergleichs, der Mitarbeiterbeurteilungen, der Ergebnisse von Prämiensystemen, deren Nutzen und Erfolge;
- die Analyse von Arbeitsgerichtsprozessen und Investitionsentscheidungen sowie der Fluktuation bei bestimmten Mitarbeitergruppen.
- Fragen zum Wissen des Geschäftsführers über bestimmte Unternehmenssachverhalte oder bestimmte Leistungszahlen, die er eigentlich kennen müßte,
- die Bearbeitung von Kundenreklamationen und
- die Beurteilung neu angemieteter Läden,
- Besuche des Geschäftsführers, der Verkaufsleiter und Bezirksleiter in den Läden und Analyse ihrer Feststellungen;
- eine Durchsicht und Beurteilung der Dienstaufsichten verschiedener Mitarbeiter, um festzustellen, wie in der Gesellschaft mit den Führungstechniken gearbeitet und welcher Führungsstil praktiziert wird. Damit ist auch ein Rückschluß auf das Betriebsklima möglich.
- Eine Analyse bestimmter Kostenarten in einem bestimmten Zeitraum sowie
- eine Analyse der Fahrtennachweise von Lkw,
- die Organisation der Lagerabteilungen,

- eine Besichtigung und Beurteilung der Läden in verschiedenster Hinsicht (Kassenabwicklung, Sauberkeit einschließlich der Nebenräume, Dispositionsverhalten, Frischekontrollen und vieles mehr).

Die Ergebnisse sollten zunächst einfach beschreibend festgehalten werden. Eine anschließende Bewertung kann erfolgen, wenn sich der Prüfungspunkt dafür eignet. Aus den Gesprächen während der gemeinsamen Prüfungen mit dem Geschäftsführer können sich nützliche Erkenntnisse auf beiden Seiten für die Führung der gesamten Unternehmensgruppe ergeben. Eine solche Prüfung sollte sozusagen in einem freundschaftlichen Verhältnis stattfinden, nicht in einer Geheimaktion. Dabei muß den Prüfenden selbstverständlich klar sein, daß Fehlerfreiheit nicht möglich ist und daß neue Erkenntnisse oft auch nur aus Fehlern abgeleitet werden.

Man sieht, daß die Prüfungen sehr ins Detail gehen können. Aber diese umfassenden Stichprobenprüfungen, die der Verwaltungsrat der ALDI-Gruppe regelmäßig in den Betrieben durchführt, geben ein gutes Bild über das Unternehmen und seine Führungsmannschaft ab. Das Augenmerk richtet sich dabei auf die Vermeidung von Verschwendung aller Art im Sinne des japanischen »Muda«, das heißt, Leitgedanke muß sein: Wo kann etwas verbessert werden? Wo können Fehlentwicklungen vermieden werden? Stichprobenkontrollen sind viel wirkungsvoller und billiger als permanente Kontrollsysteme und Routineprüfungen.

Nochmals sei an dieser Stelle daran erinnert, daß manch große oder kleine Katastrophe in Unternehmen hätte verhindert werden können, wenn so gearbeitet worden wäre. Auch die Risiken der Deutschen Bank mit den Krediten an den Immobilienspekulanten Jürgen Schneider hätten mit einer intelligenten Stichprobenkontrolle eingeschränkt werden können. Das Vorstandsmitglied Jürgen Krumnow sagte im Prozeß vor dem Frankfurter Landgericht aus, er müsse davon ausgehen, daß alle Einzelheiten selbstverständlich einer Prüfung unterzogen worden seien. Alles andere wäre Mißtrauen gegenüber den Mitarbeitern, die ihm diese Unterlagen vorgelegt hätten. Ich halte diese Haltung für grundlegend falsch. Die führenden Mitarbeiter der Deutschen Bank haben Anspruch darauf, daß sich ihr Vorstand für die Art der Ausführung ihrer Arbeiten interessiert und diese auch einmal selbst formal prüft. Das hätte interessante und erkenntnisreiche Gespräche über das Kreditverhältnis geben können. Arbeit im Detail, keine Angst vor Kontrollen. Kontrolle heißt nicht Mißtrauen, Fehlersuche oder Abstrafen. Bei ALDI ist die Dienstaufsicht und die Delegation ein wesentlicher Erfolgsfaktor gewesen. Größere Katastrophen haben sich nicht ereignet.

Sehr oft empfinden Vorgesetzte die Pflicht zur Kontrolle als unangenehmer als ihre Mitarbeiter, als lästige Pflicht[20]. Auch in der Durchführung fühlen sich viele überfordert. Die Gründe für diese Widerstände liegen tief: Führungskräfte haben Angst vor unangenehmen Gesprächen zur Klärung von Sachverhalten und wissen nicht, wie sie die eventuell notwendige Kritik an Mitarbeitern aussprechen sollen. Oft sind sie nicht in der Lage, die fachliche Leistung ihrer Mitarbeiter zu beurteilen ihr eigenes fehlendes Fachwissen wird deutlich, sie sind oft nicht ausreichend informiert über den Aufgabenbereich ihrer Mitarbeiter. Besonders unsicher sind Vorgesetzte, wenn sie das Führungsverhalten ihrer Mitarbeiter beurteilen sollen, eine der wichtigsten Aufgaben eines Vorgesetzten. Der Verzicht auf Kontrolle und Kritik wird zur Flucht aus der Verantwortung.

Einige Monate nach einem Vortrag über dieses Kontrollsystem rief mich der Produktionsleiter eines bekannten Maschinenbauunternehmens an. Er habe jetzt einige Zeit nach meinen Vorschlägen gearbeitet. Und seine schönste Erfahrung war: »Ich habe wieder eine engere und echte Beziehung zu meiner Arbeit und zu meinen Mitarbeitern gewonnen.« Für mich war das ein schönes Dankeschön.

Vorgesetzte müssen, um ihrer Aufgabe und Verantwortung gerecht zu werden, Kontrolltechniken lernen. Hier ergeben sich auch wichtige Ansatzpunkte für die Verantwortung und die Aufgaben der Aufsichtsräte in Aktiengesellschaften.

Das Harzburger Modell, wie es bei ALDI angewendet wird, wurde in den späteren Jahren sehr kritisiert, und es galt bald als verpönt in der modernen Managementkultur. Die eigentliche Kritik richtete sich jedoch gegen einen überzogenen bürokratischen Aufwand, der meines Erachtens auch völlig überflüssig war. Er entstand aus der bei solchen Akademien leicht sich herausbildenden »Geschäftstüchtigkeit«: Man will immer noch mehr, etwas Neues, ein neues Angebot, noch etwas Wichtiges. ALDI hat so bürokratisch kaum gearbeitet.

Praktische Linienarbeit statt theoretischer Stabsarbeit

Eindeutige Linienorientierung ist ein ganz entscheidender Unterschied zwischen ALDI und solchen Unternehmen, die mit Stabsstellen für bestimmte Fachaufgaben arbeiten. Bei ALDI gibt es keine Stabsstellen - aus gutem Grund: Stabsarbeit ist überflüssig. Es ist erheblich effektiver, alle Aufgaben in die Linie zu geben, in die Praxis, vor allem die unmittelbare Verantwortung für die praktikable Umsetzung und Anwendung. Die Mitarbeiter dort haben dadurch die direkte Testmöglichkeit, ohne vorher jemanden fragen zu müssen. So werden Zeitverluste und langwierige Umsetzungsprozesse vermieden. Hinzu kommt, daß es bei einer solchen Struktur weniger Akzeptanzprobleme bei Neuerungen gibt, als wenn diese von den Theoretikern an den Schreibtischen der Zentralen kommen.

Neue Vorschläge bei ALDI wurden früher auf Zusammenkünften der jeweiligen Gruppe, wie zum Beispiel der Lagerleiter, diskutiert und zum Einsatz vorgeschlagen. Alle Geschäftsführer erhielten Protokolle solcher Besprechungen, so daß sie sich von allen diskutierten Punkten ein eigenes Bild machen konnten, und sei es nur, um später die Umsetzung im eigenen Betrieb überprüfen können. Angelegenheiten von weitreichender Bedeutung, für die ein Lagerleiter keine ausreichende Kompetenz hat, werden der Geschäftsführerbesprechung vorgelegt, die darüber entscheidet. Inzwischen hat man solche Zusammenkünfte von Lagerleitern und Verkaufsleitern abgeschafft, das Prinzip funktioniert aber immer noch ähnlich.

Helmut Maucher, Nestlé-Verwaltungsratsdelegierter, hat in einem Vortrag[21] zu diesem Thema das bestätigt, was bei ALDI von jeher Praxis ist:

> »Jeder, der nicht weiß, was er will, braucht ein Heer von Stäben, das ihm aufschreibt, was er wollen soll. Da mag man gewisse Abteilungen fragen ›Are you helping us with the solution, or are you part of the problem?‹ Wir haben zu viele Experten, die genau analysieren, warum alles so schlecht ist, ohne einen einzigen Vorschlag zur Verbesserung zu machen und diesen auch durchzusetzen.«

Eine in manchen Handels-Unternehmen als unverzichtbar geltende Stabsstelle ist die Revisionsabteilung, die Kontrollen im Ladenbereich ausführt, um die Linienmitarbeiter – Bezirksleiter und Verkaufsleiter – zu entlasten. Sie werden aber nicht nur von ihrer Arbeit entlastet, sondern auch von ihrer Verantwortung, und das ist die entscheidende Fehlkonstruktion. Die Vorgesetzten selbst müssen über ihre Dienstaufsicht Läden und Mitarbeiter kontrollieren und mit ihnen vertrauensvoll zusammenarbeiten. Sie brauchen keine Agenten, die ihre Kooperationen stören, noch dazu mit unvollkommenem Wissen und unzureichenden Informationen. Auch der Sinn von Controlling-Abteilungen ist fraglich. Diese Stabsarbeit sollte besser auf die jeweiligen Linienmanager übertragen werden. Das Rechnungswesen oder eine Statistikabteilung kann die Basisdaten liefern.

Entscheidend bleibt, daß die praktisch und verantwortlich Tätigen an den Lösungen arbeiten. Allein ihre unmittelbare Verantwortung in der täglichen Ausführung ist eine Garantie für verantwortungsbewußte Überlegungen und

Vorschläge. Sie sind es schließlich, die die Folgen in der täglichen Praxis zu tragen haben.

Viel Verschwendung könnte in Unternehmen vermieden werden, wenn die Mitarbeiter zum Beispiel auch in Qualitätszirkel einbezogen würden. Dazu nur ein Beispiel: Ein bedeutendes Bootsbauunternehmen hat einen wichtigen Großauftrag auszuführen. Es ist unter enormem Zeitdruck und alles spricht dafür, daß die Einhaltung der Termine unmöglich ist. Die praktisch tätigen Mitarbeiter kennen die Gründe für Verzögerungen und die Möglichkeiten für die Beschleunigung. Aber sie werden nicht gefragt. Also wurschtelt man weiter. Für dieses Projekt benötigt die Firma schließlich eine Bauzeit von eineinhalb Jahren. In einem kanadischen Konkurrenzunternehmen wird exakt das gleiche Projekt in nur fünf Monaten abgeschlossen. Der einzige Grund für den Unterschied in der Bauzeit: eine intelligentere Organisation. Über deren Einzelheiten wußten auch die Mitarbeiter der deutschen Firma ziemlich genau Bescheid. Nur wurden sie nicht gefragt. Verantwortung und Kompetenz lagen nicht bei ihnen, sondern bei der Planungsabteilung und bei der Geschäftsleitung. Das Beispiel verdeutlicht, was einzelne Unternehmen noch schaffen können.

Linienmanager haben anders als eigens eingerichtete Stabsstellen nicht die Zeit für umfangreiche schriftliche Ausarbeitungen. Klarheit und Verständnis wird durch kurze Berichte gefördert. Kurze Berichte zwingen dazu, mit einem Blick für das Wesentliche die Sachverhalte zu durchschauen. Die oft empfohlenen »One-Page-Memos«, die Berichte auf nur einer Seite, enthalten weniger Zahlen, über die man zu diskutieren hätte. Wenige Zahlen lassen sich leichter auf ihre Zuverlässigkeit prüfen, sie geben mehr Vertrauen. Der amerikanische Schriftsteller John Steinbeck hat einmal gesagt: »Der erste Schritt, eine Novelle zu schreiben, muß sein, den Zweck mit einem einseitigen Statement auszudrücken«.

Bei ALDI gibt es nur wenige, fast an einer Hand abzählbare Statistiken. Sie sind einfach, überschaubar und verständlich, überhaupt nicht wissenschaftlich. Nur die nötigsten Daten werden für das interne Kontroll- und Informationssystem aufbereitet. Man sieht immer noch den Wald trotz furchtbar vieler Bäume.

ALDI braucht keine Datenerhebungen und Analysen zur Ermittlung der »direkten Produktrentabilität« eines jeden Artikels. Bei ALDI weiß man, welche Informationen für das Geschäft wichtig sind, und auf diese kann man sich konzentrieren. Während die Mitbewerber noch kräftig ihre Zahlenkolonnen analysieren oder wochenlang die wichtigsten Mitarbeiter mit der Budgetplanung beschäftigen, ist ALDI mit dem Denken schon lange fertig und hat alles in die Tat umgesetzt.

Es ist fast unglaublich, wie schwer es vielen Führungskräften fällt, mit wenigen wesentlichen Daten ihre Ziele zu verfolgen. Dank moderner Analyseinstrumente und hochentwickelter Datenverarbeitungstechniken kann man heute alle nur denkbaren Daten erhalten und sie in jeder denkbaren Kombination miteinander verbinden. Und sich daran wunderbar im warmen Büro festhalten. Viele Manager lieben es, mit großen Zahlenmengen theoretische Erwägungen anzustellen. Der Lagerleiter einer ALDI-ähnlichen Organisation liebt seinen Personalcomputer, den er für seine Aufgaben gar nicht braucht. In vielen Konzernzentralen machen sich Handelsmanager noch immer ein Bild von ihrem Kunden in Form von Marktanteilen, Durchschnittseinkäufen und Kundenbonanalysen aus den Scannerkassen, die Aufschluß über Umsätze zu verschiedenen Tageszeiten und an verschiedenen Standorten geben. Man beschäftigt sich mit Regaloptimierungsprogrammen und Kundenlaufstudien. Doch *warum* der Kunde was kauft, bleibt unbekannt.

In den überall sehr umfangreichen Controlling- und Planungsabteilungen und in den Führungsetagen, die sich mit der Interpretation von Statistiken beschäftigen, sollte eine tiefgreifende Einsicht des deutschen Physik-Nobelpreisträgers, Gerd Binnig (Tunnelraster-Mikroskop) bedacht werden:

»Kreative Leistungen erfordern auch ein gewisses Maß an Dummheit.«

Gemeint ist hier »Dummheit« im Sinne des Verzichts auf Informationen. Wer sich mit viel Wissen vollstopft, kann zwar Vorhandenes sehr gut verstehen, aber kaum noch Neues schaffen.

Daten gibt es genug, allein es fehlt an Informationen. Wie erhält man aber entscheidungsrelevante Informationen aus zigtausend Daten? So werden zum Beispiel immer wieder bessere Informationen über Kostenstrukturen gefordert. Viele kunstvolle Versuche werden unternommen, Kosten nach scheinbar intelligenten Methoden auf Kostenträger und Kostenstellen verteilt. Im Handel boomte einige Jahre die »Direkte Produkt-Rentabilität« (DPR), ein System, das viele Manager in Handel und Industrie in die Irre leitete. Unendliche Datenmengen wurden und werden heute noch gesammelt, aufbereitet und zur Entscheidungsfindung herangezogen. Wie sich inzwischen gezeigt hat, ohne Erfolg. Man hat die »Direkte Produkt-Rentabilität« inzwischen stillschweigend zu Grabe getragen. Wie sah dieses Konzept aus?

Exkurs: Direkte Produkt-Rentabilität

In den USA erfunden, in Deutschland von der Rewe-Leibbrand intensiv gepflegt, von aktiven Herstellern begleitet übte DPR einige Zeit eine ähnliche Faszination auf Handelsmanager aus wie heute die »Efficient Consumer Response« (ECR). Die Kenntnis der Produkt-Rentabilität sollte das geeignete Kriterium bei Entscheidungen über die Sortimentspolitik abgeben. Im wesentlichen also geht es darum, Artikel mit hohen Gewinnen zu führen und jene mit niedrigen zu eliminieren. Auch sollte DPR das Sortiment sowie die Kosten- und Ertragsstrukturen des Betriebes transparent machen. DPR ist eine Kostenträgerrechnung, mit der man Erlöse und Kosten eines Artikels ermitteln und diesem direkt zurechnen will. Zugerechnet werden Lager- und Fuhrparkkosten, also Logistikkosten, die Miete des Ladens, die Einrichtungskosten des Ladens, die Personalkosten, die Zinsen für den Warenbestand und auch noch die Energiekosten.

Solche Versuche sind in der Betriebswirtschaft überhaupt nichts Neues. Vielfach braucht man in Unternehmungen Grundlagen für die Preispolitik. Aber fast überall wird der Preis vom Markt bestimmt. Zudem hat man im Lebensmittelhandel mit den Beschaffungskosten, also den Einkaufspreisen, schon 70 bis 80 Prozent der Kosten eines Artikels direkt erfaßt und zugerechnet. Ob es da sinnvoll ist, die Miete eines Ladens von 2 Prozent oder die Fuhrparkkosten von 0,8 Prozent einem einzelnen Artikel zuzurechnen ist sehr fraglich. Davon abgesehen ist schon rein theoretisch eine korrekte verursachungsgerechte Kostenzurechnung nicht möglich oder sogar unzulässig. Die Miete eines Ladens wird als Fixkosten unabhängig vom Sortiment oder gar von der Umschlagshäufigkeit eines Artikels gezahlt.

Allenfalls die in einem Laden größte Kostenart, die Personalkosten, wären einigermaßen verursachungsgerecht zuzuordnen. Im Supermarkt machen Personalkosten bis zu 14 Prozent vom Umsatz aus. Zur Zurechnung der Personalkosten auf Artikel oder Artikelgruppen habe ich vor vielen Jahren eine Formel entwickelt, die 1967 in der konsumgenossenschaftlichen Zeitschrift *Der Verbraucher* veröffentlicht wurde. Die Personalkosten sind abhängig vom zu bewegenden Bestand (ausgedrückt in Regalmetern) und von der Häufigkeit der Bewegung (ausgedrückt in der Umschlagshäufigkeit):

$$Z = Z \times \frac{UHY \times My}{UHy \times My + UHs\text{-}y \times Ms\text{-}y}$$

Z	=	Personalkosten der Artikelgruppe y
z	=	absolute Personalkosten des Ladens ohne Bedienungsabteilungen
UHy	=	monatliche Umschlagshäufigkeit der Artikelgruppe y
UHs-y	=	monatliche Umschlagshäufigkeit des Gesamtsortiments ohne Bedienung und ohne Artikelgruppe y
My	=	Regalmeter der Artikelgruppe y
Ms-y	=	Regalmeter des Gesamtsortiments ohne Bedienung und ohne Artikelgruppe y

Unabhängig von den theoretischen und praktischen Schwierigkeiten aber bleibt die wichtigste Frage die nach dem Sinn solcher Akrobatik. Auch tummelten sich Beratungsunternehmen und das Food Marketing Institute FMI in Amerika, um dem Handel nachzuweisen, welch bahnbrechende Entwicklung hier stattfindet, die revolutionär und unbedingt notwendig ist, um in der Zukunft am Markt bestehen zu können.

Computer wurden mit umfangreichem Datenmaterial gespeist, doch sie beantworteten nicht die Frage, nach welchen Kriterien wirklich Sortimente gebildet werden. Da ist zunächst das Unternehmenskonzept entscheidend, das auch die Frage zu beantworten hat, warum die Kunden überhaupt in einen bestimmten Laden kommen sollen.

Aus der Antwort darauf ergeben sich bereits ziemlich konkrete sortimentspolitische Überlegungen. Der Einkäufer verhandelt dann mit Lieferanten und entscheidet sich für einen bestimmten Artikel zu einem bestimmten Einkaufspreis. Es ist völlig unvorstellbar, daß die von der Dose »Erbsen Extra Fein« verursachten Miet- oder Energiekosten oder selbst die Personalkosten und die von ihr beanspruchten 20 Zentimeter Regalboden irgendeinen Einfluß auf die Entscheidung haben könnten. Selbst für die Preispolitik wäre es ziemlich egal, ob die Dose Erbsen 8 Prozent Ladenkosten verursacht und das Paket Windeln 17 Prozent. Marktpreise können nun einmal nicht ignoriert werden. Schon manches Unternehmen hat sich mit falschen Kalkulationen und unzweckmäßigen Kostenrechnungen aus dem Markt »herausgerechnet«. Das ist offenbar auch der Grund, warum die Direkte Produkt-Rentabilität nach wenigen Jahren wieder begraben wurde.

DPR hat zunächst alle elektrisiert – nur einen nicht: ALDI. ALDI hat das Geschehen noch nicht einmal wahrgenommen, weil sich das Unternehmen mit Themen beschäftigte, die zur Erhöhung der Umsätze oder zur Senkung der Kosten tatsächlich geeignet sind. ALDI ist sicher eher unbewußt dem Gedanken von Gerd Binnig gefolgt: Nicht zu viele Zahlen und Analysen, lieber über die konkreten Zusammenhänge nachdenken und darüber, wie man mit dem Kunden mehr Umsatz machen kann.

In vielen Unternehmen gehen die Zeiten ausufernder Analysen jedoch allmählich dem Ende entgegen. Man wird schlanker, das mittlere Management verliert manche Aufgabe und manchen Arbeitsplatz. Weniger Zeit für die eigenen Aufgaben kann hilfreich sein, wenn sie wirklich die Beschäftigung mit dem Wesentlichen und den Prioritäten erzwingt, weil es anders gar nicht mehr geht. Sinnvoll wäre es, Mußestunden zu gewinnen für Gespräche mit Mitarbeitern und Kollegen. In manchen Unternehmen macht sich eine neue Unart breit. Gespräche werden ersetzt durch eine e-mail-Kommunikation zwischen Vorgesetzten und Mitarbeitern. Zur Beschränkung auf das Wesentliche gehört allerdings auch der Verzicht auf die vielen endlosen Besprechungen. Daniel Goeudevert schlägt deshalb sogar vor, die vielen Sitzungen durch »Stehungen« zu ersetzen. ALDI hat inzwischen die Besprechungen und Erfahrungsaustausche zwischen den Führungskräften gleichartiger Bereiche, wie zum Beispiel der Verkaufsleiter, abgeschafft. Sogar die früher wichtigen Besprechungen des Zentraleinkaufs mit den regionalen Einkäufern finden nicht mehr statt. Die Einkäufer treffen sich dafür jetzt informell an Wochenenden, und es finden sich Lieferanten ein, die für Gesprächsstoff und das leibliche Wohl sorgen können. Dies ist im übrigen ein Beispiel dafür, wie organisatorische Änderungen, nämlich der Verzicht auf derartige Besprechungen, sich negativ auswirken können; oder auch, was gute organisatorische Lösungen leisten können. In diesem Fall müßte ALDI darüber nachdenken, wie es ein sinnvolles Maß an Kommunikation zwischen Führungskräften gestalten will.

Zum kargen Informationswesen bei ALDI gehört auch, daß Mitarbeiter nur über das informiert werden, was ihren Arbeitsbereich unmittelbar angeht. Das widerspricht vielleicht manchem modernen Ansatz der Mitwirkung, gehört aber zur ALDI-Kultur. Erreicht hat ALDI damit, daß Mitbewerber und Öffentlichkeit nur wenig exaktes Material über die ALDI-Gruppe haben und außer den Mitgliedern der Verwaltungsräte in Essen und Mülheim kaum jemand weiß, welchen Umsatz beide Gruppen heute erzielen, in Deutschland oder im Ausland. Heute mag das im Prinzip egal sein, für die ersten Jahre kann das als wettbewerbsentscheidend angesehen werden. Viele Mitbewerber schüttelten über dieses Verkaufskonzept einfach nur den Kopf. Wenn sie gewußt hätten, welche Zahlen dieser Unsinn hervorbrachte, dann hätte mancher sicherlich anders reagiert, als den Kopf in den Sand zu stecken oder voller Überheblichkeit zur Tagesordnung überzugehen.

Statistiken und interner Wettbewerb: ALDIs internes Benchmarking

Ein wesentliches Führungsmittel war immer wieder, allen Mitarbeitern in Gesprächen, Besprechungen oder über die Stellenbeschreibungen deutlich zu machen, daß maximale Leistungen und kontinuierliche Verbesserungen erwartet wurden. Diese Leistungen wurden auch gemessen, zum Beispiel in Produktivitätskennzahlen wie Umsatz pro Mitarbeiter in Laden, Lager, Fuhrpark sowie Betriebs- und Zeitvergleiche über alle Leistungs- und Kostengrößen zwischen einzelnen Abteilungen oder Verkaufsbezirken oder zwischen den verschiedenen ALDI-Gesellschaften. Auch der Zeitvergleich mit Vormonaten und Vorjahren ist wesentliches Steuerungsinstrument, bei dem zusätzlich zum Betriebsvergleich die relativen Entwicklungen verfolgt und bewertet werden können.

Dadurch entsteht ein Wettbewerb, der die Maßstäbe setzt und jede Controllingabteilung oder sonstige Sollwert-Ermittlungen sowie Budgets und Planungsvorgaben überflüssig macht. Bei Ist-Zahlen-Vergleichen werden Tatsachen mit Tatsachen verglichen und nicht Wunschzahlen und Prognosen auf der einen mit Echtzahlen auf der anderen Seite. Umsatz und Kosten, ausgedrückt in Geld, sind nützliche Maßstäbe. Und es ist sinnvoller, wenige Zahlen sorgfältig zu betrachten und zu hinterfragen, als Zahlenmassen vom Computer in alle denkbaren Beziehungen zu bringen. Maschinell erstellte Zahlenfriedhöfe sind zur Unternehmensführung nicht geeignet.

Menschen mögen Leistung, weil sie ihren Tätigkeiten Sinn verleiht, zumal, wenn sie mit Erfolgen verbunden sind. Wenn ein Unternehmen diesen Sinn vermitteln kann, die Leistungen feststellt und anerkennt, dann ist ein weiteres kulturelles Element geschaffen. Schließlich finden diese Leistungen ihren Niederschlag in einer hohen Wettbewerbsfähigkeit der ALDI-Gruppe und in einer hohen Akzeptanz am Markt und bei den Kunden. Das macht Sinn, und das kann stolz machen auf die eigene Leistung. Es wurde sogar gesagt, daß ALDI in früheren Jahren nennenswert positiv die Inflationsrate in der Bundesrepublik beeinflußt habe. Darauf können Mitarbeiter stolz sein, denn es war ihre Leistung.

Wie ALDI handelte, das läßt sich auch auf andere Unternehmen übertragen:

- einfache und klare Übersichten der Basisdaten anfertigen,
- keine Umlagen,
- keine Verteilungsschlüssel.
- Dafür Maßstäbe suchen wie Zeitvergleiche oder Vergleiche von Betrieben oder Betriebsstellen.

Nicht die Versicherungsrechnungen, die im Januar für das ganze Jahr eingehen, auf die zwölf Monate verteilen, sondern sie im Januar in der Erfolgsrechnung zeigen. Dann wird dem Bilanzleser deutlich, was ist. Er wird aufmerksam und kann die passenden Fragen stellen. Der Sachverhalt wird nicht nivelliert und damit so undeutlich gemacht, daß er nicht mehr wahrgenommen wird. Ein solcher Ausweis in Statistiken und Bilanzen veranlaßt dazu, einmal in die Rechnungen selbst hineinzugehen.

Auch bei Datenaufbereitungen sollte strategisch vorgegangen werden. Zielrichtungen sind festzulegen, Erkenntnismöglichkeiten zu definieren. Kurz: Weniger ist mehr.

Fraglich ist, ob aus der »totalen« Analyse von Kundenbons mit Millionen von Daten wirklich praktisch umsetzbare Erkenntnisse abzuleiten sind. Letztlich müssen Menschen die durch Datentechniken konstruierten Verbindungen zur Kenntnis nehmen und Entscheidungen treffen. Die Analysemöglichkeiten gehen gegen unendlich. Aber Schlußfolgerungen müssen für Menschen, die in der täglichen Arbeit dem Kunden Leistungen bieten sollen, schnell faßbar und umsetzbar sein.

Bevor man sich auf den nächsten Kilometer EDV-Ausdrucke stürzt (der ja alles erklärt ...), sollte man im Supermarkt vielleicht einmal darüber nachdenken, ob das Verkaufspreisverhältnis zwischen Jacobs-Krönung 500 g und 250 g wohl zweckmäßig ist, wenn man die Unternehmensziele oder das Thema Single-Haushalte oder absoluter Rohertrag insgesamt betrachtet.

In vielen Geschäften finden wir folgende Preisrelationen:

Jacobs Krönung 500-g-Paket 7,99 DM
100 Gramm = 1,60 DM
Jacobs Krönung 250-g-Paket 6,49 DM
100-Gramm-Preis = 2,60 DM.

Nach Abzug des Einkaufspreises ergeben sich für den Laden folgende absoluten Margen jeweils pro 100 Gramm:

Jacobs Krönung 500-g-Paket 20 Pfennige
Jacobs Krönung 250-g-Paket 46 Pfennige.

Es erfordert also Nachdenken, Detailarbeit und vor allem Kreativität, sich die Frage zu stellen, welches die richtige

Preispolitik ist. Wenn es ohnehin wahr ist, daß es einen Trend zu Ein-Personen-Haushalten gibt, wenn es auch notwendig erscheint, die kleine Packung zu führen, wenn außerdem der Verkaufspreis der großen Packung durch scharfen Wettbewerb gegeben ist, dann könnte es richtig sein, den Verkaufspreis der kleinen Packung zu senken um bis zu DM 0,65 bis zum theoretischen Minimum von DM 5,84. Jeder Kunde, der zusätzlich von der großen zur kleinen Packung übergeht, würde den Gesamtgewinn erhöhen (Mehrwertsteuerfragen wurden zur Vereinfachung außer acht gelassen). Außerdem würde das Preisimage des Ladens dadurch eher begünstigt werden. Nur wenn der heutige Absatz der kleinen Packung sehr hoch wäre (was nicht der Fall ist - ganz im Gegenteil), müßten noch andere Überlegungen angestellt werden.

Interessanterweise aber sehen die entscheidenden Partner auf Industrie- und Handelsseite noch immer nicht die Zusammenhänge. Auf der ECR-Konferenz in Amsterdam 1997 haben Kraft Jacobs Suchard und Rewe in einem gemeinsamen Category-Management-Projekt, gesteuert von der Unternehmensberatung Roland Berger, die Warengruppe Kaffee unter die Lupe genommen: mit dem sehr fragwürdigen Ergebnis, die Kaffeesorten einzuteilen in die Strategien »Frequenzbringer« (500-g-Packungen) und »Profitgenerierung« (250-g-Packungen).[22] Das obige Beispiel zeigt, daß es mit der Profitgenerierung Probleme gibt, die beide Partner - möglicherweise völlig unstrategisch noch nicht gesehen haben.

Generelles Nachdenken über prinzipielle Fragen wie zum Beispiel über preispolitische Zusammenhänge - ohne die Belastung durch Zahlenkolonnen - ist also ebenso notwendig, wie Phantasie und Vorstellungskraft zu entwickeln darüber, wie Kunden auf eine solche veränderte Preispolitik reagieren könnten. So läßt sich die Aussage des Physikers Binnig für den Lebensmittel-Einzelhändler übersetzen.

Überall gibt es zahllose Fragen, die kreative Antworten brauchen. Sie gehören in den Mittelpunkt des Geschäfts. Ihre Behandlung entscheidet über die Zielerreichung. Jede kleinste zielbezogene Fragestellung ist wichtig und macht letztlich den Erfolg aus. Dieses Denken beherrscht ALDI. Die anderen beschäftigen sich zu sehr damit, ihre so wichtigen Planungs-, Informations-, Koordinations-, Kommunikations-, Marketing-, Vertriebs- und sonstigen Systeme zu pflegen und zu optimieren.

Datenmassen analysieren oder unabhängig denken

Nie zuvor konnten Manager auf ein größeres Datenvolumen zurückgreifen – und selten fühlten sie sich schlechter informiert. Genau das ist das Thema! Nachdenken und Phantasieren sind die Notwendigkeiten! Und das gelingt besser, wenn ein Unternehmen keine Stabsstellen zum Nachdenken hat und vor allem keine Stabsstellen zum Analysieren von Datenbergen. Stabsstellen produzieren ungefragt drauflos. Neuerdings wurde das sogenannte Data Warehouse entwickelt, im Grunde eine nur noch umfangreichere Datenbank. Die Computerentwicklung schafft diese Möglichkeiten. Es gibt fast keine theoretisch denkbaren Daten, die man nicht auch über die Computer erfassen, speichern und weiter verarbeiten kann. Bei Wal-Mart, dem größten Handelsunternehmen in der Welt, funktioniert das Data Warehousing bereits. Dieses System soll die größte kommerzielle Datenbank der Welt sein. Wenn die Wal-Mart-Manager dabei auf lange Sicht nur nicht ihre Ziele aus den Augen verlieren und ihre Phantasie in Zahlenkolonnen verschüttet wird. Daten erzeugen neue Daten, sagt man bei Wal-Mart. Sehr richtig gesehen!

Empfehlenswert ist es, daß auch Geschäftsleitungen sich damit befassen, welche Statistiken das Unternehmen produziert. Jede Statistik muß angefertigt und von irgend jemandem, meistens sogar von vielen, gelesen werden. Das kostet Zeit und Geld. Manche Statistiken veranlassen sogar zu falschen Schlußfolgerungen, weil ihre theoretische Anlage fehlerhaft ist. Es kann angebracht sein, die Herstellung bestimmter Statistiken sogar einfach zu untersagen.

Die Lösung ist auch: Mut zur Lücke. Selber denken und probieren! Da kommt man gemeinsam schon auf das Wesentliche und Machbare, und zwangsläufig wird das Nebensächliche weggelassen. Und man wird schneller mit dieser Arbeitsweise. Alles ist mit Risiko verbunden. Aber schnell und zielgerichtet zu handeln, ist besser, als alles und jedes endlos zu prüfen. Daher der Hinweis auf den Mut zur Lücke, auf die Bereitschaft, auch mal etwas weglassen zu können und nicht immer alles vollständig prüfen zu müssen. Das erfordert Mut und Risikobereitschaft, natürlich in Verantwortung.

Weniger Zahlen zwingen zum Nachdenken und dazu, sich mit dem Artikel als solchem, mit dem Kunden und mit dem Laden an sich zu beschäftigen. Mit den Annahmen, die man sich zum Kundenverhalten vorstellen kann. Danach dann ist es sinnvoll, sich die vorhandenen, möglichst einfach aufbereiteten Zahlen anzusehen. Jede Zahl führt dann schon wieder zu interessanten neuen Fragestellungen. Leicht begibt man sich in eine Scheinwelt und in Sackgassen, wenn man zu zahlengläubig wird. Zu jeder Zahl gehören ja auch die konkreten Umstände, die zu ihrer Entwicklung beigetragen haben.

Neue Artikel aufzunehmen oder vorhandene aus dem Sortiment zu streichen, sollte im Systemzusammenhang »Sinn der Sortimentszusammenstellung« gesehen werden. Zu einem klaren Bild führt es in der Regel, wenn zunächst diese Überlegungen angestellt werden und dazu viele Fragen aufgeworfen werden. Dann erst sollte ein kleines eindeutiges Zahlenmaterial zur Abrundung der Entscheidung herangezogen werden. Zum Beispiel Absatzmengen, Umsatz, Einkaufspreise. Aber immer mit Vergleichszahlen als Maßstab.

Das Waschmittel-Beispiel (vergleiche Abschnitt »Kluge Selbstbeschränkung im Sortiment«) kann auch besser zunächst ohne irgendwelche Zahlen diskutiert werden. Die Frage ist, ob es im Rahmen der Sortimentspolitik sinnvoll ist, Omo in den Größen 2 kg, 3 kg oder 4 kg zu führen. Es kann überlegt werden, was für den Kunden besser ist. Welchen Preisvorteil kann er haben? Ist für ihn ein höheres

Gewicht unter Transportüberlegungen ein Hindernis? Welche Gewichtsklassen führt die Konkurrenz? Will man im Sortiment eher eine niedrigere Artikelzahl haben (zum Beispiel, weil man ein Discountgeschäft betreibt)? Welche Alternativen von anderen Marken mit ähnlichen oder anderen Gewichten gibt es außerdem im Sortiment? Mit welcher Strategie kann man beim Kunden den größten Erfolg erzielen? Was wünscht der Kunde wirklich?

Es ist auch interessant zu fragen, ob man sich die Artikelumsätze des Unternehmens monatlich (oder sogar wöchentlich) oder lieber quartalsweise ansehen sollte. Ich plädiere eher für das Quartal. Entwicklungen vollziehen sich grundsätzlich nicht sehr kurzfristig. Kurze Perioden können Verfälschungen bringen. Die Politik des Unternehmens, hier die Sortiments- und Preispolitik, sollte grundsätzlich und daher längerfristig konzipiert sein, so daß kurzfristige Änderungen und hektischer Aktionismus vermieden werden. Und außerdem – fast ein Kernpunkt: monatlich bedeutet gegenüber quartalsweise die dreifache Datenmenge. Das kann dann zu oberflächlicher Arbeit im gesamten Sortiment führen, oder es werden wieder Assistenten, Stabsmitarbeiter und andere mit der Analyse beauftragt. Der große Vorteil bei ALDI mit einem System geringerer Datenmengen ist, daß sich die »Chefs« das auch selbst ansehen können und müssen.

Ein in fast allen Unternehmen aller Branchen auf der ganzen Welt bekanntes Phänomen ist die Budgetrechnung, die zahlenmäßige Planung des nächsten oder der nächsten Jahre im Unternehmen. Manche haben diese Planungsrechnungen bezeichnet als das Spielzeug der Topmanager. Der Zufall wird hier durch Irrtum ersetzt. Alle tun es so. Dann muß es richtig sein? ALDI tut es nicht. Macht ALDI einen Fehler? Dies ist in allen Unternehmen ein solch wesentliches Thema, hier gibt es zu ALDI einen solch fundamentalen Unterschied, daß eine vergleichende Gegenüberstellung sinnvoll ist. Ein Artikel des Verfassers im *Blick durch die Wirtschaft* vom 5. 8. 1994 skizziert Sinn und Unsinn von Budgets:

Exkurs: Über den Sinn und Unsinn von Planzahlen

Wir haben gerade erst die vielen Abweichungen von Plan und Ist im laufenden Geschäftsjahr dargestellt und mühsam erklärt. Wir haben Fehler und falsche Annahmen bei der Planerstellung entdeckt und Wichtiges ganz vergessen; abgesehen davon, daß uns die Wirklichkeit dorthin gelaufen ist, wo sie die Planung nicht vermutet hatte. Und jetzt ist also wieder Herbst und damit Zeit, daß wir uns mit der Planung für das nächste Jahr befassen müssen. Dabei tappen wir wieder im Ungewissen und haben auch noch keine Gewißheit, wie denn das laufende Jahr ausgehen mag. Also jonglieren wir mit Planzahlen, entwerfen wir bunte Charts und lassen uns wochenlang durch Planungs- und Budgetsitzungen von unseren Geschäften abhalten.

Natürlich ist Planung im Sinne einer Budgetierung in begrenztem Maße sinnvoll, wenn es beispielsweise darum geht, die Aufsichtsgremien über die Erwartungen für das kommende Geschäftsjahr zu informieren. Doch dafür genügt in der Regel eine Globalplanung von Kosten und Erträgen auf Basis des Vorjahres. Ebenso ist in bestimmtem Umfang nach einzelbetrieblichen Gegebenheiten eine Finanz-, Liquiditäts- und Personalplanung erforderlich.

Doch wie überflüssig die Planerei sonst ist und wieviel Aufwand vermieden werden kann, zeigt das Unternehmen, das fast alle mit ebenso viel Bewunderung wie Unverständnis bestaunen: ALDI. Dieser wohl erfolgreichste Lebensmittelfilialist der Welt zeigt, wie mit fast vollständigem Verzicht auf Planung und den damit verbundenen Aufwand ein Umsatzvolumen von über 30 Mrd. DM erwirtschaftet werden kann.

Doch statt sich auf das Wesentliche zu konzentrieren, sich um Kundeninteressen zu kümmern und Geschäfte zu machen, treiben viele den größten Aufwand mit geringstem Nutzen und verlieren sich in ihren fiktiven Zahlenwelten, die sich früher oder später zumeist in Wohlgefallen oder auch in Mißfallen auflösen. Bei ALDI wird nur mit sehr wenigen Zahlen gearbeitet, aber mit den entscheidenden, auf die wichtigsten Betriebsabläufe konzentriert. Und dabei werden keine Planzahlen verarbeitet, sondern Ist-Daten, die einfach ermittelt werden können, einfach zu verstehen sind und klare Aussagen ergeben. Bei ALDI wird deutlich, daß erfolgreiche Unternehmensführung keinesfalls die bis zum Exzeß geführten Planungsrechnungen braucht.

Ein alltägliches Beispiel aus der Praxis: Ein Vertriebsunternehmen ist in drei Verkaufsgebiete untergliedert. Im Juni ergeben sich die folgenden Abweichungen zum Plan:

Gebiet 1 (650 Kunden)	–5,2 Prozent
Gebiet 2 (750 Kunden)	–2,1 Prozent
Gebiet 3 (300 Kunden)	–6,3 Prozent

Welche Schlüsse sind nun aus diesen Ergebnissen zu ziehen? Hat Gebietsleiter 2 im Juni besser gearbeitet oder hatte er vielleicht den vorsichtigeren Planansatz? Wurden Konjunktur oder Wettbewerb falsch eingeschätzt? Warum gibt es gerade diese Unterschiede!

Bei einem einfachen Ist-/Ist-Vergleich könnte heruntergebrochen werden auf Gruppen und Einzelfälle mit stärkeren Abweichungen zum Vorjahr, zu Vormonaten oder zu vergleichbaren Gruppen oder Fällen. Hier wären mit Sicherheit Erklärungen möglich, weil dann Tatsachen mit Tatsachen verglichen würden.

Welche Ursachen für die Höhe der Planzahlen verantwortlich sind, zeigt folgendes Beispiel: Der Bezirksleiter Meier erntet das Lob seines Verkaufsleiters, weil er seinen künftigen Umsatz »unternehmerisch mutig« hoch angesetzt hat. Weil er dieses Lob erwarten konnte, plante er hoch. Bezirksleiter Müller erntet Kritik, weil er seinen künftigen Umsatz niedrig angesetzt hat. Er wird überredet, ihn zu erhöhen. Auch er hatte bereits seine Erwartungen an das Vorgesetztenverhalten. Beim nächsten Plan-Ist-Vergleich erntet Meier Kritik, weil er seine ehrgeizigen Ziele nicht erreicht hat. Müller dagegen wird gelobt, weil er seine Ziele – trotz eines vorherigen Zuschlags – überschreitet.

So oder ähnlich laufen Planungsprozesse in den Unternehmen ab. Oft werden sie mit Riesenaufwand durch Analysen und Prognosen von Stabsabteilungen wissenschaftlich »objektiviert«. Müller und Meier haben zum größten Teil die Erwartungshaltungen ihrer Führungskräfte berücksichtigt. Für die Höhe von Planungsansätzen spielen die unterschiedlichsten Erklärungen eine Rolle, aber nur durch Zufall haben diese manchmal etwas mit der Wirklichkeit zu tun.

Interessant wird es dann, wenn mühevoll in Sitzungen – wiederum mit wissenschaftlichen Analysen der Stabsabteilungen Abweichungserklärungen versucht werden. Die vielen verschiedenen ursächlichen Annahmen sind kaum noch gegenwärtig. Die Gegenwart kann keine Erklärung für einen Planungsfehler geben. Die wichtigste Abweichungsursache liegt in der Planung selbst. Dazu folgende Thesen:

- Planung im Sinne der Budgetierung ist sinnvoll für die Grobinformation von Aufsichtsgremien (Aufsichtsrat, Beirat) über die Erwartungen für das nächste Geschäftsjahr. Eine Globalplanung ist in der Regel ausreichend.
- Planung ist sinnvoll für bestimmte Teilbereiche wie Finanzierung, Liquidität, Investition.
- Planung ist unzweckmäßig als Maßstab für die laufende Kontrolle und Bewertung der Unternehmensergebnisse.
- Planung ist unzweckmäßig zur Erfolgskontrolle betrieblicher Maßnahmen und zur Beurteilung von Mitarbeitern und Abteilungen.
- Der hohe Zeit- und Kostenaufwand für die Planung ist nicht zu rechtfertigen.
- Die Maßnahmen eines ganzen Jahres können nicht in wenigen Wochen in allen Details vorausbedacht werden. Das ist tägliche Arbeit und nicht Aufgabe eines Kraftaktes im Herbst.
- Besser geeignet sind Zahlen der Vorperiode (Vorjahr und -monat) und Vergleichszahlen gleichartiger Abteilungen oder Betriebe. Dort werden Tatsachen mit eindeutig erklärbaren Unterschieden verglichen und nicht unklare

und teilweise willkürliche Annahmen mit einer ohnehin nicht immer leicht zu verstehenden Istlage.

- Auf Planungsabteilungen und deren Kosten kann vollständig verzichtet werden. Die verantwortlichen Linienmanager können mit Unterstützung des Rechnungswesens die wesentlichen Analysen kompetenter als jeder andere erstellen und vor allem sofort operationale Schlußfolgerungen ziehen.

Es gibt hervorragende Unternehmen, die auf derartige Planungen und die Verschwendung kostspieliger Managementkapazitäten völlig verzichten. Sie sparen Zeit, Geld und sind effizienter. Sie konzentrieren sich auf die machbaren Details mit dem Ziel permanenter Verbesserung. Diese Unternehmen sind - zeitgemäß ausgedrückt - lean. Erich Kästner hat einen guten Rat für alle Budget-Verliebten:

»Laßt das Planen und bessert euch drauflos.«

Entscheidungen für konkrete Einzelfälle

Einsame Entscheidungen über wichtige Angelegenheiten kommen bei ALDI grundsätzlich kaum vor. Wichtige Entscheidungen zur organisatorischen Ausrichtung der Gruppe, zu wichtigen Ablaufprozessen erfolgen nach sorgfältiger Diskussion und nach eventuellen Tests in den etwa alle sechs Wochen stattfindenden Geschäftsführerbesprechungen. Das gleiche gilt für die einheitlich getroffenen Entscheidungen zur Sortiments- und Preispolitik. Hier werden eingehende Überlegungen zu jedem einzelnen Artikel angestellt.

Entscheidungen in den Geschäftsführerbesprechungen werden grundsätzlich ausgiebig diskutiert. So viele Gedanken und Details wie möglich werden einbezogen. Entscheidungen sind auch fast nie nur von genereller Art, sondern immer wird konkret am Fall entschieden. Basis dafür ist die ungeschriebene ALDI-Kultur. Vor allem hat ALDI sehr davon profitiert, daß keine allgemeingültigen Regeln aufgestellt wurden, wie in vielen anderen Unternehmen üblich. ALDI ist in der Lage, den Einzelfall zu betrachten, weil das Unternehmen einfach strukturiert ist und außerdem mit dem beschränkten Sortiment die Möglichkeit besteht, den einzelnen Artikel zu sehen.

So stellen Supermarktunternehmen etwa die Regel auf, immer oder grundsätzlich den führenden Markenartikel ins Sortiment zu nehmen. Außerdem wird dann ein Artikel gewählt, der im untersten Preisniveau etwa mit ALDI konkurrieren kann. Oft wird das dann noch ergänzt durch einen Artikel in der Mittelpreislage, zum Beispiel die zweite oder dritte nationale Marke.

Eine andere Regel könnte lauten, mit allen Preisen 5 Prozent unter den Preisen bestimmter Mitbewerber oder des billigsten Mitbewerbers zu agieren oder niemals unter Einkaufspreis zu verkaufen. Solche Regeln werden als Grundsatz für das gesamte Sortiment entschieden. Jeder Mitarbeiter im Einkauf oder Verkauf weiß dann Bescheid, wie er sich zu orientieren hat. Es besteht die Meinung, daß »die da oben« »denen da unten« doch sagen müssen, woran sie sich zu orientieren haben.

Was aber sind die wirklichen Probleme solcher Regeln? Sind sie ausreichend durchdacht? Gelten sie für jeden Einzelfall? Passen sie auf jeden Eventualfall oder jede Besonderheit?

Alle Unternehmen sollten ihre Organisation so gestalten, daß Einzelfälle, einzelne Artikel, einzelne Kunden, einzelne Produktionsprozesse, einzelne Mitarbeiter betrachtet werden können. Das gelingt durch Dezentralisation und Delegation. Zu viele generelle Regeln können zu leicht fehlerhaft und damit gefährlich sein.

Tom Peters ist vernarrt in das grenzenlose Potential des Einzelhandels. Auch er sieht, daß da oft etwas verschenkt wird. Er findet das Schönste am Einzelhandel, daß er gefeit ist vor Eingriffen des Managements und daß die Läden uneingeschränkte Herrscher und Souveräne über das eigene Reich sind. Hier irrt der Guru des Management-Know-hows gewaltig und unterschätzt die unheimliche Wirkung von Regeln. Damit werden eben vor allem die im Einzelhandel entscheidenden Variablen Sortiment und Preis vom Management ferngesteuert. Der »Souverän« im Laden hat nur den Vorteil, daß seine Chefs ihm nicht dauernd im Nacken sitzen.

Der Verwaltungsrat

Der Verwaltungsrat als oberste Entscheidungsinstanz der ALDI-Gruppe (formal in jeder einzelnen ALDI-Gesellschaft) hat die Kompetenz und Macht, jedes Thema an sich zu ziehen. Er kann sich – wie fast jedes oberste Organ in jedem Unternehmen über jede geltende Regelung oder über jede bisher praktizierte Übung hinwegsetzen. Hier beginnt auch die Nagelprobe für ALDI und seine in diesem Buch gepriesene Kultur und Organisation. Hier entscheidet sich auf Dauer auch die Zukunft des Unternehmens. Hier bestimmen letztlich die Persönlichkeiten im Verwaltungsrat. Dieser hat heute die Tendenz, Entscheidungen zu zentralisieren. Das mag auch mit der inzwischen auf über dreißig angewachsenen Zahl der ALDI-Gesellschaften (im Nordbereich) zu tun haben, im wesentlichen aber ist diese Entwicklung personenabhängig und nicht mit organisatorischen Überlegungen begründet. Die Bedeutung der Geschäftsführer sinkt, ihre Einwirkungsmöglichkeiten auf Entscheidungen sinken – vielleicht auch ihre Motivation. ALDIs Führung müßte sich Gedanken machen über den Zusammenhang zwischen Führung und Organisation, wie er im Abschnitt »Gute Organisation kompensiert Führungsmängel« dargestellt wurde. Nicht alles wird bei stark zunehmendem Wettbewerb auf Dauer kompensiert werden können durch ein ehrgeiziges Middle-Management.

Der Verwaltungsrat besteht heute neben seinem Vorsitzenden Theo Albrecht, seinen Söhnen Theo jr. und Berthold aus weiteren drei ehemaligen ALDI-Geschäftsführern. Die Mitglieder des Verwaltungsrates sind freiberuflich tätig, also nicht Angestellte einer Holding oder einer bestimmten Gesellschaft. Wie bereits erwähnt, konnte damit die Konzernkonstruktion mit ihren verschiedenen Nachteilen vermieden werden. Die Verwaltungsratsmitglieder fungieren wie Aufsichtsräte in den einzelnen ALDI-Gesellschaften. Sie haben Kontrollfunktionen, aber auch Entscheidungsfunktionen und Entscheidungsvorbehalte.

Natürlich ergibt sich daraus eine praktisch unbegrenzte Macht, die aber in der Vergangenheit nicht ausgeschöpft wurde. Heute gibt es Veränderungen. Früher war der Verwaltungsrat auch hin und wieder tätig als ein Filter zwischen Theo Albrecht und den ALDI-Gesellschaften. Der Verwaltungsrat hat etwa bestimmte Entscheidungsbefugnisse bei der Festsetzung der Gehälter leitender Angestellter. In der Vergangenheit ergaben sich dabei interessante Konstellationen zwischen Theo Albrecht und den übrigen Mitgliedern. Die übrigen Mitglieder des Verwaltungsrates spielten sehr oft die Rolle einer Gewerkschaft der leitenden Angestellten gegenüber dem »Arbeitgeber« Theo Albrecht. Dieser hatte als sehr »konservativer sparsamer Kaufmann« immer die Neigung zu niedrigeren Gehältern. Die Mitglieder des Verwaltungsrates hatten solche Entscheidungen dann gegenüber den Geschäftsführern klug zu begründen und bestimmte Sichtweisen des Inhabers wie durch einen Filter abzumildern.

Die Arbeitsweise des Rates ist sehr geprägt von den individuellen Mitgliedern und natürlich besonders von Theo Albrecht. Dieser liebt die Details, so daß auch über weniger wichtige Fragen sehr lange diskutiert werden kann. Er fürchtet, daß nicht ohne weiteres die besten Lösungen gefunden werden oder daß Fehler gemacht werden, so daß immer die Neigung besteht, Kontrollverfahren und Regelungen weiter zu verfeinern, damit die letzte Unregelmäßigkeit noch erfaßt werden kann. Grundlage für dieses Verhalten ist ein Menschenbild, das eher von Mißtrauen als von Vertrauen geprägt ist. Trotzdem gelang es bisher mit Hilfe der Delegationsprinzipien für angemessene und harmonische Arbeitsweisen zu sorgen.

Meine subjektive Sicht soll zeigen, wie ich Theo Albrecht erlebt habe. Diese Anmerkungen sind wichtig zum Verständnis, weil die Unternehmer Karl und Theo Albrecht ihre Unternehmensgruppe am meisten geprägt haben.

Sehr unterschiedliche Arbeitsweisen sind bekannt von Karl Albrecht und Theo Albrecht. Theo Albrecht ist der Detaillist, Karl Albrecht der »bibeltreue« Prinzipienbewahrer. Karl Albrecht hat sich inzwischen aus dem aktiven Geschäft zurückgezogen, Theo Albrecht ist noch heute mit 77 Jahren sehr aktiv. Auch hieran ist wiederum zu erkennen, wie sinnvoll die Trennung der Brüder Anfang der sechziger Jahre war.

Aufgrund seiner Wesenszüge kann Theo Albrecht auch sehr schwer vom Geschäft lassen. Er ist von Haus aus ein sehr vorsichtiger Mensch, so daß er immer das Gefühl der Kontrolle behalten muß. Das kann man natürlich am besten, wenn man morgens früh vor Ort erscheint. Diese Kontrolle baute er damit aus, daß er inzwischen auch seine beiden Söhne Theo und Berthold zu Mitgliedern des Verwaltungsrates gemacht hat.

Es stellt sich die interessante Frage, wie es gelingen konnte, das Unternehmen ALDI (hier auf die Nord-Gruppe bezogen) so erfolgreich über so viele Jahre zu führen bei einem solchen auf Mißtrauen gegründeten Führungsstil des Inhabers? Das erscheint besonders merkwürdig, wenn man die oben ausführlich beschriebenen Tugenden des Unternehmens in Betracht zieht. Der große Vorteil und das Glück der Gruppe war die kompromißlose Dezentralisation und Delegation der Verantwortungsbereiche, wozu sich natürlich auch Theo Albrecht bekannte. So konnten die Geschäftsführer der ALDI-Gesellschaften ihr operatives Geschäft relativ störungsfrei betreiben und damit das ihren Machtbefugnissen entsprechende Optimum erarbeiten. Der Einfluß von Theo Albrecht wirkte sich unmittelbar fast nur auf den Verwaltungsrat aus, der wiederum für die ALDI-Gesellschaften wie ein Schutzdamm wirkte. Im Grunde war Theo Albrecht von seiner Anlage her kein echter Vertreter von kompromißlosen Delegationsprinzipien. Dazu fehlte eine positivere Einschätzung den Menschen gegenüber, eine notwendige Grundlage für Vertrauen. Seine Einstellung hätte schädlich sein können ohne den Filter des Verwaltungsrates. Allerdings ist Theo Albrecht immer ein verbindlicher und angenehmer Partner gewesen. Freundlich, nie laut oder unbeherrscht. Er ist der väterliche Vorgesetzte des Verwaltungsrates, dabei mehr belehrend als kritisierend.

Die große Leistung der Inhaber ist und bleibt der große Wurf, der sich aus den anfänglichen Versuchen ergeben hat. Sodann wurde der Einfluß von professionellen Managern wichtig, in der Nord-Gruppe zunächst Ekkehard Asbeck, später Otto Hübner, im Süden Horst Steinfeld und Ulrich Wolters. Sie haben wesentlich die Organisation gestaltet und dann, allerdings mit Karl und Theo Albrecht gemeinsam, für die Prinzipientreue gesorgt.

Theo Albrecht konnte mit seiner Detailbezogenheit und der damit vielfach verbundenen guten Fachkenntnis viele gute Beispiele setzen. In seiner exklusiven Position als Inhaber aber war er niemals wirklich gefordert, normale Vorgesetzten- oder Geschäftsführerfunktionen auszuüben. Das dürfte so für die meisten Unternehmensinhaber gelten. Das macht es auch schwer und fast unmöglich, die Führungskunst von Inhabern zu beurteilen. Man kennt mehr die auffallenden Besonderheiten, die typischen Merkmale. Bei Theo Albrecht sind dies sicherlich die übertriebene Detailorientierung und sein »gesundes« Mißtrauen, gepaart mit Angst um Verluste im Unternehmen wie im privaten Bereich. Bei Hotelübernachtungen war seine erste Handlung nach Bezug seines Zimmers zu prüfen, wo der Fluchtweg im Gefahrfall war. Eine vernünftige und seine große Vorsicht kennzeichnende Handlung.

Nicht alles war schließlich nur förderlich für das Unternehmen. Der Verwaltungsrat, dessen Vorsitzender Theo Albrecht ist, wurde über Gebühr beschäftigt mit persönlichen Spezialitäten. Aber selbstverständlich erwartet der Inhaber, daß ihm solches nachgesehen und akzeptiert wird.

Typisch ist nach meiner beruflichen Erfahrung eben auch, daß an der obersten Spitze sehr oft Menschen stehen, die sich selbst leicht zum Maß aller Dinge machen.

So plant der Vorsitzende des Verwaltungsrates die Hausmeisterwohnung einer neuen ALDI-Gesellschaft und macht sich auch Gedanken über die Einrichtungsmöglichkeiten des Schlafzimmers. Er bittet ein Mitglied des Verwaltungsrates, der Frage nachzugehen, ob dünne oder dicke Fotokopien besser bzw. wirtschaftlicher seien. Das gleiche Verwaltungsratsmitglied sollte auch untersuchen, wie man die Tische in der Telefonzentrale am besten stellen sollte. Das kann Manager, die Effizienz und Verantwortung lieben, auch kräftig frustrieren.

Eine organisatorisch wichtige und erfolgreiche Entscheidung aber war es, jede ALDI-Gesellschaft von jeweils nur einem Geschäftsführer leiten zu lassen, also kein mehrköpfiges Geschäftsführerkollegium zu haben. War der Geschäftsführer der Richtige, so war es gut, war er der Falsche, so konnte man ihn auswechseln oder sich um seine bessere Führung bemühen. So konnten Probleme, wie sie der Verwaltungsrat mit sich selbst hatte, in der Durchführung der Geschäfte vermieden werden.

Besonderheiten der ALDI-Organisation

Acht Jahre nach *In Search of Excellence* zog Tom Peters ein Fazit seiner Erkenntnisse[23]:

> ***»Die vor acht Jahren herausgefundenen acht Konzepte erfolgreicher Unternehmen lassen sich eigentlich auf eines konzentrieren, nämlich Dezentralisierung und Autonomie.«***
>
> ***Tom Peters***

Das Erfolgsgeheimnis dabei ist, daß Dezentralisierung viele Mitarbeiter zu Unternehmern im Unternehmen, zu »Intrapreneurs« macht. Dieses Prinzip der Führung und Organisation halte ich auch bei ALDI für das überragende Erfolgsrezept in der Organisation.

Was ist fundamental anders bei ALDI in der Führung und in der Organisation? Nur die stark vom Üblichen abweichenden Besonderheiten bei ALDI sollen zusammenfassend aufgezeigt werden:

Was sind die Besonderheiten der ALDI-Organisation und -Führung?

Klare Ziele
Einfach und verständlich für alle.

Konsequente Dezentralisation und Delegation
Das heißt: soviel wie irgend möglich delegieren. Aber entscheidend ist die konsequente Umsetzung.

Systematische Kontrolle
Für alle delegierten Aufgaben existiert ein gutes Kontrollsystem.

Wenig Führungsunterlagen/Statistiken
Mut zum Nachdenken wird gefördert, Kreativität genutzt unabhängig von Zahlen.

Verzicht auf Stabsstellen
Alle Sonderaufgaben werden von Linienmanagern bearbeitet.

Keine Budgets
Intelligente Vergleiche aus Ist-Zahlen werden zum Maßstab aller Beurteilungen gemacht.

Top-Management an die Front
Top-Manager müssen spüren und sehen, was am Ort des Kunden geschieht.

Darüber hinaus hat ALDI viele Techniken für Detaillösungen entwickelt, über die hier nicht weiter berichtet werden soll.

Wesentlich bleibt immer die Umsetzung! Dabei erst erkennt man, wie schwierig das Verstehen und das Begreifen im Einzelfall ist, insbesondere für die vielen Mitarbeiter, die mit der Umsetzung in die Praxis zu tun haben.

Ich erlebte in meinem beruflichen Alltag in Deutschland, vor allem aber in Italien und in der Türkei, eine Reihe sehr plastischer Beispiele, die zeigten wie schwierig die Umsetzung ist. Enges Denken, fehlendes Vorstellungsvermögen aufgrund andersartiger Lebenserfahrungen herrschten häufig vor. Ein Top-Manager, der viele Jahre in Führungspositionen der Markenartikelindustrie tätig war, hatte unglaubliche Schwierigkeiten, das zugegebenermaßen scheinbar einfache System eines Harddiscounters zu verstehen. Es schien, als ob der Pilot eines automatisch fliegenden Airbus einen Esel zum Galopp treiben sollte. In seinem großen internationalen Unternehmen funktionierte manches seit vielen Jahren nach bestimmten Regeln. Ungeachtet, ob das gut oder schlecht lief, er brauchte sich nicht zu kümmern. Es lief ja irgendwie. Solche Manager gewöhnen sich mehr und mehr daran, mit der Bürokratie eines Konzerns zu leben. Ihnen fällt es schwer, sich wieder unmittelbar mit Kunden- und Marktgegebenheiten zu beschäftigen oder sich dafür zu interessieren, was ihre Mitarbeiter wirklich brauchen, um erfolgreich arbeiten zu können.

TEIL 3

Geschäftsprinzipien

Die fünf Prinzipien der ALDI-Verkaufspolitik

Bei der Untersuchung erfolgreicher Unternehmen geht es immer wieder um die Frage, worin deren Marktführerschaft eigentlich begründet liegt. Klaus Wiegandt, ehemaliger Sprecher der Metro-Holding, nennt drei Erfolgsfaktoren, die er bei der Analyse erfolgreicher Unternehmen in Europa und den USA ausgemacht hat und die bei Gestaltung der neuen Metro eine Rolle spielen sollten:

- Monostruktur - nur ein Vertriebstyp
- Konsequenz und Detailakribie
- Auslandsengagements erst, wenn die Position im Inland gefestigt ist

Es ist offensichtlich, daß Wiegandt bei seiner Analyse ein Unternehmen besonders im Auge hatte: ALDI ist nach diesen Kriterien der Prototyp des erfolgreichen Unternehmens.

Die amerikanischen Unternehmensberater Michael Treacy und Fred Wiersema[24] haben ALDI ebenso wie dem Computerhersteller Dell eine »operationale Führerschaft« zugemessen. Operationale Führerschaft meint Spitzenleistung im Kosten- und Organisationsbereich. Das Operative, die exzellente Umsetzung der Geschäftsideen ist die besondere Leistung. Vorrangig ist hier nicht die Besonderheit der Geschäftsidee gemeint. Die operationale Führerschaft - besonders die Kostenführerschaft - ist dann die entscheidende Grundlage für die Preisführerschaft. Zwar ist ALDI nicht denkbar ohne die Idee vom beschränkten Sortiment, aber ohne seine eindeutige Kostenführerschaft in fast allen operativen Bereichen ist ALDIs Marktführerschaft nicht vorstellbar.

Bemerkenswert ist, daß viele bedeutende Unternehmen ganz offen die ALDI-Prinzipien zu kopieren versuchen - wie Norma und Lidl in Deutschland - oder aber davon sprechen, daß sie sich ALDI für ihre Branche zum Vorbild genommen haben, wie es Möbel Roller, Vobis und die Werbeagentur White Lion getan haben. Diese Unternehmen haben sich orientiert an den offensichtlichen Geschäftsprinzipien von ALDI: beschränktes Sortiment (nicht jeden Artikel führen oder nicht jede Leistung anbieten), gute Qualitäten und Preisführerschaft. Diese Grundgedanken führen bei den Nachahmern in der Regel ebenfalls zu einer damit verbundenen operativen Hochleistung.

Unternehmen sollten in der Lage sein, ihre eigenen Geschäftsprinzipien in Übereinstimmung mit ihrer Kultur zu entwickeln. ALDI ist das gelungen. ALDI hat die Konkurrenz zwar immer im Auge behalten, aber sich nie daran orientiert »Benchmarking« war nie ein Thema. ALDI ging immer seinen eigenen Weg.

Die ALDI-Geschäftsprinzipien, soweit sie sich auf die Verkaufspolitik beziehen, also auf den Marktauftritt, können in fünf Punkten zusammengefaßt werden:

- ein in der Artikelzahl beschränktes Sortiment
- Waren, die den täglichen Grundbedürfnissen der Verbraucher entsprechen
- problemlose Ware hinsichtlich der betrieblich notwendigen Bedingungen
- bestmögliche Qualitäten – gemessen an den führenden Marken
- niedrigstmögliche Verkaufspreise

Die niedrigsten Preise am Markt

Selbstverständlicher Leitsatz im Unternehmen ist, die Ware so billig wie nur irgend möglich zu verkaufen. Niemals war es ein Ziel, den höchstmöglichen Verkaufspreis zu nehmen, den die Wettbewerbsverhältnisse zulassen. Das zahlte sich aus im Ansehen bei der Kundschaft: »Der ALDI ist für uns Verbraucher unwahrscheinlich günstig«, sagte eine Konsumentin in der LZ-Verbraucherrunde[25], einem Erfahrungsaustausch, den die *Lebensmittel-Zeitung* zur Diskussion verschiedener Themen aus dem Bereich des Lebensmitteleinkaufs ab und an veranstaltet. Man sagt, bei ALDI kauften zwei Gruppen ein: *diejenigen, die rechnen müssen und diejenigen, die rechnen können.*

Immer wieder haben Veröffentlichungen ALDI unterstützt. *ALDIdente* von Astrid Paprotta und Regina Schneider ist der jüngste Beweis. Ein Vierteljahrhundert früher hat Frank Görtz in seinem Buch *Der Einkaufsführer - Ein Ratgeber zum Geldspar*en, erschienen 1974, einen Warenkorbvergleich mit 61 Artikeln angestellt und kam zu dem Ergebnis: »Alle 61 verglichenen Artikel waren bei Albrecht billiger.« Und zwar deutlich billiger, wie der Gesamtvergleich zeigt:

ALDI	DM 221,55	
Normaler Supermarkt	DM 343,03	+ 53 Prozent

Erwin Conradi, Metro Aufsichtsratschef, formulierte die Bedeutung der niedrigen Preise in einem Gespräch mit der Wochenzeitung *Die Zeit*[26] klar und, mit Blick auf die These vom sogenannten »Einkaufserlebnis«, provokativ:

»Den größten Erlebniskick bekommt der Kunde über den guten Einkaufspreis, über diesen freut er sich noch, wenn er zu Hause angekommen ist.«

In einer bestimmten Region der ALDI-Gruppe hatte ein Preisvergleich bei prinzipiell preisaggressiven Verbrauchermärkten mit 120 Artikeln 1983/1984 folgendes Ergebnis:

	gleicher Preis wie ALDI	*billiger als ALDI*	*teurer als ALDI*
Marktkauf AVA Bielefeld	45%	2%	53%
Realkauf Schaper/Asko Hannover	30%	4%	66%
Regionaler Marktführer	15%	2%	83%

Für einen aktuellen Warenkorbvergleich des Verfassers in der ersten Maiwoche in Hamburg wurden ein normaler Supermarkt, der für gute Sortiments- und Qualitätsleistungen bekannt ist, (Spar, Eppendorfer Landstraße) sowie der für ALDI schärfste Konkurrent auf dem deutschen Markt (Lidl, Hammer Landstraße) ausgewählt. Die Ergebnisse sind hier zusammengestellt.

Artikel	*Aldi*	*Lidl*	*Spar*
H-Milch 1 Liter	0,95	0,95	1,19
Mehl Type 405 1 kg	0,45	0,45	0,59
Zucker Raffinade 1 kg	1,69	1,69	1,79
Vollkornhaferflocken 500 g	0,49	0,49	0,99
Vollkornknäcke 250 g	0,69	0,69	2,29
Vollkornschnitten 500 g	0,95	0,79	1,99
Butter 250 g	1,69	1,69	1,99
Sonnenblumenmargarine 500 g	0,99	0,99	1,39
Magerquark 500 g	0,99	0,99	1,39
Joghurt natur 150 g	0,25	0,25	0,39
Räucherlachs 200 g	4,29	4,29	6,65
Eier 10 Klasse L	1,09	1,09	2,99
Rahmspinat 450 g Tiefkühl	0,89	0,89	0,99
Möhren 1 kg	1,79	1,99	2,99
Frühkartoffeln 2,5 kg	2,99	3,31	3,99
Bananen 1 kg	1,79	1,88	2,99
Zwiebeln 2 kg	2,39	2,98	3,98
Paprika gemischt 500 g	3,59	3,05	6,30
Kaffee »Gold«qualität 5OO g	5,79	5,29	8,99
Kondensmilch 10 % 340 g	0,79	0,79	1,49
Filterpapier 100 Stück 4er	0,99	0,99	1,19
Apfelsinensaft 0,75 lt.	1,39	1,39	1,99
Möhrensaft 0,33 lt.	0,79	0,65	1,79
Bier 0,5 lt. Dose	0,59	0,59	0,79
Wodka 0,7 lt. 37,5 %	8,98	8,98	9,99
Weinbrand 0,7 lt. 36 %	8,98	8,98	9,99
Sauerkirsch-Konfitüre 450 g	1,59	1,59	1,79
Pflaumenmus 450 g	3,04	1,49	1,79
Honig 500 g	2,29	2,29	3,99
Nuß-Nougat-Creme 400 g	1,59	1,59	1,79
Prinzenrolle 500 g	1,39	1,39	1,79
Nußschokolade 100 g	0,49	0,49	1,19
Haselnußkerne 200 g	1,99	1,79	1,49

Artikel	*Aldi*	*Lidl*	*Spar*
Schattenmorellen 720 ml	2,59	2,59	2,99
Schlesische Gurkenhappen 580 ml	0,99	0,99	2,41
Linseneintopf 800 ml	1,59	1,89	1,99
Olivenöl kalt gepreßt 750 ml	4,29	4,31	8,98
Vollwaschmittel 1,5 kg	4,98	4,98	4,99
Shampoo 500 ml	1,59	1,59	3,74
Slipeinlagen 45 St.	2,31	4,56	3,20
Zahnpasta 125 ml	0,99	0,99	1,29
Alufolie 30 cm/30 m	2,29	2,29	2,99
Hundefutter 850 ml	1,09	1,09	1,29
Summe Gesamteinkauf DM	91,35	92,03	128,8
Preis-Index	100,00	100,73	141,00

Unterschiedliche Mengen wurden jeweils umgerechnet auf die ALDI-Menge. Zwei Artikel hatte Lidl nicht im Sortiment. Um den gesamten Einkaufskorb besser vergleichbar zu machen, wurde für diese beiden Artikel ein fiktiver Preis angenommen und dafür die durchschnittliche Preisdifferenz zu ALDI von 0,73 % zugrunde gelegt.

Bei den Mitbewerbern von ALDI wurden immer deren billigste Waren in den Vergleich einbezogen. Das waren entweder Markenartikel oder die Eigenmarken des Mitbewerbers. Nach den Erfahrungen kann man davon ausgehen, daß die ALDI-Produkte immer mindestens so gut sind wie die – in diesem Beispiel billigsten – Markenartikel, aber in der Regel deutlich besser als die in den Vergleich einbezogenen Eigenmarken der Mitbewerber.

Bei hartem Wettbewerb gelingt es ALDI offenbar kaum noch, deutlich billiger zu sein als der schärfste Konkurrent Lidl. Dieser orientiert sich eindeutig an den ALDI-Preisen. Lidl gelingt es auch immer mehr, mit eigenen Marken wettbewerbsfähig zu werden. Bei einem Preisvergleich mit den gleichen Artikeln 20 Monate zuvor war Lidl noch fast 7% teurer als ALDI. Aber auch der Sparmarkt konnte den Preisabstand in der gleichen Zeit von 55% auf 41% verringern. Den Anteil von Eigenmarken hat Spar dabei erhöht.

Beim Vergleich mit dem Spar Supermarkt, der ja überwiegend Markenartikel führt, kann es im Einzelfall durchaus sein, daß Spar eine noch bessere Qualität als ALDI führt. Die Erfahrung - auch in Verbindung mit den Ergebnissen der Stiftung Warentest - zeigt allerdings, daß überwiegend ALDI die bessere Qualität anbietet, die oftmals sogar besser ist als die der Markenartikel.

Zu den höheren Preisen des Spar-Marktes muß angemerkt werden, daß es sich hier um ein anderes Verkaufskonzept handelt als beim Discounter. Das umfangreiche Sortiment, die großen Frischeabteilungen und nicht zuletzt der teurere Standort machen eine andere Preispolitik erforderlich. Der Markt ist trotzdem sehr gut besucht, und auch ich zähle mich zu seinen Stammkunden. Immer wieder ist von den Unternehmern die Frage zu beantworten: »Warum soll der Kunde in meinem Laden einkaufen?« Und da gibt es bei Spar und ALDI unterschiedliche Gründe.

Unbestritten ist, daß ALDI die Preise im Lebensmitteleinzelhandel bestimmt. Was der Marktpreis ist, das bestimmt ALDI, zumindest den unteren Eckwert.

ALDI orientierte sich bei Preisveränderungen früher kaum an den Preisvorgaben der Mitbewerber, sondern gab selbst die Preise vor. Wenn der Einkaufspreis sinkt, folgt bei ALDI fast automatisch eine Senkung des Verkaufspreises. Erreicht werden die ALDI-Bestwerte bei den Preisen durch Kostenminimierung in allen Bereichen - mit Ausnahme der Löhne und Gehälter, die in der Regel Spitzenwerte erreichen, aber aufgrund der hohen Personalproduktivität doch zu den niedrigsten Personalkosten führen. Eine neue Qualität erhält der Preiswettbewerb in Deutschland und Europa durch den Markteintritt des US-Riesen Wal-Mart. Zur Zeit befindet sich Wal-Mart noch in der Umstellungsphase seiner Sortiments- und Preispolitik. Für den oben dargestellten Warenkorb muß der Verbraucher Ende Mai 1999 im ehemaligen Wertkaufmarkt in Hamburg-Oststeinbek noch etwa 20% mehr bezahlen als bei ALDI! Besonders im Bereich der Eigenmarken hat Wal-Mart noch einige Arbeit zu leisten, um ALDI zu erreichen. Aber das wird nicht mehr lange dauern.

Heute wird ALDI mehr und mehr gezwungen, seine Preisführerschaft deutlich zu machen. Das führt ab und zu zwischen den führenden Discountern - oft begleitet von den großen Hypermärkten - zu regelrechten Preiskämpfen. Im Kampf um Marktanteile gilt im Discount nur ein Mittel: der Preis. Im November 1994 berichtete die *Lebensmittel-Zeitung* über eine »von ALDI angezettelte Preisschlacht«. Nach Berichten wollte ALDI für die Hälfte seines Sortimentes die Preise senken und auf rund 500 Millionen Mark Ertrag verzichten. Allein die Preissenkung der ALDI H-Milch sollte die Rewe-Gruppe 25 Millionen Mark an Ertrag kosten. Im Oktober 1997 berichtete die *Lebensmittel-Zeitung* über drastische Preisabschläge bis zu 15 Prozent bei Margarine und Öl-Produkten unter der Überschrift »ALDI attackiert den Wettbewerb«[27]. Innerhalb von nur einer Woche haben alle Mitbewerber diesen Preisschritt nachvollzogen. Natürlich galt ALDIs Offensive wieder einmal seinen harten Verfolgern Lidl und Penny.

ALDI hat seit einigen Jahren mit der starken Expansion und der aggressiven Preispolitik von Lidl zu kämpfen. Dagegen richten sich solche »Preisschlachten«. Der Preis ist das einzige starke Argument, mit dem Lidl versuchen kann, ALDI Marktanteile abzuringen. Der oben dargestellte Preisvergleich zwischen ALDI und Lidl zeigt, daß ALDI nicht sehr glücklich sein kann mit dem Marktgeschehen.

Im Mai 1997 gab es einen Preiskampf zwischen Penny und Lidl. Beide Unternehmen haben mit verschiedenen eigenen Problemen zu kämpfen. Lidl hat zu tun mit seiner unglaublich forcierten Expansion in ganz Europa. Nicht alle Standorte bringen das Erwünschte oder wenigstens das Notwendige. Der schon länger etablierte Penny dagegen sucht seit Jahren eine neue Position als Hard-Discounter, nachdem man in den Vorjahren schon sehr »soft« geworden war.

Angesichts des Preiskampfes erwartete die *Lebensmittel-Zeitung* von ALDI dann auch »bitterböses Zurückschlagen«.

Was wird geschehen? ALDI kann diesen Auseinandersetzungen in der Tat nicht gelassen zusehen. Doch ohne besondere eigene Probleme ist ALDI in der Lage, über viele Jahre Paroli zu bieten, ohne an die Substanz gehen zu müssen. Die Gewinnmarge reicht für eine spürbare Investition in die Preise. Aber wenn ALDI reagiert, dann wird das Unternehmen sehr deutlich billiger sein als die anderen. Das ist eine Frage des Selbstverständnisses. Reaktionen sind also sicher - zugunsten der Konsumenten, zu Lasten der Branchengewinne.

Qualität ist wichtiger als alles andere – Eigenmarkenpolitik

Einer der entscheidenden Erfolgsfaktoren ist neben dem Prinzip der niedrigstmöglichen Preise die Qualität sowie - damit verbunden - die konsequente Eigenmarkenpolitik. Rund 95 Prozent der bei ALDI geführten Artikel sind Eigenmarken, die allerdings oftmals von bekannten Markenartiklern produziert werden wie Bahlsen, De Beukelaer, Blendax, Trumpf, Nestlé oder Unilever. Niemand sonst ist diese Entwicklung so konsequent gegangen.

Der Erfolg dieser Strategie wurde wesentlich begleitet durch die Ergebnisse der *Stiftung Warentest,* bei der die ALDI-Eigenmarken oftmals sogar besser abschnitten als die Markenartikel - mit in der Regel drastischen Preisunterschieden. Lieferanten wissen, daß ihnen schwere Sanktionen drohen, wenn ihre Artikel schlechte Ergebnisse bringen. Und schlecht ist meistens schon ein »befriedigend«. ALDI nutzt dabei jedoch die Möglichkeit, auch moderat auf solche Qualitätsmängel zu reagieren: Wenn ein Artikel nur mit »befriedigend« abschneidet, so können einem Lieferanten, der bisher vielleicht sechs ALDI-Lager beliefert, zunächst zwei Lager weggenommen werden, bis er die Qualität des Produkts verbessert hat. Bei schlechteren Ergebnissen bleibt in der Regel allerdings nur die sofortige Auslistung.

Lieferanten kennen die ALDI-Anforderungen an die Qualität. Darauf haben sie sich einzustellen. Beste Rohstoffe und exzellente Verarbeitung werden erwartet. Da die Lieferanten keine langfristigen Verträge haben, kann ALDI ohne langwierige rechtliche Erwägungen das Vertragsverhältnis auch sofort beenden - oftmals nach einer Karenzzeit, etwa zum Aufbrauch bereits vorhandener Verpackungen. Trotzdem ist ALDI selten so rigoros vorgegangen, daß ein Lieferant damit in Not kommen konnte. Hier liegt auch ein Grund, warum ALDI nicht daran interessiert ist, den Lieferanten von seinen Abnahmemengen abhängig zu machen. Vielfach wird frühzeitig ein weiterer Lieferant in die Versorgung eingeschaltet.

Im Fall Schiesser, einem der großen Brotproduzenten, der Mitte 1997 Konkurs anmelden mußte, hat ALDI sich sehr geduldig verhalten, nachdem immer häufiger Qualitäts- und Lieferprobleme auftauchten. Aber letztlich mußte ALDI handeln, um nicht seinen Ruf bei der eigenen Kundschaft zu gefährden. In der Regel sind die Gründe für solche Mängel bei Lieferanten auch ausschließlich bei diesen selbst und ihrer schlechten Unternehmensführung zu suchen, nicht in zu niedrigen Verkaufspreisen an ALDI.

Im folgenden sind einige Beispiele aus den Tests der *Stiftung Warentest* aufgeführt. Preisvergleiche beziehen sich auf bestimmte einheitliche Mengen, wie zum Beispiel 100 ml, oder auf eine Verbrauchseinheit wie 1 Waschgang. Die Ergebnisse betreffen ALDI Nord und ALDI Süd, die sehr oft gleiche Preise haben und meistens auch den gleichen Qualitätsstandard.

In den vergangenen Jahren hat die *Stiftung Warentest* weniger Lebensmittel getestet als in früheren. Vielfach werden heute nur Geschmacks- und Zusammensetzungsuntersuchungen gemacht und beschrieben, ohne ein abschließendes Gesamturteil. Auch hier schneidet ALDI in Qualität und Preis fast immer sehr gut ab.

ALDIs konsequente Qualitätspolitik führte auch zu den beeindruckenden Untersuchungsergebnissen des IGD Euro-

Testergebnisse Stiftung Warentest

Artikel	Anzahl getesteter Artikel sehr gut (Noten)	gut	schlechter	Note für ALDI	Preise von-bis (Einheiten)	ALDI-Preis
1996						
Klarer Apfelsaft	5	12	3	gut	1,10 – 2,25	1,32
Naturtrüber Apfelsaft	2	7	2	mangelhaft (ALDi Nord Artikel ausgelistet)		
Fischstäbchen	2	7	7	sehr gut	0,42 – 1,11	0,42
Kakaogetränkepulver	1	16	3	gut	0,35 – 0,80	0,35
Körperlotion	0	8	1	gut	0,05 – 0,60	0,05
Sonnencreme 8-12	9	2	3	sehr gut	3,98 – 97,50	3,98
Sonnenmilch 6-8	10	3	1	sehr gut	0,92 – 9,95	0,92
Reiniger Geschirr	0	4	10	mangelhaft (ALDI Nord) – Artikel ausgelistet befriedigend (ALDI Süd)		
1995						
Hühner Tiefkühl	0	5	6	gut	0,62 – 1,66	0,62
Komplettmenü Tiefk.	0	1	9	befriedigend	0,55 – 1,58	0,55
Fischstäbchen Tiefk.	2	7	7	sehr gut	0,42 – 1,11	0,42
Feinwaschmittel	0	11	0	gut	0,19 – 1,05	0,19
1994						
Vollwaschmittel	0	16	0	gut	0,23 – 0,62	0,24/0,27
Tagescreme	0	4	7	befriedigend	1,00 – 8,00	1,00
Natives Olivenöl	3	12	5	sehr gut	6,12 – 49,80	6,12
Handgeschirrspülmitt.	0	10	6	gut	0,52 – 3,00	0,52
Orangensaft	2	13	5	gut	0,89 – 4,27	0,89
Duschbad	0	16	0	gut	0,33 – 4,49	0,33
Shampoo	0	14	0	gut	0,32 – 10,00	0,32
Tagescreme mit ...	0	1	5	befriedigend	1,00 – 8,00	1,00
Shampoo	0	15	2	gut	0,23 – 1,00	0,23/0,34
1993						
Scheuermittel	0	11	2	gut	0,20 – 0,77	0,20
Allzweckreiniger	0	12	0	gut	0,01 – 0,41	0,05
Color-Waschmittel	0	4	1	gut	0,31 – 0,63	0,34
Duschbad	0	18	1	gut	0,33 – 4,70	0,33
1992						
Vollwaschmittel	0	16	0	gut	0,33 – 0,72	0,33
Haarshampoo	0	14	2	gut	0,60 – 4,73	0,80
Hautpflegelotion	0	14	2	gut	0,60 – 9,95	0,72
Geschirrspülmittel	0	0	8	befriedigend	0,08 – 0,24	0,08
1990						
Eierteigwaren	5	0	2	sehr gut	0,69 – 1,79	0,69
Geschirrspülmittel	0	6	21	befriedigend	0,20 – 0,70	0,20
Hundefutter trocken	0	11	2	gut	0,12 – 0,26	0,16
Hundefutter naß	0	13	4	gut	0,39 – 2,33	0,39

panels für Deutschland. Bei einer Untersuchung zum Image von Eigenmarken waren 85 Prozent der Befragten der Meinung, die Eigenmarke sei billiger; 90 Prozent schätzen die Qualität von Eigenmarken und Markenartikeln gleich ein; auch das Vertrauen in das Produkt war bei 84 Prozent gleich. Diese Einschätzung der deutschen Verbraucher dürfte im wesentlichen auf deren Erfahrungen mit ALDI beruhen.

Die große Bedeutung der Eigenmarken wird besonders sichtbar, wenn dem Vollwaschmittel der ALDI-Eigenmarke Tandil zeitweise in der Fachpresse ein Marktanteil von 25 Prozent zugemessen wurde. Jeder Verbraucher kennt die berühmten Waschmittel-Namen Persil, Omo, Ariel, Weißer Riese, die mit Riesenkampagnen beworben werden und praktisch in jedem Laden erhältlich sind. Ich glaube, eine wichtige Erklärung für den Erfolg von Eigenmarken liegt in dem hohen Engagement der Handelsunternehmer und ihrer Mitarbeiter für ihre eigene Marke. Dagegen haben Markenartikel eher eine »anonyme« Stellung.

Die Nummer 1 bei Kaffee

Noch deutlicher als bei Waschmitteln zeigt sich die Stärke der ALDI-Eigenmarken beim Kaffee. In Deutschland konnte kein Kaffee besser bewertet werden als Albrecht Gold. Tchibo und Jacobs schnitten bei internen Tests fast immer schlechter ab. Für den in Deutschland so wichtigen Artikel Röstkaffee stellte Klaus Jacobs in der *Wirtschaftswoche* einmal fest: »Unser Gegner Nummer 1 ist ganz klar ALDI.« Fast kann man ALDI kein größeres Kompliment machen: Jacobs-Kaffee wird in jedem Laden, jedem Kiosk und in jeder Tankstelle in Deutschland verkauft, ALDI-Kaffee aber nur in etwa 3000 Läden. Nach der Wiedervereinigung und nach der Übernahme von Eduscho durch Tchibo haben sich die Marktanteile allerdings erheblich verschoben, so daß ALDI jetzt klar Dritter sein dürfte.

Mitte der 80er Jahre ergab sich folgendes Bild:

Marktanteile 1985

Tchibo	18,9%
Jacobs	18,5%
ALDI	18,2%
Eduscho	14,2%
Melitta	4,1%

1994 mußte Zeitungsmeldungen zufolge Jacobs seine Marktführerschaft in den alten Bundesländern an ALDI abgeben:

Marktanteile 1994 alte Bundesländer

ALDI	19%
Jacobs	14%

Die gesamte Branche - außer ALDI und Melitta - mußte 1994 erhebliche Mengenverluste hinnehmen.[28]

Marktanteile 1994 alte + neue Bundesländer		*Entwicklung % gegenüber 1993*	*Marktanteile 1997 neueste Schätzungen*
Jacobs	21,8%	–12,0	30%
Tchibo	15,5%	– 9,7	20%
ALDI	14,4%	+ 7,9	13%
Eduscho	10,8%	– 9,4	11%
Melitta	9,7%	+ 6,8	12%

Wohlgemerkt: Alle Kaffeemarken werden überall verkauft, die ALDI-Marke aber nur in den eigenen Läden. Bemerkenswert ist auch, daß das Kartellamt die Fusion von Tchibo und Eduscho 1997, die zusammen jetzt einen Marktanteil von 30 Prozent in Deutschland halten, letztlich deshalb genehmigte, weil »keine marktbeherrschende Stellung« entstehen würde. Heimlicher Marktführer sei nämlich ALDI, der »die Preise schon regulieren würde«.[29]

Kaffeetests gehörten zum Ritual nach dem Mittagessen in der Essener ALDI-Zentrale. Verwaltungsratsmitglieder und Einkaufschef trafen sich zum Kaffee-Blindtest, verbunden mit einem Gedankenaustausch über Gott und die

ALDI-Welt. K&K könnte man diese Runden nennen: Kaffee und Kommunikation.

Die Beispiele erfolgreicher Eigenmarken lassen sich in anderen Warengruppen fortsetzen: Der Umsatz der ALDI-Eigenmarken im Weinbrand Regent (ALDI Nord) und Diplomat (ALDI Süd) dürfte mit ca. 100 Millionen Mark etwa gleich groß sein wie die starke nationale Marke Asbach, die in Deutschland fast überall erhältlich ist. Die Cognac Rayon (ALDI Nord) und Royal (ALDI Süd) erreichen mit etwa 40 Millionen Mark fast den Umsatz von Remy Martin. Letztes Beispiel: Zigaretten. Die eigenen Marken »Tobacco House Nr. 7« und »Boston« erreichen in ALDI-Läden einen höheren Umsatz als alle anderen Marken zusammen.

Qualitätsbewußte Verbraucher

Eigenmarken erfordern den selbstbewußten, den aufgeklärten Verbraucher: Qualität und Preis als rationale Argumente gegen das irrationale Argument »Marke«. Oder, wie Papprotta/Schneider es formulieren: ALDI-Kunden haben es nicht nötig, ihr Selbstwertgefühl aus dem Etikett zu beziehen. So führte ALDI die ostdeutsche Biermarke Radeberger Pils, ein Import aus der ehemaligen DDR, schon vor mehr als zwanzig Jahren – heute eine auch in Westdeutschland stark verbreitete Biermarke. Die Kunden haben schon damals die Qualität geschätzt, natürlich gestützt durch die spezifische ALDI-Preispolitik.

Verbraucher sind sehr gut in der Lage, eigenständig Qualitäten zu beurteilen und sich unabhängig von Werbekampagnen für Marken zu machen. Eileen Shapiro beschreibt in ihrem Buch *Trendsurfen in der Chefetage* den Übergang vom Zeitalter der Markentreue zur Ära des Produktwertes. Der Erfolg der ALDI-Eigenmarken belegt diese These deutlich: Der Produktwert steht im Vordergrund.

Zunehmend stellen bald alle bedeutenden Produzenten Eigenmarken oder Handelsmarken her. Der Eigenmarkenanteil in Deutschland wird schon auf fast 40 Prozent geschätzt – unter Einbeziehung der echten ALDI-Zahlen dürfte dieser Anteil noch bedeutend höher liegen. Alle Statistiken und Untersuchungen zur Markenentwicklung in Europa zeigen stark steigende Anteile der Eigenmarken. Und je stärker die Konzentration und damit die Unternehmensgröße im Handel ist, desto mehr entwickeln sich die Eigenmarken. Dies ist für manche Hersteller schon seit vielen Jahren eine große Chance, aber auch ein Problem für die Markenartikelindustrie, die erheblich in Forschung und Entwicklung investiert und sich diese Investition gern über hohe Preise bezahlen lassen möchte. Mit Handelsmarken kann die Industrie allerdings oft höhere Deckungsbeiträge erzielen, wenn man den hohen Werbeaufwand und die hohen Promotionskosten berücksichtigt, die den Markenartikel belasten.

Viele Hersteller produzieren die Handelsmarken für praktisch alle Discounter und Lebensmittelketten. Den Bauer-Joghurt gibt es als Eigenmarke bei Rewe (Penny, Minimal, Toom, HL), bei Tengelmann (Plus, Ledi), bei Lidl (Discount und Verbrauchermärkte) und bei der Metro (C+C, Real, Supermärkte). In Zukunft wird es zu den großen Aufgaben von Handel und Industrie gehören, diese Produkte zu differenzieren, insbesondere nach Qualitäten. Das Produkt muß auch als Eigenmarke mehr sein als der bloße Name.

Maßgeblich für die erfolgreiche Qualitätspolitik von ALDI ist zweierlei: Das Qualitätsniveau der Artikel orientiert sich an den führenden Markenartikeln. Unterschiede im Einkaufspreis für unterschiedliche Qualitäten sind grundsätzlich kein Entscheidungskriterium. Für die bessere Qualität wird auch der höhere Einkaufspreis akzeptiert.

Konsequente Qualitätskontrolle

Ein weiterer entscheidender Punkt für den Erfolg ist die konsequente Qualitätskontrolle. In jeder ALDI-Gesellschaft ist es üblich, daß die leitenden Mitarbeiter der Zentrale sich meistens um die Mittagszeit zum Qualitätstest treffen. Täglich finden Blindverkostungen der eigenen Marken und der führenden Markenartikel statt.

Wie oft habe ich erlebt, daß sich Mitarbeiter - manchmal auch Gäste oder gar Bewerber, die sich gerade für eine bestimmte Position vorstellten - täuschten. Es gilt ganz einfach die Weisheit, daß wir dazu neigen, »Etiketten zu trinken« oder »Banderolen zu rauchen«. Ich habe Menschen kennengelernt, die behaupteten, sie würden die originale Coca Cola unter hundert Produkten herausfinden. Beim Qualtitätstest in der ALDI-Zentrale hatten sie dann aber durchaus die ALDI-Eigenmarke auf Platz 1 und ihre Coca Cola auf Platz 2 oder 3 plaziert. Nie vergessen werde ich einen Lieferanten von Korn, der behauptete, sein Produkt »durch die Flasche« riechen zu können. Beim Test landete sein Produkt auf dem 3. Platz. Auf Platz 1 kam ALDI, auf Platz 2 ein Wodka (!), was der Fachmann gar nicht bemerkt hatte. Wie die kleinen Kinder verbrachten wir manche halbe Stunde damit, Nutella Schokokrem mit der Eigenmarke und anderen Marken zu verkosten. Da muß man schon manchmal fünf- oder sechsmal hin- und herprobieren, um ein einigermaßen »sicheres« Urteil abgeben zu können. Das waren die Maßstäbe.

Darüber hinaus haben der Einkauf und die Warenannahme in jedem der über 60 Läger ihre Pflichten zu erfüllen: Dazu gehören sensorische Prüfungen, Laboranalysen - natürlich bei Fremdlabors -, aber auch Gewichtsprüfungen oder gar zu zählen, ob die Toilettenpapierrolle auch wirklich die ausgelobten 200 Blatt hat. Von allen Kontrollen werden entsprechende Protokolle angefertigt.

Einige Beispiele:

- Bei Obst-, Gemüse- und Fischkonserven werden von jeder eingehenden Partie Muster gezogen.
- Bei Frischobst werden ebenfalls von jeder eingehenden Partie Muster gezogen und Einzelstücke auf Gewicht kontrolliert.
- Jede Woche werden mindestens zwei Wurstprodukte kontrolliert.

- Bei Papierwaren wird jedes Produkt mindestens einmal pro Monat geprüft.
- Bei Eiern erfolgen die Gewichts- und Qualitätskontrollen von jeder eingehenden Partie nach besonderen detaillierten Regeln.
- Täglich werden allgemeine Gewichtskontrollen durchgeführt, für die einige Artikel mit einer bestimmten Anzahl von Exemplaren ausgewählt werden.
- Im Rahmen der Tageskontrolle werden täglich zehn Artikel aus dem Lagerbestand geprüft.
- Jeder Einkäufer führt in der ihm zugeordneten Artikelgruppe Qualitätsvergleiche mit Konkurrenzartikeln durch.

Kaum ein Mitbewerber von ALDI dürfte in diesem Umfang Qualitätskontrollen durchführen, zumindest habe ich dies bislang in meiner Praxis nicht erlebt. In diesem umfangreichen und aufwendigen Kontrollsystem liegt auch die Sicherheit begründet, mit der sich ALDI selbst sowie seine Kunden auf die Qualität der Produkte verlassen konnten. Auf diese Weise schaffen Eigenmarken Vertrauen in ein Handelsunternehmen. Das ist die Grundlage, um sich von Lieferanten unabhängiger zu machen.

In den Einkaufsbedingungen verpflichtet ALDI seine Lieferanten, natürlich zu bestimmten Gewährleistungen. Zum Beispiel: »Der Lieferant versichert, daß er den Herstellungsprozeß, über eine sorgfältige Auswahl und Beaufsichtigung seines Personals hinaus, so eingerichtet hat, daß die Möglichkeit von auch unbeabsichtigten Verfälschungen, jedenfalls aber eines Verkaufes verfälschter oder irreführend bezeichneter Waren, ausgeschlossen ist.« Oder: »Der Lieferant legt spätestens einen Monat nach der Erstlieferung ein Untersuchungsergebnis eines unabhängigen Untersuchungsinstitutes vor.«

In Sachen Frische ist ALDI kaum zu übertreffen. Wegen der hohen Umschlagsgeschwindigkeit kann praktisch kein Mitbewerber frischere Ware haben. Besonders deutlich wird das bei verpacktem Brot: Tägliche Lieferung und hoher Umsatz sind die Gründe. Natürlich schützt dies ALDI nicht vor manchen Vorurteilen, damit muß auch ALDI leben. So zitierte *die Lebensmittel-Zeitung* in einer ihrer »Verbraucherrunden« eine Kundin, die meinte, »die Eier seien beim ALDI nicht so frisch«. Ohne jeden Zweifel ist das Gegenteil richtig. Nirgendwo sind sie frischer. Nirgendwo werden Eier intensiver auf Frische und Qualität geprüft - bei jeder Warenanlieferung. Auch hier werden die immensen Vorteile der geringen Artikelzahl deutlich, die es ermöglicht, jeden einzelnen Artikel mit einem hohen Maß an Aufmerksamkeit auf Qualität und Frische zu kontrollieren.

Zur Umsetzung des Qualitätsprinzips bei ALDI gehört auch, daß der Filialleiter eigenmächtig keine Reklamation eines Kunden ablehnen darf. Reklamationen werden außerordentlich großzügig behandelt. In wirklichen extremen Zweifelsfällen muß der Filialleiter seinen Vorgesetzten, den Bezirksleiter, um eine Entscheidung bitten. Anders als viele glauben möchten, hat ALDI die Erfahrung gemacht: Kunden nutzen diese Großzügigkeit selten schamlos aus.

Die verläßliche, gleichbleibende einwandfreie Qualität war und bleibt entscheidend für den ALDI-Erfolg - wichtiger als ein bestimmtes Vertriebssystem. Ein Vertriebssystem kann man sich ansehen, analysieren und kopieren. Eine solch konsequente und kompromißlose Qualitätspolitik erfordert jedoch eine bestimmte Unternehmenskultur und diese wiederum Menschen, die so denken, fühlen und handeln.

600 Artikel bestimmen ein Unternehmen

Der Erfolg von ALDI ist ein Erfolg freiwilliger Selbstbeschränkung. Jahrzehntelang hielt ALDI Nord sein Sortiment bei 600 Artikeln. Aktuell ist inzwischen von 700 Artikeln auszugehen. ALDI Süd dürfte heute noch 650 Artikel führen.

Früher hat ALDI nur Artikel des sogenannten Trockensortiments geführt. Kühlung oder besondere Behandlung waren nicht erforderlich. Heute sind auch Kühlartikel und Tiefkühlartikel von der technischen und logistischen Seite her kein Problem mehr. Auch besondere Kenntnisse des Personals in Beratung und Service sind nicht erforderlich für die von ALDI geführten Sortimente. Fleisch dürfte aus diesem Grund allerdings auch künftig kein Artikel für ALDI sein. Obst und Gemüse können inzwischen mit Einschränkungen bewältigt werden. Bei ALDI Nord verteilen sich die Artikel dabei etwa wie folgt:

600	Artikel aus dem Zentrallager Trockensortiment
80	Artikel aus dem Zentrallager Kühlsortiment (Molkerei, Wurst)
45	Tiefkühlartikel inkl. Eis mit Direktanlieferung durch Lieferanten
10	Brotartikel mit Direktanlieferung durch Lieferanten
15	ALDI Aktuell Artikel (Non Food)
750	

600 Artikel können beherrscht werden. Jeder Artikel ist ein Individuum und kann bis hin zur obersten Geschäftsleitung als solches auch behandelt werden. Bei 600 Artikeln »kennt man« jeden einzelnen noch persönlich. Bei 700 Artikeln wird das schwieriger.

Aber müßten das nicht auch Unternehmen mit mehreren tausend Artikeln leisten, zumindest in einem bestimmten Umfang? Der Kunde kauft schließlich immer einen/»seinen« bestimmten Artikel. Ihm ist es egal, wieviel Schwestern, Brüder und sonstige Verwandte dieser Artikel hat. Er kauft ja niemals eine Warengruppe Konfitüre, sondern z. B. »ein halbes Glas Kirschkonfitüre mit niedrigem Zuckergehalt«. Doch dies ist eines der großen Probleme aller Mitbewerber. Schon bei 2000 und erst recht bei 20 000 Artikeln müssen andere, im Prinzip pauschalierte Methoden der Qualitäts- und Sortimentssteuerung angewendet werden. Doch es gibt Lösungen.

Eine Lösung ist die Delegation von Entscheidungsbefugnissen in der Sortiments- und Preispolitik an die Filialen unter Einhaltung bestimmter Rahmenbedingungen. Das wird heute im Handel teilweise auch versucht - allerdings sehr halbherzig: Sogar bei ihren selbständigen Kaufleuten, mit denen sie ja in einer genossenschaftlichen oder genossenschaftsähnlichen Verbindung steht, nimmt die Rewe-Zentrale über Verträge Einfluß auf die Sortimente in den Läden. Dies jedoch müßte die ureigenste Entscheidung des Kaufmanns vor Ort sein. Die Rewe nennt diese Form der Einflußnahme dann auch vielsagend ihr »Partnerschaftsmodell«. Wenn eine solche Politik meines Erachtens auch nicht klug ist, so ist sie doch verständlich, wenn man die Einkaufslastigkeit des Handels betrachtet.

In einem 1997 in der *Lebensmittel-Zeitung* erschienenen Artikel »Neue Freiheiten für Marktleiter« geht Uwe Rosmanith stellvertretend für viele andere Handelsunternehmen auf die bei der Rewe gestellten Fragen ein. Inwieweit konterkariert der Unternehmer vor Ort mit seinem Zugriff auf Sortiment und Preis nicht genau die Strategie, die von den meisten großen Handelshäusern in der Zentrale eingeschlagen wurde? Verbunden mit den entsprechenden Leistungszulagen an die Industrie sowie dem Ziel, den optimalen Einkaufspreis durch Bündelung zu erzielen, sei die Beschaffung und Steuerung der Sortimente nicht umsonst in die Zentralen verlagert worden.

Bei dieser Argumentation spielt der Kunde überhaupt keine Rolle, und die vollmundige »Kundenorientierung« wird zum reinen Lippenbekenntnis. Worum es einzig und allein geht, ist das Aushandeln weiterer Zehntel Prozente bei der Industrie. Entsprechend sieht es in den Filialen auch aus: Die Sortimente im Einzelhandel erwecken oft den Eindruck, als seien die Regale in den Läden Messestände der Lieferanten.

In meiner Praxis, die geprägt ist von den Prinzipien der Delegation, bin ich zu einer anderen Lösung des Problems »Wie beherrsche ich 6000 Artikel?« gekommen. Eine Verkäuferin in einem Laden hat das einmal die »Zahnpasta-Philosophie« genannt.

Die Zahnpasta-Philosophie

Nach der »Zahnpasta-Philosophie« wird vielen Verkäuferinnen oder Verkäufern und den Warengruppenleitern in den Läden (nicht den Filialleitern) jeweils eine kleine Artikelgruppe zur Betreuung zugeordnet. Diese Verkäuferin ist Ansprechpartner der Einkaufsabteilung, und der Einkauf darf keine Sortimentsentscheidungen ohne ihre Mitwirkung fällen.

Was ist nun genau ihre Aufgabe? Sie stellt Überlegungen an, ob ihre Artikelgruppe unter den definierten Rahmenrichtlinien des Unternehmens optimal zusammengesetzt ist. Sie überlegt, ob die Packungsgrößen richtig sind, ob einzelne Artikel gestrichen werden könnten, ob wichtige Artikel im Sortiment fehlen. Sie kann experimentieren, Versuche machen mit Plazierungen, eventuell sogar mit preispolitischen Maßnahmen. Und sie besucht Mitbewerber, um zu sehen, was sich dort tut. Sie wird auf diese Weise der Fachmann bzw. die Fachfrau im Unternehmen und damit jedem Einkäufer mit ihrem Know-how überlegen und ihm so eine Hilfe sein können. Als Gesprächspartner und Ratgeber kann sie sich an ihren Vorgesetzten, den Filialleiter oder auch ihre Kolleginnen wenden.

Was spricht dagegen? Der Haupteinwand von Traditionalisten wird immer sein: Das kann sie doch gar nicht. Falsch! Sie kann. Wenige machen sich im übrigen klar, daß gerade der Lebensmitteleinzelhandel optimal für solche Methoden geeignet ist, weil man in den dort überwiegend beschäftigten Frauen von Haus aus »Fachleute« auf diesen Gebieten hat. Diese Mitarbeiterinnen gehen in der Regel täglich einkaufen, bereiten zu Hause die Mahlzeiten für ihre Familien zu und sind in jedem Fall selbst Konsumentinnen.

Ich kann daher nur dafür plädieren: Mehr Mut im Handel! Die ausgetretenen Pfade auch einmal verlassen! Querdenken und etwas Neues anpacken heißt die Devise! Was kann denn noch passieren bei den heutigen Margen und stagnierenden Umsätzen, die von vielen Fachleuten als katastrophal bezeichnet werden?

Die »Zahnpasta-Fachfrau« kann eine wichtige Partnerin des Category-Managers sein (vgl. dazu den Abschnitt »Nicht der Einkauf, sondern das Verkaufskonzept entscheidet«) und eine erfolgreiche Rolle in seinem Team spielen. Die dm-Drogeriemarktkette zum Beispiel kennt keine traditionellen Einkäufer mehr, sondern nur noch Sortimentsmanager und -teams.

Das Problem der Bewältigung einer großen Artikelzahl soll mit dem folgenden Beispiel der Artikelgruppe Fahrradzubehör in einem großen Verbrauchermarkt noch einmal deutlich vor Augen geführt werden. Die Zahlen sind symptomatisch für die Unfähigkeit, diese Probleme zu lösen. Sie zeigen aber auch, welche großen Reserven hier vorhanden sind und welche Verschwendung darin liegt, sich nicht wirklich mit den Grundsätzen und den Details auseinanderzusetzen. Auf jeden Fall dürfte es für jede Unternehmensleitung ertragreicher sein, sich hiermit zu beschäftigen, als sich mit einem befreundeten Lieferanten zum Essen zu treffen oder einen Kongreß zu besuchen, um das angeblich Neueste aus Wissenschaft und Praxis zu erfahren.

Der Verbrauchermarkt des Beispiels ist ein hochprofitabler Markt eines großen, sehr bekannten Lebensmittel-Filialunternehmens in Deutschland und liegt in einer norddeutschen Kleinstadt mit ländlicher Umgebung. Auf 2200 Quadratmeter Verkaufsfläche werden jährlich 26 Millionen Mark Umsatz erzielt. Gute Mietkosten und gute Personalleistungen führen zu überdurchschnittlichen Dekkungsbeiträgen dieses Marktes zum Unternehmensergebnis. Der Non-Food-Anteil am Gesamtumsatz entspricht dem Durchschnitt vergleichbarer Märkte vieler Unternehmen, die oftmals vergleichbare Sortimente führen, also auch Fahrradzubehör.

In der Gruppe Fahrradzubehör werden insgesamt 182 Artikel geführt. Die Bestückung der Regale erfolgt durch sogenannte Rackjobber, also Lieferanten, die den Markt direkt besuchen, dort die Bestände pflegen und Nachbestellungen selbst vornehmen. Der Handel nimmt solche Serviceleistungen gern entgegen, weil sie ihn von aufwendigem eigenen Personaleinsatz entlasten. Außerdem ist der Rackjobber ja auch Fachmann, der die Aufgabe besser erledigen könnte. Die Fehler und Mängel, die ich hier aufzeigen möchte, haben allerdings nicht nur mit dem sehr ausgeprägten Eigeninteresse des Lieferanten und der mangelnden Kontrolle durch den Markt zu tun. Auch mit eigenen Mitarbeitern würden die Verhältnisse nicht viel anders sein, wenn man nicht mit besonderen Methoden, wie zum Beispiel den oben beschriebenen, arbeitete.

Zunächst – ohne bereits auf die Zahlen einzugehen – fällt in der Zusammensetzung des Sortiments einiges auf, und diese Feststellungen kann man treffen, ohne tiefergehende quantitative Analysen anzustellen: Zum Sortiment gehören etwa ein Kettenschutz, Pedale für Tourenräder, Lenker und zwei verschiedene Ausführungen von Satteln. Jeder halbwegs erfahrene Radfahrer weiß, daß er kaum jemals an seinem Fahrrad einen Lenker nachgerüstet hat oder den Kettenschutz austauschen mußte. Wenn das aber doch einmal der Fall sein sollte, so führte ihn der Weg in der Regel direkt zum Spezialisten mit der notwendigen Auswahl für einen meist komplizierten Fall, vielleicht mit Montage. Die Schlußfolgerung müßte also wohl sein, daß solche Artikel nicht im Sortiment zu führen sind. Man würde ja ohnehin immer mehr als eine Variante dieses verhältnismäßig hochwertigen Artikels führen müssen. Die Schlußfolgerung kann getroffen werden, ohne die Zahlen zu kennen. Dies ist exakt die Empfehlung, die der Nobelpreisträger Gerd Binnig gibt bei der Erläuterung des Zusammenhangs zwischen »Dummheit«, im Sinne des Verzichts auf Informationen, und Kreativität.

Nun, die Zahlen bestätigen unsere Annahmen: Vom Artikel Kettenschutz wurden monatlich im Jahresdurchschnitt 0,3 Stück verkauft, von den Tourenpedalen 0,9 Stück. Dabei bleibt sogar noch fraglich, ob dies echte Verkäufe waren oder möglicherweise sogar die eine oder andere Form von Schwund, zu dem auch der Diebstahl gehört.

Der Kern des Problems wird jedoch an dem folgenden zahlenmäßigen Zusammenhang deutlich, der beweist, daß in der Führung solcher Betriebe einiges im Argen liegt: 182 Artikel werden im Sortiment geführt, davon 56 Artikel mit einem Umsatz unter 1 Stück monatlich; diese Verhältnisse entsprechen mehr einem Juweliersortiment als einem Verbrauchermarkt, der üblicherweise auf den Massenkonsum mit schnell drehenden Artikeln ausgerichtet ist. Nur: Niemand kennt diese Zusammenhänge. Man beschäftigt sich zu wenig mit Details. Man fragt zu wenig, warum das Sortiment so aussieht und warum es gut ist, Rackjobber einzusetzen.

Neue kundennahe Verfahren sind viel wichtiger als die leidvollen Übungen, die in den Zentralen stattfinden, um die Datenfluten in den Griff zu bekommen. McKinsey-Direktor Peter Barrenstein hat zwar die Margenkatastrophe erkannt[30], aber er löst die Probleme nicht, wenn er fordert:

> »Die Bewältigung der in den Warenwirtschaftssystemen anfallenden Daten zwingt dazu, eine neue Einkaufs- und Verkaufsanalytik aufzubauen. Man kann diese Daten ja nicht einfach den Abteilungsleitern auf den Tisch werfen. Die Zahlen müssen in einer Art und Weise aufgearbeitet werden, die sie praktisch nutzbar macht.«

Mit den Daten von Scannerkassen könnte man solche Mißverhältnisse wie im obigen Fahrradbeispiel mehr und mehr in den Griff bekommen. Allerdings müssen sich immer Personen mit den Ergebnissen beschäftigen. Trotzdem gilt auch hier: Weniger ist oft mehr. Und das Nachdenken ohne Zahlen ersetzt immer noch manch komplizierte Analyse. Die »Zahnpasta-Philosophie« kann auch angewendet werden auf Fahrrad-Pedale und Fertigsuppen.

Weniger ist mehr

Alle betrieblichen Systeme, die Organisation, die Kommunikation, ja sogar Umfang und Art von Sitzungen werden von der Artikelzahl bestimmt. Metro oder gar Karstadt mit über 100 000 Artikeln müssen anders arbeiten, aber auch Tengelmann mit seinen Supermärkten und etwa 15 000 Artikeln muß fast alles anders machen als ALDI. Diesen kardinalen Unterschied hat man selbst in der Fachwelt nicht ausreichend gewürdigt. Oft wurde viel zu oberflächlich auf die sparsame Ladenausstattung bei ALDI verwiesen, um Erfolge und Unterschiede zu erklären. Daraus ergibt sich natürlich, daß nicht alles von ALDI auf andere übertragbar ist. Aber auf die Grundgedanken kommt es an, zum Beispiel darauf, daß für den Kunden jeder Artikel wichtig ist und der Handel die Frage zu lösen hat, wie er diese Schwierigkeit in den Griff bekommt. Dafür gibt es dann »Zahnpasta-Philosophien«, aber auch die wichtige Erkenntnis, daß nicht die Lieferanten die Sortimente bestimmten sollten.

ALDI hat sein ehernes Prinzip vom beschränkten Sortiment nie verändert, auch wenn es für den außenstehenden Betrachter oft so aussah. Aber mit der Einführung von 25 Tiefkühlartikeln wurden eben 25 andere, schwache Artikel, die nicht mehr zum notwendigen Grundbedarf des Haushalts gehörten, gestrichen. Die Sortimente wurden verändert, anders zusammengesetzt, aktualisiert, aber nicht ausgeweitet.

Die Kommentare der Wettbewerber oder der Fachpresse sahen allerdings immer wieder ein Ende, eine Erschlaffung des Konzeptes: Jetzt ist ALDI (aber endlich ... und endgültig) gezwungen, sein Sortiment auszudehnen. Mit anderen Worten: Jetzt müsse ALDI endlich so werden wie die anderen. Damit werden sie die gleichen Verhältnisse und Bedingungen haben, und der über all die Jahre so störende Konkurrenzvorsprung geht verloren. Hier liegt auch für einen Insider wie mich einer der bewundernswerten Erfolge der ALDI-Unternehmenspolitik, einer starken Kultur, nämlich den Verlockungen von Sortimentsausweitungen eben *nicht* zu folgen. Schließlich würden ja 50 Artikel mehr doch nichts ausmachen? Sie könnten doch sicherlich 5 Prozent Umsatzsteigerung bringen. Das würde bei ALDIs heutiger Größe allein in Deutschland einen Umsatzzuwachs von etwa fast 1,5 Milliarden bringen. Wäre das nicht für jedes andere Unternehmen ausgesprochen verlockend – bei der im Handel oft verbreiteten Umsatzgier? Nun, ALDI Nord ist dieser Verlockung angesichts stark wachsender Konkurrenz in der jüngsten Zeit auch erlegen mit der Erhöhung der Artikelzahl. Ein Zeichen der Schwäche? Ein Fehler? Vermutlich ja.

ALDI profitiert mit seiner beschränkten Artikelzahl auch von Konsumenten, die nach Meinung von Trendforschern die Ware einfacher, dauerhafter, billiger und schlichter wünschen und von zu viel Neuem entlastet sein möchten. Die amerikanische Zukunftsforscherin Carol Farmer sprach auf dem Kongreß *Moderne-Markt-Methoden (MMM)* 1994 in München von der bereits begonnenen »less decade«, was so viel bedeutet wie »weniger ist mehr«. Aber das bedeutet auch geringere Kosten und geringere Roherträge oder Verdienstspannen am einzelnen Artikel.

Das ungeheuer vielfältige Angebot unserer Zeit ist eine große Belastung für den Kunden, nicht nur zeitlich. Der Trendforscher Matthias Horx stellte fest[31]:

»Der Konsument will von zuviel Neuem entlastet werden. Er will die angebotenen Waren einfacher, dauerhafter, billiger, schlichter und ökologisch.«

Viele Kunden verzichten inzwischen gern einmal auf die große Auswahl, wenn sie denn sicher sein können, mit dem schnellen einfachen Griff ins Regal einen guten Griff zu tun. ALDI entlastet den Kunden. Wie schwierig ist es, mit einiger Sicherheit einen guten Lachs auszuwählen aus einem Angebot mehrerer Sorten? Ich kaufe gern meinen Wein bei ALDI für DM 7,95 und weiß, daß er sorgfältig ausgesucht ist und ich mich auf die Qualität verlassen kann. Hunderte Verkostungen während meiner Zeit bei ALDI haben mir natürlich eine noch größere Sicherheit gegeben, als sie ein normaler Kunde haben kann. Weinkauf bei einem anderen Supermarkt dagegen kann ein großes Problem sein. Nicht allein, daß eine gleiche Qualität im Preis zwischen 12 und 17 DM liegen kann. Hinzu kommt die

Qual der Wahl, wobei die Qualität dann auch noch in höheren Preisklassen keineswegs gut sein muß. Inzwischen verkauft ALDI sogar einen französischen Margaux-Rotwein vom Jahrgang 1993 zum Preis von 17,98 DM. Bei Annahme der traditionellen Kalkulationsmethoden bei ALDIs Mitbewerbern müßte es sich bei diesem Wein bei jenen um eine Preiskategorie von mindestens 35 DM handeln. Wieder eine Novität im Sortiment, nachdem vor mehreren Jahren bereits erfolgreich mit dem Champagnerverkauf begonnen wurde. Champagner zum Preis zwischen 16 DM und 20 DM gehört inzwischen sogar zum Standardsortiment.

Nicht der Einkauf, sondern das Verkaufskonzept entscheidet über den Erfolg

Wenn der Wareneinsatz, also der Wert der eingekauften Ware, der Einkaufspreis, als Kostenfaktor angesehen wird, so macht dieser regelmäßig den größten Kostenblock im Handel aus. 60 bis 80 Prozent sind durchaus üblich. Es ist aber ein Trugschluß zu glauben, man habe das Entscheidende zum Erfolg dann beigetragen, wenn man - vermeintlich - gute Einkaufspreise erzielt hat.

Der ALDI-Erfolg beruht letztlich nicht - wie viele Mitbewerber meinen - auf dem Einkauf, sondern ist im Verkauf, in der Absatzpolitik und in der Kundenorientierung begründet. Es ist sogar sicher, daß ALDI im Vergleich zur Konkurrenz nicht immer die günstigsten Einstandspreise hat. Im übrigen sind Preisvergleiche aufgrund der komplizierten und unübersichtlichen Konditionenpolitik der Industrie auch nicht zweifelsfrei möglich.

In vielen Unternehmen wird über die Kernfragen zu wenig nachgedacht. Wichtiger als die Frage nach dem Einkaufspreis ist etwas anderes:

Warum soll der Kunde eigentlich in meinem Laden kaufen?
Warum soll der Kunde gerade mein Produkt kaufen?

Diese Frage, die Kernfrage des Marketings und der Unternehmensstrategie, gilt für praktisch alle Unternehmen und Einrichtungen, vom Autohersteller über die Hotelkette bis zum Sinfonieorchester. Es ist die einfache Frage nach der strategischen Ausrichtung, nach dem Konzept eines Unternehmens. Für die Antwort reicht eine vage Zielformulierung, etwa »man wolle den Menschen gute Produkte preiswert anbieten«, nicht aus.

Phantasielos wird versucht, den Kunden mit Sonderangeboten zu locken. Einkäufer und Lieferanten treffen sich und machen ihre Jahresprogramme. Die Industrie will einen Artikel besonders herausstellen, und der Handel erfüllt den Wunsch gegen eine besondere Zahlung (Aktionsrabatte oder Steigerungsrabatte).

Die Praxis zeigt, wie eine derartige Einkaufspolitik die Sortimentspolitik des Handels beeinflußt und wie die Erträge betroffen sind. Handelsgruppen wie Edeka, Rewe und Spar entscheiden darüber hinaus oft gegen die ureigensten Interessen ihrer eigenen Kaufleute. Die Jahresgespräche mit der Industrie führen zu Absprachen über eine bestimmte Anzahl von Aktionen oder Verkaufsaktivitäten. Die einkaufende Organisation erhält dafür vom Lieferanten zusätzliche Konditionen, die sie nicht immer direkt an ihre Kaufleute weitergibt. Werbemittel für die Aktion sind dann ein Flugblatt oder eine Anzeige in der Zeitung. Durch seine Firmierung ist der Kaufmann nun natürlich gezwungen, diese Aktion mitzumachen, das heißt, er muß den betreffenden Artikel disponieren, auch wenn er diesen üblicherweise gar nicht im Sortiment führt und seine eigene Sortimentspolitik ihn ausschließt. Die Werbung zwingt den Kaufmann, ausreichende Mengen zu bestellen, damit Kunden nicht verärgert werden. Regalplätze müssen bereitgestellt werden, und die Reste nach der Aktion verbleiben dann oft monatelang im Regal – von der nicht immer passenden Preispolitik, die Spannenverluste bedeutet, einmal abgesehen. So dehnt sich das Sortiment aus, ohne daß dem strategische Überlegungen zugrunde liegen. In einer Verkaufsaktion beworbene Artikel wie zum Beispiel Faber Sekt oder Colgate

Zahnpasta belasten das Sortiment und stören die konzeptionellen Überlegungen des Kaufmanns, wenn dieser die Artikel nicht in seinem Sortiment führen will.

ALDI dagegen stellt sein Sortiment mit eigener Überlegung und vorrangiger Orientierung am Kunden zusammen. Die Lieferantenkonditionen spielen überhaupt keine Rolle bei der Sortimentsstrategie, während sie bei den lieferantenorientierten Mitbewerbern oft die einzige »Strategie« darstellen. So werden trotz der sogenannten Nachfragemacht des Handels die Händler zu Verkaufsabteilungen der Industrie. Bei den im Vergleich zu den Edeka-, Spar- und Rewe-Einzelhändlern autonomen Filialunternehmen geht es nicht viel anders zu. Die Praktiker im Verkaufsbereich sind damit zwar unzufrieden, aber es beschwert sich keiner mehr. Es ist, als müsse das so sein. Wiederum ein Vorteil für ALDI.

Erwin Conradi hat zu diesem Thema einmal deutliche Worte formulierte[32]:

»Ich glaube, daß die Kunden solchen Unternehmen und Vertriebsformen gewogen sein werden, die sich zu einer klaren Mission bekennen, die ein erkennbares Profil und glaubwürdige Kompetenz ausstrahlen.«

Wer wollte ALDI die Erfüllung dieser Conradi-Forderung absprechen? Und die anderen? Natürlich verhandeln alle hart, und sicher auch die Metro. Aber, was die meisten Fachleute mit »Einkaufsmacht« bezeichnen und meinen, ist tatsächlich »Verkaufsmacht«: die Fähigkeit, hohe Umsätze zu tätigen. Verkaufsmacht ist nicht ein Teil oder die Folge der Einkaufsmacht, obwohl Einkaufsmacht hier unterstützend wirken kann. Die Hauptfaktoren der Verkaufsmacht sind andere: Verkaufskonzept, Produkte, Qualitäten, Preise, Standorte, Marketing.

Über den Erfolg entscheidet die »klare Mission« und nicht der Werbekostenzuschuß (WKZ) des Lieferanten, der von kritischen Beobachtern auch als das »Hochzeitsgeld« der Lieferanten bezeichnet wird. Will ein Lieferant einen neuen Artikel beim Handel plazieren, so muß er sich einiges einfallen lassen, um den Handel gnädig zu stimmen. Da der Handel immer Geld braucht, verlangt er von der Industrie eine bestimmte Summe für die Einlistung dieses neuen Artikels. Da der Handel für diesen Artikel einiges tut - er präsentiert ihn in seinen Regalen muß gezahlt werden. Diese Beträge sind dann die Fonds für die besonderen Erfolge der Einkäufer. Wie können sie nachweisen, wie erfolgreich sie waren? Ob ein bestimmter Einkaufspreis ein Erfolg ist, weiß niemand. Vielleicht wurde zu teuer eingekauft. Wenn der Einkäufer aber zum Jahresende eine schöne Summe Geld »angespart« hat, dann ist das ein Erfolg. Solche Summen werden sogar in den Jahresbudgets geplant. Ob aber der Einkaufspreis generell »richtig« ist, darüber sagen die WKZ nichts aus. Und die Lieferanten planen solche Extras natürlich zuvor mit ein.

Es gibt viele Ideen, die der Handel hier entwickelt hat, um seine eigenen Kreativitätslücken auf den konzeptionellen Feldern zu schließen. Einige Beispiele:

- *Auslistungsverhinderungsrabatte:* Von der Industrie werden Beiträge dafür verlangt, daß ein im Sortiment vorhandener Artikel weitergeführt und nicht ausgelistet wird.
- *Neueinlistungsgelder.* Für die Aufnahme eines neuen Artikels in das Regal muß die Industrie etwas zahlen.
- *Jubiläumsprämien:* Wenn ein Handelsunternehmen Geburtstag hat - sei es der zehnte oder vielleicht auch der fünfunddreißigste - dann erwartet man ein finanzielles Geburtstagsgeschenk; die Edeka verschickte zu ihrem 90. Geburtstag Spendenaufrufe an die Industrie: »... wenn Sie uns einen einmaligen Betrag von 50 000 Mark zur Verfügung stellen, kann das Umsatzfeuerwerk im Herbst wie geplant über die Bühne gehen ...«[33]
- *Zuschüsse zur Eröffnung eines neuen Zentrallagers:* Ein neues Lager des Händlers kostet viel Geld, da braucht man Sponsoren.
- *Unterstützung der Auslandsexpansion:* Wenn der Lieferant berechtigte Hoffnung auf seinen »eigenen Auslandsein-

satz« durch Führung seiner Artikel erhalten möchte, so sollte er einen Investitionsbeitrag leisten; dieser ist allerdings vielleicht auch schon dadurch »berechtigt«, daß der Lieferant seine Geschäfte im Inland bis auf weiteres »fortführen darf«.

- *Ladenöffnungszeitenverlängerungsrabatt.* Nach der Änderung des Ladenschlußgesetzes in Deutschland mit einer Verlängerung der Ladenöffnungszeiten von 18.30 auf 20 Uhr erhält der Lieferant die »große Chance«, seine Ware für eineinhalb Stunden länger in den Regalen des Handels »ausstellen« zu dürfen.
- *Umsatzausfallvergütung.* Wenn wegen Nichtlieferung oder verspäteter Lieferung (fehlende Artikel in den Läden) Umsatzverluste entstehen, so wird hierfür Schadenersatz geltend gemacht. Da solche Zusammenhänge aber nur schwer nachweisbar und quantifizierbar sind, werden ersatzweise sogar Pauschalvergütungen dafür gefordert.
- *Juniorenrabatt.* Das ist die neueste Kreation des Handels. Laut *Lebensmittel-Zeitung* vom 30. 5. 1997 gibt es eine mündliche Forderung der Firma Tengelmann an die Industrie, für den »reibungslosen Generationswechsel« von Erivan Haub zu seinem Sohn Karl Erivan einen Juniorenrabatt zu gewähren.
- *Zukunftsbonus:* eine Erfindung des »Nürnberger Bundes«. Die langjährigen Industriepartner der kürzlich durch einen Vergleich gerade noch geretteten Genossenschaft für den Einkauf von Haushaltswaren sollen sich an der strategischen Neuausrichtung mit einer einmaligen Bonuszahlung beteiligen. Die gleichen Lieferanten hatten teilweise zuvor mit einem Forderungsverzicht das Unternehmen gerettet[34].

Dagegen klingen einige konventionelle Rabatte regelrecht harmlos:

- Sofortabzugsrabatt
- Bezugsmengenstaffel
- Artikelgruppenrabatt

- Artikelsofortrabatt
- Nachträgliche Artikelvergütung
- Aktionsrabatt
- Nachträglicher Bonus
- Steigerungsbonus
- Leistungsvergütung
- Zentralvergütung
- Kleinstreklamationsvergütung
- Vergütung für Sortimentszuwächse
- Vergütung für Verkaufsflächenzuwächse
- Medienbezogene Vergütung
- Verkostungskondition
- Ordersatzzuschuß

Die Industrie fühlt sich gezwungen, dem Handel nachzugeben, aus Angst, die Geschäftsverbindung aufgeben zu müssen. Grund ist vielfach, daß die Produkte selbst austauschbar sind, sich zu wenig voneinander unterscheiden, zu wenig differenzierten Nutzen für den Verbraucher enthalten, kurzum: Die Frage, warum der Handel das Produkt führen sollte, kann nicht klar beantwortet werden. Innovationen fehlen. Aber einige Unternehmen, wie zum Beispiel Ferrero, bewältigen diese Aufgabe mit Bravour, hohen Umsätzen, guten Gewinnen und einer starken Stellung gegenüber dem Handel. Kaum ein Unternehmen der Lebensmittelbranche hat so starke und besondere Marken wie Ferrero (Kinder-Überraschungseier, Nutella, Mon Chéri, Rocher, Raffaelo).

Die tieferen Gründe für solch unfaßbare Rabattpolitik liegen nicht in der Schwäche der Industrie generell, die in Deutschland bei 224 Milliarden Mark Umsatz weit über 500 000 Mitarbeiter beschäftigt. Der wahre Grund liegt meiner Meinung nach vielmehr in strategischen Fragen, in Führungs- und Organisationsmängeln und in der mangelhaften Ausschöpfung der Kreativität der Mitarbeiter. Nach einer Studie von Anderson Consulting[35] sollen 40 Prozent der Belegschaften deutscher Unternehmen innerlich bereits gekündigt haben und keine Gedanken mehr auf das Wohlergehen ihrer Unternehmen verwenden.

Bei ALDI gibt es eine solche »Rabattpolitik« nicht. Dort heißt es Einkaufspreis netto/netto – nach Abzug aller Nachlässe, die den Einkäufer gar nicht interessieren. Dort konzentriert man sich auf Wesentliches, nämlich darauf, was das Bedürfnis des Kunden ist, auf die ureigenste Mission des Unternehmens.

Die Folgen solcher Politik des Handels sind einfach:

Hoher WKZ + schwache Mission = kleiner Erfolg
Niedriger WKZ + starke Mission = großer Erfolg

In einem 1994 in der *Lebensmittel-Zeitung* erschienenen Aufsatz mit dem Titel »Die Herausforderung managen« schreibt Bernd Biehl, daß sich die Allmacht der Einkaufsabteilungen in den vergangenen Jahrzehnten in Deutschland zum Allerheiligsten der Handelsunternehmen entwickelt hat. Die Einkäufer werden daran gemessen, welche Bruttospannen, die Differenz zwischen Verkaufs- und Einkaufspreis, sie rechnerisch herausholen.

Offenbar hat der Einkauf in manchem Unternehmen auch über den Verkaufspreis die Entscheidungshoheit. Bei ALDI entscheidet über eine der wichtigsten Fragen, nämlich den Verkaufspreis, die oberste Geschäftsleitung, das heißt die Geschäftsführer und der Verwaltungsrat.

Bedenklich erscheint auch eine neue Strategie der Firma Plus, die jetzt die Leistungskennziffern »Rohertrag« und »Umschlagshäufigkeit« ins Visier nehmen will – der Kunde bleibt im Nebel. »Rohertrag« ist die Differenz zwischen Verkaufspreis und Einkaufspreis. Geht man davon aus, daß die Einkaufspreise für jeden einzelnen Artikel relativ festgelegt sind, so kann Plus seinen Rohertrag nur durch zwei Maßnahmen erhöhen: zum einen können die Verkaufspreise erhöht werden. Der Erfolg scheint ungewiß. Es kann aber auch die Zusammensetzung des Sortiments verändert werden, denn der Rohertrag ist ja auch die Summe aus dem Verkauf aller Artikel. Auch hier ist der Erfolg fraglich, wenn alles nur unter dem Gesichtspunkt des Rohertrags geschieht, die Kundenwünsche aber nur eine geringe Rolle spielen.

Noch unklarer ist, was mit einer Verbesserung der »Umschlagshäufigkeit« wirklich gemeint sein soll. Der Quotient aus Umsatz und Warenbestand (wie oft wird der Bestand in einem Monat umgeschlagen: Umsatz 10 Millionen und Bestand 2 Millionen ergibt eine Umschlagshäufigkeit von 5 mal im Monat) kann kaum als große Strategie bezeichnet werden. Bestandsoptimierung im Rahmen guter Logistik ist ein selbstverständliches Muß, Umsatzerhöhung ein gutes Ziel. Die Frage ist: Wie? Strategieüberlegungen müssen sich um die Kunden ranken - sonst nichts.

Die sehr oft fehlende ganzheitliche Betrachtung aus der Sicht der Kunden und aus konzeptionellen Überlegungen heraus führt nicht zuletzt zu den aggressiven Verkaufsaktionen der Hersteller in Form von Ladendisplays, in denen die Produkte in besonders schicker Weise angeboten werden und dabei das Ladenbild und den organisatorischen Ablauf kräftig stören. Von den meistens zu hoch disponierten Mengen einmal abgesehen, die nach Abschluß der Aktion ins Ladenlager wandern oder in die Regale gequetscht werden. Solche Entwicklungen - immerhin über Jahrzehnte - sind eine Folge der Fehleinschätzung über die wirklichen Erfolgsfaktoren im Handel, die zwangsläufig auch immer wieder zu falschen »Erklärungen« für den sagenhaften ALDI-Erfolg geführt haben.

Heute werden vielerorts neue, kundennahe Organisationsformen gefordert und diskutiert. Mit den neumodischen Konzepten vom »Efficient Consumer Response« und vom »Category Management« versucht man, die Denkrichtung zu verändern. Zweifelhaft ist, ob das viel propagierte Konzept des Efficient Consumer Response das leisten kann. Zunächst wird wieder einmal sehr kompliziert gedacht. Aber eine einfache Methode kann ja auch nicht so elegant über eine Vielzahl von Kongressen und mit komplexer, aber gewinnbringender Software verkauft werden.

Exkurs: Efficient Consumer Response (ECR)

Unter Efficient Consumer Response (ECR) wird im allgemeinen verstanden die ganzheitliche Abstimmung und Steuerung des Waren- und Informationsflusses zwischen der Industrie und dem Handel. Dazu werden als Systembestandteile beziehungsweise als Themen gerechnet:

- Sortimentsoptimierung
- Aktionsverkäufe
- Produkteinführungen
- Abverkaufskonzepte der Industrie
- ganzheitliches Kundenmanagement
- kontinuierliche Warenversorgung Datenträgeraustausch

Über Electronic Data Interchange (EDI) sollen Warenflüsse gesteuert, optimiert und dokumentiert werden. Daten, die aus modernen Scannerkassen im Handel gewonnen werden, sollen helfen, Grundlagen für Optimierungen zu schaffen. Dabei denkt man an sogenanntes modernes Space Management (Flächen- und Regaloptimierung im Handel) und an die Gestaltung eines optimalen Sortimentsgleichgewichts. Ziel ist es, auf beiden Seiten Einsparungsmöglichkeiten zu realisieren durch bestmögliche Versorgung der Kunden und durch optimale Lagerhaltung. Als »Grundphilosophie« des ECR wird auch genannt, den gemeinsamen Kunden, den Konsumenten, besser, schneller und billiger zu bedienen.

Man hat erkannt, daß gemeinsames Handeln Vorteile bringt. Sofort kommt aber auch die Frage auf nach einer »gerechten« Verteilung der Einsparungen. Berater haben angeblich in der Wertschöpfungskette »Optimierungspotentiale« in Höhe von 7,3 Prozent bis sogar 10,8 Prozent vom Umsatz in Aussicht gestellt. Wenn man bei 0 anfängt? Auch, wenn Industrie und Handel sich das brüderlich teilten, könnte der deutsche Einzelhandel seinen Gewinn mindestens verdreifachen und dabei auch dem Verbraucher noch etwas geben.

Das ECR Board Europe, ein Gremium aus Industrie- und Handelsvertretern, hat »14 Konzepte« in einer »offiziellen Score-Card«, einer standardisierten Check-Liste veröffentlicht. Im ECR engagierte Beratungsunternehmen meinen, »in Zukunft werden jene Handelsunternehmen erfolgreich sein, denen es gelingt, die mit ECR verbundenen organisatorischen Veränderungen zu implementieren und interne Reibungsverluste zu reduzieren. Somit erfordere die Einführung von ECR ausgeprägte Erfahrungen mit dem Management von Veränderungen und Konflikten«. Diese Einschätzungen dürften – wie so viele Konzepte – an erheblichen Übertreibungen leiden, wie sie die Branche insbesondere seit der Diskussion um die »Direkte Produkt-Rentabilität« (DPR) kennt und wie sie beim Category Management wiederholt werden. Die Umsetzung von ECR und deren Komponenten ist nichts anderes als tägliche Detailarbeit.

Wort- und Gedankenungetüme für die selbstverständlichsten Themen und Aufgaben? Was soll man von Sätzen halten wie »Trademarketing wird zur Drehscheibe für die Geschäftsbeziehungen zum Handel«? Oder: »Markenfokussierte Marketingpläne gehen in einen Kategorienplan auf«? Einsparungen bis 10,8 Prozent vom Umsatz? Vernebelungen durch eine bombastische Sprache und Sprüche sind für die Unternehmen kaum hilfreich.

ECR beschreibt solche Selbstverständlichkeiten, daß die Frage erlaubt sein muß, was die eigentliche Ursache für die Entwicklung derartiger Verfahren ist. Ich vermute, daß es den Unternehmen an anderen Erkenntnissen und Überzeugungen mangelt. Vielleicht fehlt eine klare strategische Ausrichtung oder eine klare zielorientierte Führung, vielleicht fehlt es auch an kulturellen Elementen in der Unternehmensführung. Zumindest fehlt es aber an der Erkenntnis, daß Retail gleich Detail ist. Das gilt allerdings für andere Branchen und Wirtschaftszweige sowie für vieles andere im Leben auch.

Die Realisierung kürzerer Wartezeiten ist schlicht eine Selbstverständlichkeit. Das Ziel standardisierter Transportverpackungen wird seit längerer Zeit verfolgt, unter anderem, um Kartonmaße mit Palettenmaßen zu harmonisieren. Elektronischen Datenaustausch gibt es auch schon seit vielen Jahren. Daß man hier zu standardisieren versucht, ist ebenso eine Selbstverständlichkeit. Es ist wohl auch nicht neu, daß Handel und Industrie sich bei prinzipiell jedem Produkt verständigen müssen über Lieferhäufigkeit, Bestandshaltung, Lieferdauer und Dispositionstechniken. Das war schon immer so. Schon immer war es auch Ziel des Handels, dadurch seine Bestandshaltung einzugrenzen, aber auf der anderen Seite die gemeinsamen Logistikkosten zu reduzieren (Lieferhäufigkeit und Liefermenge), denn das ermöglicht Preissenkungen. Abstimmungen und Gespräche zwischen den Partnern ermöglichen natürlich auch eine optimierte Produktion und Vorratshaltung des Lieferanten. Die jetzt so intensiv diskutierte Kooperation kann nicht etwas völlig Neues sein. Selbstverständlichkeiten!

Im Grunde ist ECR also tatsächlich nichts anderes als die Anwendung des Kaizen-Prinzips in der Zusammenarbeit zwischen Industrie und Handel – nur, daß es dafür mit ECR einen schönen und eingängigen Begriff gibt. Es geht dabei jedoch nicht um die Umsetzung eines wirklich neuen Systems, sondern um die Verwirklichung vieler kleiner Verbesserungen nacheinander oder gleichzeitig, voneinander abhängig oder unabhängig. Hier kann man eigentlich nur raten: Tut alles mögliche, Schritt für Schritt, tastet Euch wie ALDI und Einstein an die Lösungen heran. Macht keine komplizierten neuen Systeme. Vielleicht sind auch die vielen Konferenzen zu diesem Thema weniger wichtig als unterhaltsam und eine nette Abwechslung im anstrengenden Managerdasein. Die 2. ECR-Konferenz mit Gastredner Ignacio Lopez, der KVP^2, wie das Kaizen-System bei VW heißt, populär gemacht hat, lockte 1997 immerhin 1600 Manager aus Industrie und Handel nach Amsterdam – es wurde das bisher größte Branchentreffen in Europa. 1600 Branchenvertreter, die offenbar auch den guten Willen hatten, die Beziehungen zwischen Industrie und Handel zu verbessern. Positiv zu werten ist sicherlich die Absicht, echte Verbesserungen auch finanziell zu honorieren. Ein »gerechtes« System ist allemal besser als die Verteilung von Jubiläums- oder Juniorenrabatten. Nur, das wird nicht gelingen. Diese Rabatte wird es zusätzlich vermutlich immer noch geben.

So teilte der Drogerie-Discounter Schlecker der Industrie mit, daß man ECR und damit eine effiziente Logistik eingeführt habe und nun Konditionsverbesserungen erwarte. Es gibt allerdings auch Stimmen wie die von Beiersdorf-Verkaufsleiter Jürgen Seefeld, die sagen, daß ECR nichts mit Konditionen zu tun habe. Recht hat er, nur wird er sich nicht durchsetzen, wie die Unruhe unter den Teilnehmern der Amsterdamer ECR-Konferenz bei seinen Worten zeigte. Könnte ECR letztlich doch nur heißen: ***E***ndlich ***C***hice ***R***abatte?

Will man sich mit der Entkrampfung der Beziehungen zwischen Industrie und Handel ernsthaft auseinandersetzen, so kann es mehr helfen, sich mit einigen Gedanken zu den Jahresgesprächen und Einkaufsverhandlungen zu beschäftigen, als sich krampfhaft mit neuen Wissenschaften zu befreunden versuchen.

Auf der anderen Seite sind Kooperationen und Gespräche immer nützlich. Vertrauen in Verhandlungen zur Grundlage zu machen und zwischen den Partnern zu entwickeln nach dem Harvard-Konzept – Probleme des anderen lösen, die eigenen Absichten offen darlegen, nicht pokern, sondern so verhandeln, daß man sich gern wiedersieht[36] –, ist sinnvoll und notwendig, um gute Ergebnisse zu erzielen. Insoweit kann jedes Bemühen von ECR und Category Management nur unterstützt werden. Nützlich ist auf jeden Fall, daß sich die Branche über ein neues Reizthema einmal mehr konzentriert auf Verbesserungsmöglichkeiten.

Viele der reklamierten Effekte des neuen ECR sind jedoch durchaus fraglich. Die vielfach zitierten Neuschöpfungen von verursachungsgerechten Rabatten wie die Prämierung des Bezugs ganzer Lkw-Ladungen oder voller Paletten sind in Wirklichkeit keine neuen Themen.

Viel effizienter, viel durchschlagender auf die Ergebnisse und Kosten aller Beteiligten bleibt die gehandelte Artikelzahl. Viele Feinheiten in den Prozessen sind beim ECR angesprochen und zu verbessern, aber der entscheidende Punkt ist die Optimierung des Sortiments - die ECR-Anhänger nennen das »Efficient Assortment«. An einer gemeinsamen Optimierung der Sortimente werden sich die Partner die Zähne ausreißen. Die Entscheidungskompetenz bleibt bei allen Optimierungsversuchen beim Handel. Die Industrie kann mit ihrer Preispolitik Einfluß nehmen.

Organisatorisch wird die Optimierung allein mit allen denkbaren Scannerdaten allerdings nicht gelingen. Die Vielfalt der Möglichkeiten geht prinzipiell gegen unendlich: Artikelvarianten, Hersteller- und Markenalternativen, unterschiedliche Ladenkonzepte in einer Firma - noch dazu mit unterschiedlichen Einkaufsgewohnheiten der Konsumenten an verschiedenen Standorten zu verschiedenen Zeiten - sind nicht zu bewältigen. Wo die Lösung liegt? In konsequenter Dezentralisation und Delegation. Es helfen nur Prinzipien und Prioritäten sowie die Kombination von Einsteins »Ich taste mich voran« mit ALDIs konsequenter Vereinfachung. Die Ausschöpfung von Scannerdaten kann allen Partnern durchaus große Vorteile bieten, vorausgesetzt sie orientiert sich am klugen Umgang mit den wesentlichen Daten nach dem Motto: »Weniger ist mehr«.

ALDI praktiziert beispielsweise das im ECR-System beschriebene »Cross Docking« seit bald dreißig Jahren. Erfunden von Praktikern in den ALDI-Zentrallagern, entwickelt und verfeinert über die Jahre nach dem Kaizen-Prinzip mit der Leidenschaft zur guten Detaillösung. ALDI brauchte dafür keine Konferenz in Amsterdam, die für zwei Teilnehmer ja wohl allein 5000 Mark Reisekosten verursacht hätte.

Unter Cross Docking versteht das ECR die Verkürzung der Lieferkette im Lager des Handels. Dabei wird die Ware nach Ankunft im Wareneingang des Zentrallagers nur noch kurz, maximal 24 Stunden, eingelagert. Dann geht es direkt weiter an die Filiale, ohne vorherige Einlagerung in den Regalbereichen des Lagers. Im Idealfall wird die Ware direkt von der Ankunftsrampe (»dock«) zur gegenüberliegenden

Rampe (»cross dock«) umgeschlagen. Mit vielen sogenannten Schnelldrehern wie Getränken, Zucker, Eiern – sogenannten Palettenartikeln hat ALDI das schon lange praktiziert. Man nannte das den »Freistapelbereich«. Auch Regal- und Dispositionsoptimierungen sind schon immer wesentlicher Bestandteil der Philosophie von den minimalen Kosten gewesen. Schon immer hat ALDI Einfluß genommen auf transportgerechte Verpackungen, die mit den Palettenmaßen zu harmonisieren sind. Nur ALDI wußte nicht, daß man diese Vorgehensweise ECR nennt und daß Beratungsunternehmen damit viel Geld verdienen können.

Exkurs: Category Management

Unter Category Management wird die professionelle Sortimentsplanung verstanden, die oft als Teil des ECR angesehen wird. Das ECR-Europe-Board hat hierzu eine Definition geliefert: »Category-Management (Warengruppen-Management) ist ein gemeinsamer Prozeß von Händler und Hersteller, bei dem Warengruppen als strategische Einheiten geführt werden, um durch Erhöhung des Kundennutzens Ergebnisverbesserungen zu erzielen«. Auch hieraus wurde eine Wissenschaft konstruiert[37].

Beim Category Management geht es im wesentlichen um die Organisation des Einkaufs und der Zusammenarbeit mit Lieferanten und dem Verkauf. Ziele sind die Verbesserung der Kundenbeziehungen, größere Einkaufskörbe, kurz Umsatzsteigerungen. Der »Category Manager« im Handel kooperiert mit seinem Partner aus der Industrie, dem »Category Captain«. Er ist für die »Performance« (auf Deutsch: Erfolg und Entwicklung) der Warengruppe verantwortlich: für den Einkauf, für das Marketing, das Merchandising, die Logistik, den Verkauf und für den Einsatz der Informations-Technologie. Eigentlich ist das gar kein Thema der Industrie. Category Management ist der Versuch des Handels, das schwierige Management von Zehntausenden von Artikeln zu beherrschen, Sortimente, Produkteinführungen und Verkaufsaktionen zu steuern – aber es ist überhaupt weder etwas Neues noch der Schlüssel zur Lösung der Probleme. Die Fragen, die sich der Category Manager stellt, hat sich vorher jeder Einkäufer, Vertriebsleiter oder Geschäftsführer gestellt. Dabei war der Einkauf in der Regel immer schon nach Warengruppen organisiert. Nur an der Durchsetzung von der Quelle der Artikel bis zum Verkaufspunkt hat es oft gefehlt. Jeder Einkäufer erhält eine Warengruppe, eine Category, in der er aber vom Einkauf bis hin zum Verkauf einschließlich der Preispolitik entscheiden soll. Vergleichbar ist dieses System auch mit dem Product Manager in der Industrie. Die Firma Plus sucht über Stellenanzeigen jetzt Senior und Junior Category-Manager. Ob Tengelmann damit seine Probleme lösen kann?

ALDI hat sich mit solchen komplexen Systemen und Gedanken nie so viel Mühe gemacht. Das heißt nicht, daß man diese Zusammenhänge nicht zur Kenntnis genommen hat, im Gegenteil, vieles vom ECR- und Category-Management-Gedankengut ist bei ALDI teilweise seit Jahrzehnten umgesetzt.

Die »Zahnpasta-Philosophie« ist ein ähnlicher Ansatz wie das Category Management, bei der jedoch die vielen Aufgaben mehr an den Ort des Verkaufsgeschehens, in den Laden, verlegt werden. ALDI arbeitet wie viele Unternehmen mit an Warengruppen orientierten Einkäufern. Der Ur-Konflikt zwischen Einkauf und Verkauf wird dadurch gelöst, daß letztlich die Geschäftsführungen, die hierarchisch über Einkauf und Verkauf stehen, die Entscheidungen treffen. Grund für diese einfache Lösung ist natürlich zunächst die geringe Artikelzahl, bei der jeder einzelne Artikel bedeutsam ist und keine Pauschalierung über ganze Warengruppen erfolgen muß.

Aber ALDI ist, wie ich in Teil 1 beschrieben habe, ein asketisches Unternehmen, das sich mit Fakten und den notwendigen Operationen beschäftigt. Die fehlenden Stabsstellen haben ALDI immer vor unsinnigem Ballast bewahrt. Linienmanager haben anderes zu tun, als theoretische Konzepte auszutüfteln – was nicht heißt, daß man sich in vielen Besprechungen nicht auch mit allen Neuerungen und Ideen auseinandersetzt, allerdings überwiegend mit denen der »Wissenden« und »Handelnden«.

Werbung heißt: den Kunden informieren

Mit einem Werbeaufwand von 0,3 Prozent vom Umsatz zeigt ALDI einmal mehr seine konsequente Sparsamkeit. Zwar sind das pro Jahr auch etwa 100 Millionen Mark für Werbung in Deutschland, aber die Mitbewerber geben bei gleichem Umsatz gut das Zwei- bis Dreifache davon aus.

ALDI-Werbung war immer Kunden-Information: Information über Preise und Qualitäten, über unterschiedliche Packungsinhalte gegenüber dem Wettbewerb. Entgegen der üblichen Praxis hat ALDI niemals einen Slogan gehabt. Er wurde einfach nicht gebraucht und hätte einer Politik der Vernunft, einer Politik des Sacharguments eigentlich nur widersprechen können. Der Stil von Markenartikelwerbung oder Zigarettenwerbung wurde nicht übernommen, auch die bunten Luftballons und ähnliches gab es nie. Wie alles andere war auch ALDIs Werbung asketisch. Die Werbung für das Paradewaschmittel »Tandil« unterschied sich fundamental von der Werbung für »Sunil«, das »Offizielle Waschmittel des FC Bayern München«. Auch eine Werbeagentur hat ALDI nie beschäftigt, lediglich eine Agentur für die Wahrnehmung der Zeitungsprovisionen brauchte man. Anzeigen und Flugblätter entstehen sozusagen »hand made«, aus erster Hand, mit der Original-Idee und ohne mühsames Briefing von Werbeagenturen abgefaßt. Ein Verwaltungsratsmitglied zeigte sich früher besonders aktiv bei der inhaltlichen und konzeptionellen Gestaltung von Anzeigen und Flugblättern.

Die Werbeaussagen von ALDI haben immer den Kern des Unternehmenskonzeptes geschildert. Kunden haben das offensichtlich verstanden, Mitbewerber haben gedacht, das seien wenig ernst zu nehmende Sprüche wie ihre eigenen. Beworben wurden immer möglichst viele Artikel mit ihren Preisen – früher bis zu 200 in einem Flugblatt.

Hier einige Beispiele für typische Werbeaussagen von ALDI in Zeitungsanzeigen und Flugblättern. Sie appellieren an den vernünftigen, aufgeklärten Verbraucher und stehen im auffälligen Gegensatz zur üblichen Werbung der Konkurrenten, die sich auf Sonderangebote mit schönen Abbildungen konzentriert. Inzwischen hat sich die Werbeaussage von ALDI allerdings etwas verändert und zugunsten der Hinweise auf aktuelle Non-Food-Aktionen verschoben. ALDI Süd wirbt inzwischen sogar schon mit farbigen Zeitungsanzeigen.

Werbebotschaften aus ALDI-Flugblättern

- »Leere Versprechungen zahlen sich nicht aus. Damit lassen sich keine Dauerkunden gewinnen. Stammkunde wird nur, wer überzeugt ist. Und das nach jedem Einkauf aufs Neue.«
- »Preiswürdigkeit wird bei uns unter Beweis gestellt; unsere Preisinformationen enthalten zum Teil über 200 Einzelpreise.«
- »Unsere Qualitätsgarantie macht jeden Einkauf risikolos. Der bloße Hinweis: ›gefällt mir nicht‹ genügt. Wir nehmen die Ware zurück und erstatten den Preis.«
- »Probieren Sie ... Unser Qualitätsversprechen machen wir durch zahlreiche Proben in unseren ALDI-Märkten kontrollierbar ... Mit dieser Probe wollen wir Ihnen die Möglichkeit geben, die Qualität unserer Artikel selbst zu beurteilen ohne jede Kaufbeeinflussung – Am Probiertisch wird der Artikel daher nicht verkauft.«
- »Vergleichen Sie ... Unsere Preisinformationen sind so gestaltet, daß sie nicht nur eine Hilfe für den Preisvergleich sind, sondern auch die Mengenprüfung erleichtern. Mit einem Punkt und der Mengenangabe vor der Artikelbezeichnung weisen wir darauf hin, daß diese Artikel vielfach auch in anderen Mengen angeboten werden. Optisch sind diese Unterschiede oft nur schwer oder gar nicht wahrzunehmen. Besser ist daher, bei diesen Artikeln nicht auf den Preis allein, sondern auch auf die Mengenangabe zu schauen.«

Grundgedanke der Werbung war, daß Preisübersichten mit 200 Artikeln einfach Vertrauen schaffen, auch wenn diese selbstverständlich nicht alle vom Kunden registriert werden können.

Einen für die ALDI-Werbung typischen, aber einmaligen Schlagabtausch gab es 1977 mit dem Newcomer im Discountgeschäft, der damaligen Leibbrand-Tochter Penny, die heute zur Rewe gehört. Am 16. 9. 1977 warb Penny mit einer Zeitungsanzeige und mit Schaufensterplakaten:

»Keiner ist billiger und besser«

ALDI griff postwendend zur Antwort mit dem in Deutschland grundsätzlich verbotenen Mittel der vergleichenden Werbung. Das war damals ein Fight zwischen Klaus Wiegandt, dem heutigen Vorstandssprecher der Metro AG, auf der einen Seite und Otto Hübner und dem Autor dieses Buches auf der ALDI-Seite, unterstützt von unserem zornigen Geschäftsführer Gerhard Bohnenstengel in Seevetal. Wir waren sehr verärgert, aber wir fühlten uns auch sportlich herausgefordert. Das war die Gegenanzeige von ALDI:

»Keiner ist billiger und besser«

Behauptet die Firma Penny-Markt GmbH 2105 Seevetal 2 in Anzeigen und auf unübersehbaren Schaufensterplakaten in ihren Läden. Nun sind wir sicher die letzten, die die Leistung eines Mitbewerbers nicht anerkennen würden; nur ... aber sehen sie selbst.

Keiner ist billiger!
Wirklich nicht? Wir jedenfalls fanden auf Anhieb die nachstehend aufgeführten 50 Artikel mit höheren Preisen als in ALDI-Märkten:

(50 Artikel wurden mit Vergleichspreisen aufgelistet)

zum Beispiel:

500 g Leinsamenschnitten	ALDI 0,89	Penny 1,68
1 Liter Amselfelder	ALDI 3,48	Penny 4,13

Keiner ist besser!
Entsprechend wurden auch hier die Beispiele aufgeführt. Zum Beispiel Artikel mit höherer Einwaage oder Spirituosen mit höherem Alkoholgehalt.

In einem freundschaftlichen Telefonat gestand der damals oberste Verantwortliche in der Leibbrand-Zentrale, Klaus Wiegandt, zu, daß hier unkorrekt gearbeitet wurde. Das Thema war damit erledigt. Penny hat so etwas nie wiederholt.

Wahrheit und Fairneß waren immer Grundsätze der ALDI-Werbung. Vermutlich hat der Verbraucher das auch honoriert. Untersuchungen darüber hat ALDI selber nie angestellt.

Der Umgang mit Lieferanten: konsequent und fair

So konsequent und fair wie ALDI mit den Kunden umging, so korrekt war auch die oftmals jahrzehntelang andauernde Verbindung zu den Lieferanten. Entgegen einer in der Fachwelt oft geäußerten Ansicht, schließt ALDI prinzipiell keine langfristigen Verträge mit Lieferanten. Viele meinen, ALDI schlösse solche Verträge, um die Lieferanten langfristig zu binden und in irgendeiner Form zu »knebeln«. Falsch. Falsch ist auch die Einschätzung der Zeitschrift Stern, in der die »Pfennigfuchser« einmal bezichtigt wurden, sie würden ihren Lieferanten »Daumenschrauben« anziehen. Wichtig ist für ALDI einzig und allein, daß Lieferanten kontinuierlich gute Qualitäten liefern, und natürlich müssen auch die Preise immer wettbewerbsfähig sein.

Wenn irgend etwas nicht stimmt, so gibt es sehr einfache Sanktionen. Der Lieferant, der bisher vielleicht 20 Lager einer ALDI-Gruppe belieferte, verliert beispielsweise fünf Lager. Nur im Extremfall – und das ist dann immer ein Thema von Qualitäten – verliert er alle. Mit diesem Prinzip der Lagerzuweisung kann man auch neue Lieferanten testen und langsam aufbauen.

Es gab auch nie die Absicht, einen Lieferanten von ALDI vollkommen oder weitgehend abhängig zu machen. Solche Überlegungen mögen naheliegen, um größeren Einfluß und Druck auf die Preisstellung des Lieferanten auszuüben. Aber dadurch entstand ja auch eine ähnliche Abhängigkeit des Kunden ALDI. Abhängigkeit von Qualitätsveränderungen, internen Problemen aller Art beim Lieferanten bis hin zu Kapazitätsstörungen. Auch ein vom Lieferanten durchaus selbstverschuldeter Zusammenbruch könnte in der Öffentlichkeit leicht dem Kunden ALDI in die Schuhe geschoben werden. Da war es wesentlich intelligenter, Alternativen zu haben.

Auch ist es für den Handel grundsätzlich interessanter, wenn der Anbietermarkt vielfältig in Anzahl und Ausprägung der Unternehmen ist. Jedes Unternehmen kann langfristig nur mit entsprechenden Gewinnen existieren – es macht also schlicht keinen Sinn, den Partner sterben zu lassen oder – eine Stufe zuvor – ihm die Lust am Geschäft zu nehmen. Dies ist eines der wichtigsten Themen zwischen Industrie und Handel seit vielen Jahren. Auch hier hat ALDI neben seiner inflationshemmenden Wirkung wirtschaftspolitisch positiv gewirkt.

Ein aktuelles Beispiel ist die Art und Weise, wie ALDI die Probleme mit dem Brotlieferanten Geschi und seinem Inhaber Horst Schiesser bewältigte. Schiesser, eine schillernde Figur, die bekannt wurde, als er die Neue Heimat von den Gewerkschaften für 1 Mark kaufte und später ebenfalls die Treuhandanstalt für 1 Mark erwerben wollte, war jahrzehntelang zuverlässiger ALDI-Lieferant. Offenbar aber haben ihn Fehlinvestitionen nach der Wende in Deutschland in erhebliche finanzielle Schwierigkeiten gebracht. Seine Leistungen bei der Versorgung von zuletzt 1100 ALDI-Läden litt – wie weiter vorne bereits erwähnt – mehr und mehr. Aber ALDI war nachsichtig und zeigte Verantwortung für ein bislang gut arbeitendes Unternehmen. Schiesser wurde finanziell gestützt durch großzügige Regelung der Zahlungen. Gab es vordem die im Handel übliche Kreditierung von Rechnungen seitens des Lieferanten, so ging ALDI jetzt zu Sofortzahlungen oder gar zur Vorauskasse über. Dadurch erhielt Geschi einen entscheidenden Aufschub. Aber schlechtes Management förderte offenbar den weiteren Niedergang. Erst als Geschi die ALDI-Läden so schlecht versorgte - von 11 Brotsorten etwa wurden vielfach nur noch 6 Sorten geliefert -, daß ALDI selbst Schaden nehmen mußte, beendete man die Geschäftsbeziehung.

Die Branche weiß sehr wohl, daß ALDI ein fairer, zuverlässiger Partner ist. Die manchmal schändlichen Praktiken, die aus dem Wettbewerb bekannt sind, hat es bei ALDI nie gegeben. Wenn heute ein Großer im deutschen Lebensmittelhandel einen Kleinen schluckt, dann zittert die gesamte Nahrungsmittelindustrie. Das übernehmende Unternehmen vergleicht sofort alle Einkaufskonditionen des übernommenen Unternehmens mit den eigenen Konditionen. Das ist selbstverständlich und nützlich, um die eigenen Konditionen zu verbessern oder um auch mit dem neuen höheren Volumen in neue Verhandlungen zu gehen. Aber es geschieht etwas ganz anderes, eigentlich Unglaubliches: Sollte der Kleine irgendwo einen niedrigeren Einkaufspreis als der Große gehabt haben, so fordert der Große die Differenz gleich für zwei Jahre rückwirkend als Gutschrift. Teilweise zieht er die Summe gleich von seiner nächsten Rechnung ab. Das ist pure Machtausübung und hat mit fairen Handelspraktiken nichts zu tun! Vielleicht hat der Kleine mit anderen Voraussetzungen zu besseren logistischen Verhältnissen beigetragen oder einfach erfolgreicher verhandelt. Allerdings mag die Industrie den Fehler begangen haben, ihrem großen Kunden zu sagen, er hätte die besten Konditionen. Unehrlichkeit und Unglaubwürdigkeit kann dann durchaus ihren Preis haben.

Langjährige ALDI-Lieferanten wissen die Umstände zu schätzen, daß es Nachverhandlungen mit ALDI grundsätzlich nicht gibt.

Das wurde nie klarer ausgedrückt als im Branchen-Brief *Extrakte* vom 20. 8. 1976:

»Wo alle Hersteller und Banken ihre Kreditlinien überprüfen, verdient einmal gesagt zu werden, wie ALDI beurteilt wird. Man weiß ja, wieviel ALDI in den über 1200 Filialen umschlägt, wie ungewöhnlich kalkuliert wird. Aber das Urteil über ALBRECHT bei Banken und Industrie ist eindeutig positiv. ALBRECHT zahlt nicht nur, daß man die Uhr darauf stellen kann, sondern ist auch ein fairer Partner:

- An einem Preis – einmal abgesprochen – wird nicht mehr ›gedreht‹,
- es werden keine Nachlässe nachgefordert,
- keine ungerechtfertigten Reklamationen angebracht
- und den Lieferanten nicht ›das Blut aus den Adern gesaugt‹.

Die ALBRECHT-Häuser gelten allenthalben als Partner, die wissen, daß sie gute, leistungsfähige Lieferanten brauchen, die man leben und deshalb verdienen lassen muß. Wenn man allerdings ALBRECHT-(Hof-)Lieferant ist, muß man ständig lieferbereit sein. Wenn die Ware sich rasch umschlägt, wenn sie einschlägt und ALBRECHT Nachschub braucht, kennen die Herrschaften kein Pardon. Alles, was ich hier schreibe, habe ich x-fach gehört und bestätigt bekommen.«

Die Praxis im Verkehr zwischen Lieferanten und Handel sieht jedoch im allgemeinen ganz anders aus, und Helmut Maucher, Nestlé, bedauert, daß noch kein Buch geschrieben wurde darüber, wie man mit Lieferanten umgeht, und daß eigentlich die Kantsche Forderung gelten sollte, daß man so mit seinem Lieferanten umgehen sollte wie man will, daß er mit einem selbst umgehe.

Viele, ursprünglich kleine Lieferanten sind mit ALDI zu wahrer Größe aufgestiegen, durch ALDI-ähnliche konsequente und kostengünstige Qualitätspolitik. Dabei hat ein Kreis von Handelsagenten sehr geholfen und davon auch sehr profitiert. Renommierte Namen haben ALDI hier über Jahrzehnte begleitet: Max Roob, Essen, Schulte und Tatenhorst, Mülheim oder Klaus Mahnke, Duisburg. Die Agenten waren ähnlich wie Makler auf der Suche nach neuen Produkten, neuen Herstellern. Sie prüften für ALDI die Produktqualitäten, die Herstellerkapazitäten und die Preisstellungen. Das ermöglichte es ALDI im übrigen, mit einer Mini-Einkaufsabteilung von sechs Zentraleinkäufern (ALDI Nord) zu arbeiten. Der Vorteil niedriger Personalkosten im Einkauf ist dabei völlig nebensächlich, wenn auch prinzipiell wichtig. Entscheidend ist vielmehr auch hier, daß kleine Einheiten viel unkomplizierter und mit weniger Reibung funktionieren können. Die Frage, ob ALDI letztlich über seine Handelsagenturen höhere Einkaufspreise gezahlt hat als notwendig, kann kaum jemals mit Sicherheit beantwortet werden.

Kürzlich wurde in der Fachpresse das Gerücht diskutiert, ALDI wolle die Geschäftsbeziehungen zu seinen Handelsagenten aufgeben, um auch deren Marge am Geschäft selbst zu vereinnahmen. Es schien so, als wolle ALDI die bisherige Praxis verlassen, nachdem sich herausstellte, daß einige Einkäufer Vorteile entgegengenommen hatten. Die Bestrafung einzelner Handelsfirmen mag richtig sein, von dieser Stelle aus kann allerdings nur davor gewarnt werden, ein sehr erfolgreiches Prinzip aufzugeben. Auch Zorn und Enttäuschung über langjährige Agenten mögen für solche grundsätzlichen Überlegungen ausschlaggebend gewesen sein.

Die Bestechlichkeit von Mitarbeitern besonders im Einkauf ist ein Problem, das alle Unternehmen bedrängt, auch ALDI. Die Einkäufer bewegen Riesensummen, und ALDI ist mit Sicherheit Spitzenreiter in seiner Branche: Ein ALDI-Zentraleinkäufer setzt mit seiner Artikelgruppe – das sind gut überschaubare 50 bis 100 Artikel – zwischen 2 und 4 Milliarden DM pro Jahr um. Da glaubt schon mancher Lieferant, daß eine kleine private Unterstützung hilfreich sein könnte.

Es scheint unmöglich, solche Bestechlichkeiten von vornherein zu minimieren oder gar ganz auszuschalten. Ein Einkäufer erhält ein Gehalt, das unter anderem seiner

Stellung im Unternehmen und seinen Fachkenntnissen entspricht. Es kann niemals so hoch sein, daß aus rein materiellen Gründen eine Bestechung auszuschließen wäre. ALDI hat keine besonderen Maßnahmen irgendeiner Vorsorge getroffen, und ich selbst sehe auch keine sinnvollen Möglichkeiten, denn ein Einkäufer braucht für seine Verhandlungen das Vertrauen seiner Vorgesetzten. Andernfalls wäre er nicht kraftvoll genug, und die Kreativität würde ebenfalls erlahmen.

Besser und erfolgreicher verhandeln

Aus dem Verhältnis von ALDI zu seinen Lieferanten kann einiges abgeleitet werden für eine generell bessere Beziehung zwischen Handel und Industrie. Die derzeitigen Verhandlungspraktiken könnten entkrampft und noch mehr versachlicht werden. Druck und Poker sind keine guten Konzepte, wenn man auch in der Zukunft miteinander arbeiten möchte. Eine gute Richtlinie für erfolgreiches Verhandeln bietet auch das oben erwähnte *Harvard Konzept,* bei dem die wichtigste Maxime lautet, daß erfolgreich verhandelt wurde, wenn beide Partner auch in Zukunft gern wieder Geschäfte miteinander machen möchten.

Im folgenden sind die aus meiner Erfahrung wichtigsten Punkte für erfolgreiche Verhandlungen mit Lieferanten aufgeführt:

- Keine sogenannten Jahresgespräche mehr führen: Die Jahreswende ist ein zufälliger und willkürlicher Termin. Themen sollten nach Bedarf behandelt und Verhandlungen nicht unter Zeitdruck begonnen werden. Industrie und Handel könnten individuell periodische Termine vereinbaren für bestimmte Artikelgruppen.
- Eigentlich ist jedes »Jahresgespräch« ein Strategiegespräch. Der Einkäufer führt autonom, in voller eigener Verantwortung seine Gespräche, nachdem Geschäftsleitung und Verkauf gemeinsam mit ihm die strategischen

und taktischen Positionen festgelegt haben. Er entscheidet allein und endgültig.

- Einkäufer dürfen nicht mit Spannenzielen in Verhandlungen gehen, sondern nur mit konzeptionellen Ideen (z. B. Austausch von Lieferanten, Artikeln u. ä.). Konzept und Konditionen müssen zunächst grundsätzlich voneinander getrennt werden. Die oben erläuterte »Zahnpasta-Philosophie« kann hier hilfreich sein.
- Mit fast jedem Lieferanten könnten dessen Umsätze um 20 bis 50 Prozent gesteigert werden. Die Frage lautet: Ob man das will und wie man es schafft? Dabei geht es um Konzepte, Alternativen und Optionen.
- Umsatz hat grundsätzlich Vorrang vor Spannen. Bekannt ist, daß Kosten und Gewinn letztlich nur mit Spannen gedeckt werden können. Aber die Basis eines jeglichen Geschäfts mit einem Kunden ist der Umsatz. Die Hauptgedanken von Einkäufer und Lieferant müssen um die Interessen des Kunden, des Verbrauchers kreisen – alles andere ist kurzsichtig.
- Einkäufer, Lieferanten und Konditionen dürfen niemals das Sortiment bestimmen.
- Konditionen dürfen nicht zu Volumen- und Mengendruck führen. Der Grundsatz muß sein: Der Kunde (der sich im übrigen selbst bedient) entscheidet autonom. Mengenstaffeln und Steigerungsrabatte sind selten sinnvoll.
- Es sollten keine Absprachen getroffen werden, die später mit Krampf und Tricks eingehalten werden müssen.
- Logistische Kooperations- und Rationalisierungsmodelle suchen. Dabei kann auch auf das Gedankengut von ECR zurückgegriffen werden.

Es sind also nicht die Einkaufskonditionen, die das Verhältnis zwischen ALDI und seinen Lieferanten allein bestimmen. Wer Eigenmarken produziert, braucht das Vertrauen des Auftraggebers. Dieses wird meistens entwickelt im Laufe jahrelanger Geschäftsbeziehungen. Am Anfang aber steht natürlich immer eine Art »Coaching« durch ALDI. Da geht es um gute Qualitäten und deren genaue Fixierung, um Verpackungsdesign und -größen sowie auch um Kapazitätsfragen beim Lieferanten und dessen Gewähr für hygienische und zuverlässige Produktionsprozesse. Viele neue Lieferanten wissen schon, was sie bei ALDI erwartet. Sie informieren sich bei Kollegen, und sie stellen sich ein auf gänzlich andere Geschäftsbeziehungen, als sie im Handel sonst üblich sind. Ein wirklich wichtiger Punkt bleibt – und alle ALDI-Lieferanten werden dies bestätigen: Nachverhandlungen, bei denen später versucht wird, Konditionen nachzubessern für vergangene Lieferungen, gibt es nicht. ALDI ist daran interessiert, leistungsfähige Lieferanten am Leben zu erhalten. Hier geht es fast um symbiotische Beziehungen. Manchem Mitbewerber sind solche Gedanken allerdings fremd.

Nur der Kostenvorsprung ermöglicht den Preisvorsprung

Eine entscheidende Grundlage für den Erfolg sind Kostenmanagement und Kostenstruktur. Hier entscheidet sich im Grunde, in welchem Maße Unternehmensleitung und Mitarbeiter zur Detailarbeit bereit und in der Lage sind. Penny-Chef Emil Heinz unterstrich auf der LZ-Tagung *Discount in Deutschland* 1996:

***»Nichts ist wichtiger als der Preis.
Nur, wer den Kostenvorsprung hat,
hat den Preisvorsprung.«***

Einige Aspekte von Kostenmanagement und Kostenstruktur werden im folgenden an Beispielen aus der ALDI-Praxis dargestellt, denn kluges Kostenmanagement ist eine unabdingbare Grundlage des Discountsystems. ALDI war nie starrsinnig oder kurzsichtig in dem Sinne, daß es einen »Befehl« gab, die Kostenart X um einen bestimmten Prozentsatz zu senken. Niemals wurde mit Gewalt Kostensenkung betrieben. Eher spielten Grundgedanken der Wertanalyse eine Rolle. Bei der Wertanalyse werden bestimmte Bereiche oder Kostenarten untersucht vor dem Hintergrund, welche Bedeutung oder Notwendigkeit sie haben für die Leistungserstellung. Was nicht benötigt wird, kann abgeschafft werden. Maßstab für das Kostenmanagement muß immer die Strategie des Unternehmens sein. Es darf nicht passieren, daß der »strategische Ast«, auf dem man sitzt, abgesägt wird. Wenn zum Beispiel in einem Unternehmen die Kundenberatung ein wichtiger strategischer Ansatz ist, so muß vorsichtig umgegangen werden mit Personalabbau in diesem Bereich. Die Kaufhäuser waren in den vergangenen Jahren immer in dieser Klemme: Hohe Personalkosten verringern zu Lasten der Beratung? ALDI befindet sich in dieser Zwickmühle immer, wenn es darum geht, lange Kassenschlangen zu vermeiden, denn dies ist oft nur eine momentane Erscheinung.

Die schnellsten Kassiererinnen der Welt

Das ALDI-Kassensystem ist ein Phänomen für sich. Heute wie früher gibt es wohl nirgendwo auf der Welt schnellere Kassiererinnen als bei ALDI. Lange Kassenschlangen sind zwar eine der Hauptreklamationen aller Kunden – auch bei ALDI –, aber typisch für die meisten ALDI-Kunden dürfte die Aussage sein, die in der Verbraucherrunde der *Lebensmittel-Zeitung*[38] einmal zitiert wurde: »Diese Schlangen sind ganz schnell. Die sind lang, aber schnell. Die sind superschnell. Ich bin noch nicht dahintergekommen, warum, aber so ist es.« Eine andere Kundin sprach von den »elektronischen Gehirnen« in den Köpfen der ALDI-Kassiererinnen.

Früher hatten die Kassiererinnen alle Preise im Kopf, heute kennen sie für jeden Artikel die dreistellige Artikelnummer. Der Kunde kann in der Regel seine Ware nicht so schnell einpacken, wie die Dame mit dem »Elektronenhirn« kassieren kann. Innerhalb von zwei Wochen lernt eine Kassiererin praktisch alle Artikelnummern. Die Erklärung für diese zunächst unglaubliche Leistung liegt in der enorm hohen Wiederholung der Kassiervorgänge für jeden einzelnen Artikel.

Auch ist kein Kassensystem so zuverlässig wie diese ALDI-Kasse. Vergleiche von Preisauszeichnungen im Laden mit den an der Kasse gebuchten Beträgen brachten bei einer Untersuchung mit mehreren Supermarktunternehmen einzig für ALDI ausgezeichnete, fehlerfreie Ergebnisse. Die mit ALDI verglichenen Unternehmen Allkauf, Plus, Massa, Globus und Penny dagegen arbeiteten nicht fehlerfrei - ein weiterer Punkt, der das große Vertrauen der Kunden zu ALDI begründet[39].

ALDI Süd arbeitet an den Kassen allerdings noch »konventionell«, das heißt ohne Artikelnummern. Eine Umrüstung ist geplant. Die Kassiererinnen müssen zunächst weiterhin die Preise auswendig lernen. Damit entfällt zur Zeit noch die Möglichkeit, mit den Kassendaten - insbesondere Umsatz pro Artikel - zu arbeiten.

Mit der Artikelnummer sind alle Möglichkeiten der Scannerkassen gegeben. Natürlich ist dieses System nur geeignet für Unternehmen mit entsprechend kleinem Sortiment. Das ALDI-Kassensystem hat gegenüber herkömmlichen Scannern bedeutende Vorteile: Die Kassierung ist deutlich schneller, weil die Kassiererin nicht erst mühsam und sorgfältig den Scanner-Code an der Scanner-Anlage vorbeifahren muß. Sie kann schon Artikel kassieren, die noch weiter hinten auf dem Band liegen. Die Anlage ist wesentlich kostengünstiger, weil der Scanner entfällt, und sie ist weniger reparaturanfällig. Auch hier ermöglicht also das spezifische ALDI-System der beschränkten Artikelzahl die typischen einfachen Lösungen.

Aber kein System funktioniert ohne die tüchtigen Mitarbeiter. Wohl kein vergleichbares Unternehmen im Einzelhandel hat so qualifizierte und freundliche Mitarbeiter wie ALDI. Eine erfahrene ALDI-Kassiererin erhält dann auch den höchsten Lohn der Branche: Bis zu 5000 DM kann sie monatlich verdienen.

Kundendiebstahl

Im Selbstbedienungshandel ist der Kundendiebstahl eine kostenträchtige Angelegenheit. Vergleichbare Unternehmen haben Diebstahlquoten von bis zu 1 Prozent vom Umsatz. Das wäre allein in Deutschland für ALDI ein Betrag zwischen 250 und 300 Millionen DM. ALDI schafft es jedoch mit einem Bruchteil dieser Quote. Arbeit im Detail ist auch hier der Schlüssel zum Erfolg. In den ALDI-Läden sind in vielen Fällen hinter den Regalen Beobachtungsgänge installiert, von denen aus die Mitarbeiter systematisch die Kunden beobachten müssen, um Diebstahlsversuchen zu begegnen. Diese Beobachtungsgänge sind schmale, durch Sperrholz abgetrennte Gänge hinter den Warenregalen, die mit einem kleinen verspiegelten Beobachtungsfenster versehen sind. Auch in den Filialleiterbüros sind Spiegelfenster angebracht.

Ladeneinrichtung und Warenplazierung

Vielfach wurde behauptet, daß bei der Einrichtung der ALDI-Läden wie bei der Warenplazierung »verkaufspsychologische« Überlegungen eine Rolle spielten. Das Aussehen sei mit Absicht so schlicht gehalten, um den Eindruck zu erwecken, kostenbewußt zu sein. Das ist falsch. Es geht bei ALDI nicht um den Eindruck. Es geht immer um die Kosten und darüber hinaus um ein ehrliches Angebot an den Kunden, ohne »Schau«. Kunden sollen nicht glauben, ALDI sei billig. ALDI ist billig. Das soll nicht suggeriert werden. Das erfahren die Kunden durch ihre eigenen Preisvergleiche. Für die Einrichtung eines ALDI-Ladens gibt es kein anderes Kriterium als zweckmäßige, haltbare und kostengünstige Materialien zu verwenden. Regalmaße, Gangbreiten, ja – wenn möglich –, sogar die Länge und Breite des Ladenlokals selbst werden ausschließlich bestimmt nach logistischen Überlegungen (Kartonmaße, Palettenmaße, Manövrierwege von Hubwagen und ähnliches).

Im Einzelhandel ist es üblich, hochpreisige Artikel oder Artikel mit höheren Margen in Augenhöhe zu plazieren oder die schlecht kalkulierten Artikel wie Zucker tief nach unten, daß es für den Kunden mühsam wird, den Artikel zu greifen oder gar überhaupt zu finden. Bei ALDI dagegen erfolgt die Warenplazierung in Regalen und auf Paletten in den Läden ausschließlich nach logistischen Überlegungen. Optik spielt keine Rolle. Mit fein abgestimmten Bestelltechniken, bei denen insbesondere der Wochenbedarf, Artikeleigenarten und die Lieferhäufigkeit eine Rolle spielen, werden für die Artikel ein bestimmtes Regalvolumen und ein bestimmter Regalplatz zur Verfügung gestellt.

Beim Bestellvorgang selbst wird die einfachste aller denkbaren Techniken angewendet, die auch Toyota und andere Japaner bei ihrem Kanban-System nutzen: »Wo was weg ist, muß was hin.«

Logistik

Ein interessanter Unterschied zwischen ALDI Nord und ALDI Süd zeigt sich in einer gänzlich unterschiedlichen Auffassung zur Belieferung der Läden mit Lkw. Süd arbeitet ohne Hebebühnen an den Lkw, hat dafür aber an allen Läden Rampen installiert. Nord dagegen hatte Rampen an den Läden nur dort, wo das bautechnisch ohne weiteres möglich war, demzufolge aber Ladebühnen an jedem Lkw. Heute besteht die Tendenz, die Läden mehr an die Ränder der Städte und Ortschaften zu verlegen, weil die Umsätze und die Kundenzahlen immer weiter gestiegen sind und für die hohen Durchschnittseinkäufe Parkplätze für Pkw erforderlich sind. Auch im Norden ermöglicht diese Standortpolitik den zunehmenden Verzicht auf Ladebrücken an Lkw. Das senkt die Kosten des Transports erheblich, macht aber einen gemischten Fuhrpark erforderlich, der die Komplexität in geringem Maße erhöht, weil das bei der täglichen Disposition des Fahrzeugeinsatzes zu beachten ist.

Es kann behauptet werden, daß die Unterschiede dieser

beiden grundlegenden Systeme nicht zu quantifizieren sind, denn eine wichtige Größe bleibt die bautechnische Möglichkeit an den Läden und die damit eingeschränkte Anmietungsmöglichkeit. Neue Läden außerhalb der Städte können leicht so gebaut werden, aber in den Stadtgebieten gibt es sehr viele Läden mit unzureichenden Bedingungen. Aber wie überall gibt es eben immer andere Möglichkeiten (Toyota-Philosophie).

Auch hier wird wieder deutlich, wie nützlich eine strikte Trennung der ALDI-Gruppe in Nord und Süd war. Man mußte sich nicht mühsam einigen, sondern man konnte einfach die Erfahrungen des anderen mit dem anderen System beobachten. ALDI Süd ist wie in vielen Fällen sehr viel konsequenter prinzipien- und kostenorientiert, der Norden dagegen flexibler.

Arbeitszettel für Handwerker

Handwerkerfirmen, die in den Läden bestimmte Arbeiten auszuführen hatten, zum Beispiel Elektroreparaturen, müssen über die geleistete Arbeitszeit einen Stundenzettel auf ALDI-Formular erstellen. Dieser Zettel wird vom Filialleiter abgezeichnet und später zur Rechnungskontrolle herangezogen. Ein einfaches Mittel gegen ein allseits bekanntes Übel, das sicherlich auch in anderen Unternehmen genutzt wird.

Personalleistung und -produktivität

Es gibt heute noch Supermärkte, in denen das Personal nur eine Umsatzleistung pro Monat und Kopf von 20 000 Mark erzielt. Gute ALDI-Läden schaffen dagegen 200 000 Mark. Die Gründe liegen natürlich auch in den unterschiedlichen Sortimentsstrukturen. Interessant wird dieser Unterschied, wenn man an die jährlichen Lohnerhöhungen denkt. Für ALDI war es immer vorteilhaft, wenn die Lohnerhöhungen möglichst hoch ausfielen, so wie es in den früheren Jahren der Fall war.

An einem Beispiel wird dieser Effekt dargestellt. Angenommen wird eine Tariflohnerhöhung von 6 Prozent, die ja über viele Jahre Realität war.

Vor der Lohnerhöhung	**ALDI**	**Mitbewerber B**
Gesamtumsatz Millionen	30.000	30.000
Lohnsumme Millionen	900	3900
% vom Umsatz	3,00	13,00
Nach der Lohnerhöhung		
Lohnsumme Millionen	954	4,134
% vom Umsatz	3,18	13,78
Gewinnminderung Millionen	54	234
% vom Umsatz	0,18	0,78

Die allgemeinen Gewinnmargen in Prozent vom Umsatz liegen im Handel um 1 Prozent vor Steuern. Der Mitbewerber verliert einen erheblichen Anteil (vielleicht 50 Prozent) seines Gewinns bei dieser Lohnerhöhung.

Um die vorherigen Gewinne aber zu erhalten, müßten unter Berücksichtigung der Mehrwertsteuer die Preise im Durchschnitt über das gesamte Sortiment wie folgt erhöht werden:

bei ALDI . . . . + 0,20%
bei Mitbewerber B . . . . + 0,86%

Auf diese Weise hat sich der ALDI-Vorsprung in seiner Preiswürdigkeit immer weiter erhöht. Natürlich haben die Unternehmen ihre Preise differenziert erhöht, zum Beispiel mehr in den Bedienungsabteilungen Fleisch und Käse und weniger in den mit ALDI konkurrierenden Sortimenten.

Zusammenfassend erklärt ein ALDI-Flugblatt, was im Grunde auch gar nicht so geheimnisvoll ist. Man muß es nur können und tun. Darüber hat Karl Albrecht schon 1953 gesprochen, und darüber geben ALDI-Flugblätter seit Jahrzehnten Auskunft.

Das Prinzip der ALDI-Märkte

Qualitätswaren zu niedrigen Preisen! – so lassen sich Zielsetzung und Erfolgsrezept kurz und treffsicher charakterisieren. Jedoch, wieviel Planung, Organisation und Detailarbeit verbergen sich hinter dieser kurzen Feststellung. Vielleicht also ganz reizvoll, einmal einen Blick hinter die Kulissen eines Großbetriebs zu werfen, dessen selbst gestellte Aufgabe darauf abzielt, Lebensmittel und andere Güter des täglichen Bedarfs in bester Qualität zu niedrigsten Preisen anzubieten.

Weltweiter Einkauf

Lange bevor ein Artikel im ALDI-Markt zu kaufen ist, werden die Weichen gestellt, um günstigste Preise für riesige Bezugsmengen sicherzustellen. Da werden Verhandlungen geführt, die über den üblichen Rahmen von Einkaufsgesprächen hinausgehen. Hier wird versucht, eine auf unsere Großabnahmen zugeschnittene Konzeption zu verwirklichen. Denn unsere Einkäufer wollen mehr als nur günstig einkaufen. Sie versuchen, ihre Aufträge so unterzubringen, daß sich noch Nebeneffekte in Einkaufsvorteile ummünzen. Vielfältig die Möglichkeiten und Wege:

Dort wird ein Hersteller mit langfristigen Großaufträgen ermuntert, seine Produktionsanlagen zu modernisieren, den Herstellungsprozeß zu rationalisieren.

Woanders wird ein Lieferant, der den größten Teil seiner Fabrikation an uns verkauft, dazu bewogen, auf Reklame zu verzichten. Bei voller Abnahmegarantie.

Aber auch weniger bedeutungsvolle Abmachungen – wie

z. B. die Zusage, daß immer in vollen Lastzügen angeliefert werden kann – ergeben zusätzliche Einkaufsvorteile.

Diese Beispiele mögen genügen. Zeigen sie doch sehr deutlich, wie gezielt bereits im Einkauf der günstigste Verkaufspreis anvisiert wird; welch vielfältige Bestrebungen darauf hinwirken, Rationalisierungserfolge schon bei der Produktion wirksam werden zu lassen. Weltweit – denn die Artikel unseres Sortiments kommen aus vielen Ländern aller Kontinente.

Kostengünstiger Transport

Tagtäglich müssen gewaltige Warenmengen transportiert werden, um die pünktliche und zuverlässige Versorgung der ALDI-Märkte zu sichern. Dieser Massenumschlag vollzieht sich mit der Präzision eines Uhrwerks. Einsatzbereite Mitarbeiter, perfekte Organisation, langjährige Erfahrung und modernste Transportgeräte stellen eine Kombination dar, die Gewähr dafür bietet, daß sich die gesamte Warenbewegung so wirtschaftlich wie möglich abwickelt. Oft sind es nur Pfennigbruchteile, die den Verkaufspreis des einzelnen Artikels mit Transportkosten belasten.

Straffe Sortimentsauswahl

Wer es liebt, etwa beim Whisky-Einkauf unter 20 verschiedenen Sorten wählen zu können, dessen Wünsche erfüllen sich im ALDI-Markt nicht. Bei uns gilt: »So wenig gleiche oder ähnliche Artikel wie möglich.« Und auch das hat in Preisen und Kosten seine Ursache. Denn sähen wir es als Aufgabe an, einen Artikel in bunter Vielfalt und allen möglichen Größen anzubieten, dann müßten wir und unsere Kunden dafür bezahlen. Durch den Verzicht auf Riesenauswahl können wir jeden einzelnen Artikel in allergrößten Mengen beziehen, zum günstigsten Preis. Weil bereits die Produktion unter günstigsten Bedingungen erfolgen kann. Aber nicht nur beim Einkaufspreis sind wir dadurch bestens gestellt, wir benötigen auch weniger Platz im Lager, der Artikel schlägt sich schneller um. Das bedeutet: Unsere Läden und Läger können kleiner sein, die Lagerhaltung verursacht keine hohe Zinsbelastung. Und auch das ist bei uns darum nicht zu finden: gleichartige Ware, die sich nur durch das Etikett unterscheidet zu verschiedenen Verkaufspreisen, obwohl der Einkaufspreis gleich ist.

Die Geschäftslage hat etwas mit Preisen zu tun

Einen bedeutenden Anteil des Verkaufs stellen die Mieten dar. Unsere Bemühungen, diesen Aufwandsfaktor so günstig wie eben möglich zu gestalten, finden ihren sichtbaren Ausdruck zunächst darin, daß wir stets versuchen, die Größe unserer Läden dem erwarteten Umsatz anzupassen. Nur selten, daß eine Verkaufsstelle um ein paar Nummern zu groß gerät. Zu vermeiden versuchen wir auch die hohen Mieten für allerbeste Geschäftslagen. Darum befinden sich ALDI-Märkte meist nicht in den Haupteinkaufsstraßen, sondern in Nebenstraßen oder am Rande der Geschäftsstraßen. Für unsere Kunden natürlich nicht immer ganz angenehm der weite Weg – aber er macht sich bezahlt. Denn auch niedrige Mieten tragen zu günstigen Verkaufspreisen bei.

Verkauf ohne Schnörkel

Rationeller Verkauf – das ist bei uns mehr als ein Schlagwort. Beim Besuch eines ALDI-Marktes wird sichtbar, was sich dahinter verbirgt. Zucker, Mehl, Getränke, Milch, Waschmittel u. a. m. werden oft, ohne die Ware nur einmal in die Hand zu nehmen, auf den beim Hersteller maschinell gepackten Paletten zum Verkauf angeboten. Alle anderen Artikel werden einmal am Lager auf Paletten zusammengestellt, dann bis zum Stellplatz der Ware gefahren. Dort genügt es meist, den Karton hinzustellen, ihn aufzuschneiden – und die Ware ist verkaufsbereit. Mit Einzelauspackung und Warendekoration ist bei uns niemand beschäftigt. Kühlartikel haben wir z. B. erst dann ins Sortiment genommen, nachdem die Kühlmöbel und die Umverpackung des Kühlartikels so gestaltet waren, daß sie unseren Forderungen entsprachen. Das Kühlregal mußte ein außerordentlich großes Fassungsvermögen haben, die Umverpackung mußte so bemessen sein, daß die Ware kartonweise eingeräumt werden kann, ohne daß ungenutzte Zwischenräume entstehen.

Annehmlichkeiten wie Hauszustellung usw. gibt es in ALDI-Märkten nicht. Dafür schlagen sich auch solche Kosten nicht in Preisen nieder.

Ohne jeden Luxus

Ein Blick in einen ALDI-Markt zeigt, daß für Ausstattung, Einrichtung und Fassade keine Mark mehr ausgegeben wird als unbedingt erforderlich. Nüchtern und zweckmäßig – das erspart bei jedem ALDI-Markt einige ... zigtausend Mark. Und was das ausmacht, läßt sich leicht ausmalen, wenn man bedenkt, um welch große Anzahl von ALDI-Märkten es dabei geht. Tatsächlich sind es ungeheure Summen, die wir einsparen – und die deshalb auch keinen Eingang in die Preise finden. Nicht nur einmal. Schließlich halt die Ausstattung eines ALDI-Marktes nicht für alle Zeiten.

Wo wir nicht auf den Pfennig achten

Wenn es um Qualität geht! Selbstverständlich lassen wir keine Möglichkeit aus, die unsere Preiswürdigkeit echt verbessert. Nur in einem Fall schließen wir keinen Kompromiß, wenn die Verbilligung des Einkaufspreises gleichzeitig eine Qualitätseinbuße bedeutet. Denn niedrige Preise auf Kosten der Qualität zählt bei uns nicht als Leistung. Und damit keiner auf die Idee kommen kann, daß derartige Behauptungen ja schön klingen mögen, aber nicht unbedingt ernst gemeint sein müssen, untermauern wir unseren Qualitätsanspruch mit der höchsten Garantie, die denkbar ist: Gefällt einem Kunden eine Ware nicht, mag er sie zurückbringen. Dabei genügt der Hinweis: »Ich bin damit nicht zufrieden.« Der Kaufpreis wird ihm ohne jede Diskussion erstattet.

Informationen über Dauerpreise

Am Ende unserer Bemühungen, den Verkauf so rationell und zweckmäßig wie eben möglich abzuwickeln, steht als Ergebnis der Preis. Der Preis jedes einzelnen Artikels. Denn wir haben nicht die Absicht, unseren Anspruch auf besondere Preiswürdigkeit nur mit einer Handvoll Sonderangeboten zu untermauern. Jeder einzelne Preis wird scharf kalkuliert und kann sich sehen lassen. Jeder Preis gilt als Dauerpreis. Die Preise unserer Artikel ändern sich nur, wenn auch die Einkaufspreise in Bewegung geraten.

Das sind keine leeren Versprechungen. Wir beweisen es immer wieder.

Unsere Preisinformationen sind dabei so gestaltet, daß sie nicht nur eine Hilfe für den Preisvergleich sind, sondern auch die Mengenprüfung erleichtern. Mit einem Punkt und der Mengenangabe vor der Artikelbezeichnung z. B. 1 Liter-Flasche Amselfelder weisen wir darauf hin, daß diese Artikel vielfach auch in anderen Mengen angeboten werden. Optisch sind diese Unterschiede oft nur schwer oder gar nicht wahrzunehmen. Besser ist daher, bei diesen Artikeln nicht auf den Preis, sondern auch auf die Mengenangabe zu schauen.

Außerdem finden sich in unseren Informationen eine Reihe weiterer einkaufsbezogener Hinweise, z. B. auf Proben in unseren Läden, die Gelegenheit bieten – garantiert ohne Kaufbeeinflussung sich von der Qualität unserer Artikel zu überzeugen.

Aufgeschlossene Kunden

Das Prinzip der ALDI-Märkte ließ sich natürlich nur verwirklichen, weil die Kunden schnell erkannten, welche Vorteile sich hier boten. Sie begrüßten dieses Verkaufssystem, obwohl es ihnen einiges abverlangte (ihre Einkaufstätigkeit erschwerte).

Der Einkauf in einem ALDI-Markt vollzieht sich nicht unter so angenehmen Bedingungen wie anderswo. Weitere Wege – denn ALDI-Märkte gibt es nicht an jeder Straßenecke; gelegentliche Wartezeiten an den Kassen; Verzicht auf Dienstleistungen – um nur einige Punkte zu nennen – machen den Einkauf im ALDI-Markt nicht immer zum reinen Vergnügen, zum »Einkaufserlebnis«. Aber es ist unmöglich, mit einem bestimmten Verkaufssystem beides zu erreichen: den Einkauf so angenehm wie möglich zu machen und besonders preiswert zu sein.

Wir haben darum konsequent auf Qualität und besondere

Preiswürdigkeit gesetzt. Das Einkaufserlebnis unserer Kunden soll darin bestehen, gute Ware zu günstigen Preisen gekauft zu haben. Und es hat sich gezeigt, daß unsere Kunden ein Einkaufserlebnis dieser Art vorziehen, weil es kein Geld erfordert – in Form hoher Preise sondern ganz im Gegenteil über niedrige Preise Geld einbringt.

ALDI hat im wesentlichen seine Geschäftsprinzipien niemals geändert. Sie wurden nur fortgeschrieben und den Entwicklungen angepaßt. Es blieben die Preis- und Qualitätspolitik, weitgehend auch die Artikelzahl und der Gedanke von der problemlosen Ware. Geändert - aber konzeptkonform - wurden etwa die Standorte. Der Bedarf von mehr Parkplätzen ließ die Läden mehr an den Stadtrand und auf freiere Flächen abwandern; Kühlartikel wie Molkereiprodukte und Tiefkühlware wurden aufgenommen und das Non-Food Programm wurde erheblich erweitert.

Was ist das Besondere an den ALDI-Geschäftsprinzipien?

Konzept, Idee, Vision

Damit beginnt alles. Damit wird ein Unternehmen bestimmt und bis ins Detail gestaltet. Eine klare Strategie und klare Ziele sind die Grundlage jeder überzeugenden Geschäftspolitik.

Sortimentsbildung

Eine entscheidende Handelsfunktion war immer die Sortimentsfunktion, das heißt die Zusammenstellung der Artikel oder des Angebots inklusive Dienstleistungen an den Kunden, orientiert an den vermuteten Erwartungen der potentiellen Kunden. Der Unternehmer entscheidet zunächst stellvertretend für seine Kunden. Er trifft die Vorauswahl. Er übernimmt damit die Sortimentsfunktion. Die Kunden können seiner Auswahl vertrauen, seinen Qualitäten und seiner Wahl zwischen verschiedenen alternativen Möglichkeiten wie Maggi oder Knorr bei Fertigsuppen. Zur Entscheidung, zur Auswahl gehört Mut. Nicht verschiedene Male das gleichartige Angebot zu präsentieren, nur weil es sich um einen anderen Namen, eine andere Marke handelt. ALDI handelt nach dem Grundsatz: so wenige Artikel wie möglich, so viele verschiedene Arten wie möglich. Die Sortimentsbildung, die Artikelauswahl erfolgt unabhängig von den Lieferantenkonditionen und Preisen.

Preispolitik und Kosten

Niedrige Preise sind unabhängig von der Marktlage und von der Konkurrenzpolitik immer ein Vorteil für den Kunden. Und um diesen geht es. Niedrigste Kosten sind dafür eine unabdingbare Voraussetzung.

Werbung

Informativ und Vertrauen bildend

Geschäftspartner

So behandeln, wie man selbst behandelt werden möchte nach dem Motto: Leben und leben lassen.

ALDI HEUTE

Ein Ausblick in die Zukunft

Günter Ogger, der in seinem Buch *König Kunde. Angeschmiert und abserviert* kritisch mit dem Einzelhandel ins Gericht geht, wirft ALDI und anderen fragwürdige Einkaufsmethoden vor und moniert, daß die Verbraucher mit der Wahl der billigsten Anbieter eine negative Auslese bei den Einzelhändlern träfen. Kommerziell hält Ogger die deutschen Einzelhandelskonzerne für erfolgreich in Europa, aber die Discounter aus Deutschland eroberten die Nachbarländer »wie die Pest«.

Es fällt schwer, Unternehmen wie ALDI als »unanständig« anzusehen, nur weil sie kommerziell erfolgreich sind. Außerdem verlange der böse Discounter vom Kunden den totalen Verzicht auf alles, was den Einkauf angenehm mache. Offenbar aber kaufen die Kunden doch gern beim ALDI, sie haben doch die Freiheit überall hinzugehen, wenn es ihnen nicht gefiele. Beklagt wird auch, daß die Waren »lieblos« in die Regale gestapelt würden. In welchen Läden wird das denn mit Liebe getan? Vielleicht gibt es andere und angemessenere Orte, um Liebe zu finden?

Die Praxis, das sind die Äußerungen von Kunden, zeigt ganz andere Einschätzungen - so eine Kundin in der LZ-Verbraucherrunde: »ALDI hat fast so was Puritanisches, irgendwie ehrlicher als diese großartig aufgemachten Supermärkte.« Das Image des Unternehmens wird immer wieder mit den gleichen Worten beschrieben: »einfach«, »ehrlich«, »günstig«.

Ein vor einiger Zeit im *Zeit Magazin* (19. 6. 1997) erschienener Artikel von Claudia Kempf mit dem Titel »Die ALDIaner« zeigt, daß die ALDI-Läden inzwischen nicht nur ein »Muß« für alle geworden sind, sondern schon ein »Kult-Objekt«.

Die ALDIaner

Was ist bloß bei ALDI los? Der Laden ist plötzlich nicht mehr peinlich, sondern ein Muß. Früher liefen nur Sozialhilfeempfänger und Studenten in die Discounter der Gebrüder Theodor und

Karl Albrecht, heute füllen immer mehr Besserverdienende in den schmucklosen Gängen geradezu begeistert ihre Körbe und die Kassen der rund 3000 Filialen. Haben sie einfach die Nase voll vom Markenwahn, oder ist das gar die neue deutsche Bescheidenheit? Hier bekennen neun Menschen: Ja, ich kaufe bei ALDI. Oder besser *beim ALDI.*

Ute Noll, Bildredakteurin

In den ALDI zu gehen macht mir Spaß, wenn da nicht so viele Leute drin sind wie etwa Montag morgens. Ich kaufe da vor allem Putzmittel. Aber ich achte auch immer auf die Sonderangebote. Total Klasse finde ich, daß ALDI neulich auch Oleander hatte. Und da haben wir dann gleich drei gekauft. Das war einfach genial, die wollten wir sowieso kaufen, und jetzt standen die einfach da. Die waren wunderbar für unseren Balkon. Das Einkaufen beim ALDI macht auch Spaß, weil man da soviel sehen und Leute beobachten kann. Das ist fast wie Kino.

Bettina Uhlemann, Uhrmachermeisterin

Wir kaufen beim ALDI ein, weil es hier viele preiswerte Sachen gibt, die nicht unbedingt einen Markennamen tragen müssen, wie etwa Kinderklamotten und Windeln. Qualitativ sind die Produkte einwandfrei. Es gibt Schlafanzüge, die habe ich schon dreißigmal durch die Waschmaschine inklusive Tümmler gejagt und die sind immer noch in Ordnung. Mein Mann findet es absolut »kultig«, beim ALDI einzukaufen, und versucht manchmal, früher Feierabend zu machen, um für mich dorthin zu gehen. Ich glaube, er findet diese Verpackungen so lustig. Er bringt immer Sachen mit wie riesige Gebinde von Cornflakes oder Fleisch in Dosen. Finde ich völlig unspannend, aber er findet das total schick.

Helga Schmidt-Weilbrock, ehemalige Hotelbesitzerin

Durch Freunde bin ich auf ALDI aufmerksam gemacht worden, denn wir tranken einen ganz herrlichen Champagner, und der war vom ALDI. Seitdem beziehe ich meine Alkoholika hier und alles, was für Einladungen oder für die Kinder wichtig ist. Schließlich kann ich mir mit den sehr guten tiefgekühlten Sachen einen herrlichen Vorrat schaffen. Und donnerstags bin ich jedesmal bei ALDI, weil da frische Blumen kommen. Mir gefallen die Großräumigkeit, die Sauberkeit, die gute Luft und daß die Waren immer frisch sind. Sehr praktisch ist auch der Aufdruck auf den Bons, auf dem neben den Summen die Waren stehen. So hat man zu Hause einen genauen Überblick, wieviel man für was ausgegeben hat.

Dr. Ing. Götz Hartmann, Manager

Ich kaufe insbesondere deshalb beim ALDI, weil es da sehr preiswert ist. Das einzige Problem bei den Sonderangeboten ist, daß die schwer zu bekommen sind, weil natürlich viele Käufer wissen, daß die so gut sind. Das führt dazu, daß bei Sonderangeboten alle den Run auf die ALDI-Filialen hier in der Nähe machen, um beispielsweise die Hemden in der richtigen Kragenweite aus den Regalen zu ziehen. Grundsätzlich kann man sagen, daß es beim ALDI gute Qualität gibt – bei den Hemden sogar sehr gute Qualität – und daß die Preise niedriger sind als irgendwo sonst. Das Großartige am ALDI ist, daß wir da solche Summen sparen, daß sich meine Frau jetzt ein Kabriolett leisten konnte.

Heinz Rohn, Diplomingenieur

Seitdem ich Pensionär bin, treffe ich viele meiner Bekannten beim Einkaufen. Vor allem bei uns auf dem Land hat der ALDI auch seine soziale Funktion, bestehende Kontakte beim gemeinsamen Einkauf zu pflegen. Hier kaufe ich Produkte des täglichen Lebensbedarfs. Bei den Waren überzeugt mich das günstige Preis-Leistungs-Verhältnis. Aber auch die Sonderangebote sind attraktiv. Einmal habe ich eine Kamelhaardecke gekauft, die so schön war, daß meine Frau ebenfalls eine wollte. Im normalen Handel müßte ich für die Decke das Doppelte bezahlen. Auch einen Blutdruckmesser habe ich beim ALDI günstig erworben. Bei den Angeboten muß man allerdings Glück haben. Spätestens nach ein, zwei Wochen ist alles weg.

Stefan Zwink, Architekt

Eigentlich gehe ich nur ganz gezielt in den ALDI, niemals zufällig. Es gibt ein ganz gutes Bodenpflegemittel, das ich für meinen Parkettboden gern verwende. Und dann haben wir mit drei Leuten einen Kochclub, jeder kocht mal, und für solche Gelegenheiten ist auch so ein ALDI-Olivenöl eine ganz gute Sache. Wenn die Food-Sachen wirklich gut sind, werden die auch beim ALDI gekauft. Es ist ja bekannt, daß der Champagner sehr gut ist. Ich kenne Leute, die haben einmal einen ganzen Laden leergekauft. Nicht etwa für eine Party, sondern einfach zu Hause gehortet. Sonderangebote habe ich bisher nicht gekauft. Ich glaube, ein Fahrrad vom ALDI könnte man sich schon einmal zulegen. Für das Geld kann man sich ja jedes Jahr ein neues kaufen.

Gregor Schürmann, Dozent und Unternehmensberater

Jeder versucht ja, sinnvoll mit seinem Geld umzugehen. Luxus kann sinnvoll sein, wenn man ihn in echte Lebensfreude umsetzen kann, aber mein Toilettenpapier muß keinen Markennamen haben. Beim Waschmittel achte ich auf Qualität. Da findet man beim ALDI die prämierten Produkte und nicht anderswo. Bei Crackern zum Beispiel, die man seit seiner Studienzeit kennt, wechselt man vielleicht die Einkaufsquelle, aber nicht das Produkt. Vorwiegend kaufe ich Haushaltsmittel, Reinigungsgeschichten und alles, was im Sanitärbereich nötig ist. Aber es gibt auch Konserven, die durchaus Markenprodukte sind, obwohl es nicht draufsteht. Ich kaufe immer ganz gezielt meine Produkte, andere würde ich da nie kaufen. Aber ich wundere mich immer, wie ich das schaffe, einen ganz vollen Einkaufswagen mitzunehmen, ohne daß das mehr als hundert Mark kostet. Das ist schon erstaunlich.

Andrea Göke, leitende Angestellte

Ich kaufe gern und oft beim ALDI ein, weil es dort gute Qualität zu sehr annehmbaren Preisen gibt. Ich kaufe fast alles hier bis auf – ab und zu – Obst und Gemüse oder Frischfleisch. Auch die

Atmosphäre finde ich toll. Man hat einen guten Überblick, und die komplette Palette der Produkte ist sauber geordnet. Besonders toll finde ich, daß man manchmal auch Produkte beim ALDI findet, mit denen man gar nicht rechnet. Ich habe zum Beispiel im letzten Winter Angoraunterwäsche gekauft, die super zum Skifahren ist. Da hatte ich Glück, daß ich die bekommen habe. Einmal habe ich mir nämlich riesig viel Mühe gemacht, einen praktischen Handstaubsauger zu kriegen, den ich bei einer Freundin gesehen hatte. Den hatte mein Stamm-ALDI nicht. Deshalb habe ich alle Bekannten angerufen, die auch ALDI-Fans sind, und sie beauftragt, nach diesem Staubsauger zu gucken. Aber da bin ich leider leer ausgegangen.

Uwe Beyer, Art-director

Ich find' das alles ganz toll hier. Wenn ich nicht beim ALDI einkaufe, sondern in einem anderen Supermarkt, dann muß ich immer heulen an den Kassen, weil ich genau weiß, daß ich den ganzen Kram beim ALDI für die Hälfte gekriegt hätte. Am meisten eß' ich von dem Tortenbrie und dem Lachs mit der weltbesten Soße. Wenn ich in anderen Geschäften einkaufe, kriege ich immer eine Auswahlkrise. Beim ALDI gibt es dagegen, etwa beim Kaffee oder beim Käse, nur ganz wenige Sorten. Dann gibt es eine wahnsinnige Qualitätskontrolle, und alles ist immer brandfrisch, weil die Leute kaufen wie die Blöden. Neulich habe ich mir dort einen wunderschönen Fön gekauft, der hat fünfzehn Mark gekostet und eine Power, daß es einem schier den Kopf wegbläst. Der ist auch schon mal ins Klo gefallen und nicht kaputtgegangen. Dann habe ich ein Zelt von ALDI, eine Stereoanlage, und früher hatte ich auch einen Fernseher. Und das absolut Großartigste sind die Kassiererinnen. Die sind die schnellsten der Welt. Dabei irren sie sich höchst selten und haben auch noch für jeden Kunden ein freundliches Wort parat. Für mich ist es eine große Kunst, beim Einpacken schneller zu sein als die Kassiererin beim Eintippen. Das ist mir noch nie gelungen, obwohl ich alles fast schon mehr schmeiße als lege. Beim ALDI kommen alle Formen von Kultur und Altersstufen zusammen. Es gibt die lustigsten Typen. Einmal habe ich zwei Bauarbeiter getroffen, die sich fünf Paletten Hansapils geschnappt hatten. Als die an der Kasse standen, hatten beide schon fünf Dosen getrunken, weil sie die immer auf ex gekippt haben.

Ein Flugblatt des Deutschen Gewerkschaftsbundes zeigt, wie positiv und manchmal fast familiär die Öffentlichkeit ihre Beziehung zu ALDI gestaltete:

Vielfach war die Beziehung der Kunden zu ALDI eine Beziehung von Dankbarkeit, eine fast freundschaftliche, sehr emotionale Beziehung, die wohl kein anderes Unternehmen der Lebensmittelbranche erreichte und am ehesten noch mit dem intimen Verhältnis vergleichbar ist, das Kunden früher zu ihrem »Tante-Emma-Laden« hatten.

Es kommt heute sogar vor, daß junge Leute »ALDI-Parties« feiern: Parties, die einfach unter das Motto »ALDI« gestellt werden. Jeder Gast muß Artikel von ALDI mitbringen für die gemeinschaftliche Beköstigung und sich dazu noch irgendwie auf ALDI bezogen kleiden. Auch T-Shirts mit einem ALDI-ähnlichen Logo gibt es mittlerweile zu kaufen, und neben dem ALDI-Kochbuch für Ewachsene, *Aldidente,* ist nun auch ein ALDI-Kochbuch für Kinder erschienen: *Aldi Piccoli* von Paula B. Spielhof und Karin Augenthaler. Dieses Buch ist entstanden in Zusammenarbeit mit einem Verein, der sich »Erster Deutscher Aldi-Fan-Club« nennt. Der Fan-Club, heißt es, »bekennt sich zum Discounter Aldi und arbeitet so für eine bessere, ehrlichere und genußreichere Zukunft«. Hinter all dem steckt jedoch nicht die ALDI-Gruppe. Sie weiß und erfährt kaum davon.

Aktiv im Ausland

1976 wurde auf dem AIDA-Kongreß in Genf zum Thema ALDI von einem Italiener die Frage gestellt, ob die ALDI-Formel auch in Italien praktizierbar wäre. Heute, erst nach mehr als 20 Jahren, ist ALDI auf dem Weg dorthin. Die Ita-

Flugblatt der Arbeitsgruppe »Verbraucher« im Deutschen Gewerkschaftsbund vom 15. September 1973:

Wollen Sie Ihr Geld zum Fenster hinauswerfen?

Überhöhte Preisforderungen müssen nicht sein, wenn Sie Ihre Möglichkeiten nutzen!

Kaufen Sie preisbewußt! Informieren Sie sich!
Sie bestimmen die Preise mit Ihrem Geld!
Jedes Jahr verlieren Sie durch die Teuerung einen großen Teil Ihres Einkommens!

Das muß nicht sein!

Wir informieren Sie durch Preisvergleiche.

Wir haben für Sie eingekauft:

2 Warenkörbe mit gleichem Inhalt

mit gleichen Markenartikeln oder
vergleichbaren Qualitäten!!!

Der eine Warenkorb kostet: ***DM 99,06***
Der andere Warenkorb kostet: ***DM 56,80***

Sehen Sie selbst, besuchen Sie unseren Informationsstand
Heute 15. September 1973 – 9.00–13.00 Uhr
Schillerplatz

Arbeitsgruppe »Verbraucher«
im Deutschen Gewerkschaftsbund
Kreis Iserlohn

Anmerkung des Verfassers: Gekauft wurden zwei Warenkörbe mit je 32 Artikeln. Der billige Korb bei ALDI, der teuere Korb bei bekannten deutschen Filialunternehmen liener hätten also schon lange vorher ihren Markt entsprechend bearbeiten können. Sie haben aber gewartet, bis die ersten deutschen Discounter erschienen. Ein Amerikaner fragte in Genf, ob ALDIs Management und Geschäftsprinzipien geeignet wären, um das ALDI-Konzept auch auf andere Länder zu übertragen und kreuz und quer in der Welt zu expandieren. Wenn man die Prinzipien der Dezentralisation beherrscht - wie ja wohl auch McDonalds -, dann ist das ein geringes Problem. Inzwischen erzielt ALDI meiner Schätzung nach einen Auslandsumsatz von etwa 18 Milliarden Mark.

Europa

Die Marktanteile des Discountsegments in Europa im Jahr 2000 dürften zwischen 20 und 25 Prozent betragen. 1991 wurde der Discountanteil noch auf 10 Prozent geschätzt, 1996 waren es bereits 16 Prozent.

Viele Experimente von Handelsunternehmen auf dem Lebensmittelsektor im Ausland sind gescheitert. Die belgischen Versuche in Holland wurden aufgegeben, die Holländer waren in Belgien erfolglos, die Schweizer und Franzosen bislang in Deutschland. Eigentlich konnte sich bislang nur ein System des Lebensmittelhandels in Europa und sogar in den USA erfolgreich ausbreiten: das Discount-System. Hier sind es dann allerdings auch die Mitbewerber von ALDI, die expansiv waren, wie insbesondere Lidl mit inzwischen etwa 1300 Läden in Europa außerhalb Deutschlands.

ALDI dürfte im gesamten Ausland 2700 Läden betreiben, davon etwa 1700 in Europa und 1000 in den USA. Allerdings kann festgestellt werden, daß die ursprünglichen Versuche des »soft discounts« wenig erfolgreich waren. Nur der »hard discount« à la ALDI konnte den Markt wirklich beherrschen. So wandeln sich die ursprünglichen »soft discounter« inzwischen zu »hard discountern« oder zu Nachbarschaftsmärkten mit zunehmenden Sortimenten.

Österreich (ALDI Süd)

Das erste Auslandsengagement der Albrecht-Gruppe war 1967 die Übernahme eines kleinen österreichischen Filialisten mit dem Namen Hofer. Dieser Name wurde bis heute beibehalten. Zeitweise hatte Hofer/ALDI wie auch die Gruppe in Dänemark erhebliche Probleme mit den Behörden. 1975 versuchte man dort, ein »Anti-Hofer-Gesetz« zu erlassen. Alle Lebensmittel-Discounter sollten verpflichtet werden, Milch, Molkereiprodukte und Brot zu führen, zur besseren Sicherung der Nahversorgung der Bevölkerung.

Die Wirklichkeit hat in allen Ländern und auch in Deutschland immer wieder gezeigt, daß es bei solchen Reglementierungsversuchen niemals um die Versorgungslage der Bevölkerung ging, sondern um handfeste wirtschaftliche Interessen zur Absicherung bestimmter Branchen oder Interessengruppen. Zu den führenden Widersachern von Hofer und zu den Unterstützern des »Anti-Hofer-Gesetzes« gehörte allen voran der österreichische »Konsum«. Vielleicht wäre es besser gewesen, der »Konsum« hätte sich mit seinen eigenen Unternehmen strategisch neu ausgerichtet: Inzwischen hat er sein Ende gefunden. ALDI/Hofer dürfte in Österreich mit etwa 200 Läden über 3 Milliarden Mark Umsatz machen.

USA (ALDI Süd)

In den USA investierte Karl Albrecht. 1976 übernahm er die Benner Tea Co. in Illinois und betreibt inzwischen etwa 1000 Boxstores, wie die Amerikaner sehr bildhaft diese Läden nennen (box = Kiste oder Karton). Der Umsatz dürfte inzwischen 5 Milliarden Mark erreichen.

England (ALDI Süd)

In England wurde ALDI Süd um 1990 aktiv. Dieser wegen seiner extrem hohen Handelsmargen sehr interessante Markt ging vermutlich an ALDI Süd mit der »stillschweigenden« Übereinkunft, die ehemalige DDR dem Norden zu überlassen. Allerdings hätte Nord mit seinen Niederländischen Verbindungen sicherlich manches leichter gehabt.

Aber Süd ist erfolgreich. Von 1991 bis 1994 wurde der Umsatz - natürlich aufgrund der Expansion - um das Sechsfache gesteigert. 1998 gab es knapp 230 ALDI-Märkte mit einem Umsatz von etwa 2 Milliarden Mark.

Niederlande (ALDI Nord)

Mit der Übernahme eines kleinen Filialbetriebes der Firma Combi N. V. in Zeist vor mehr als 20 Jahren begann der Norden seine Auslandsaktivitäten. Die Niederlande wurden später zum wichtigen Sprungbrett nach Belgien (zunächst Flandern) und weiter über Wallonien nach Frankreich. Eine ideale Entwicklung unter dem sehr wichtigen Gesichtspunkt der Sprachen. Etwa 360 Filialen schaffen heute einen Umsatz von 2,7 Milliarden Mark.

Belgien (ALDI Nord)

Als ALDI 1976 auf dem belgischen Markt erschien, nachdem der kleine Filialbetrieb Lansa N. V. übernommen wurde, begannen auch hier die Fachleute mit ihren Analysen und Betrachtungen. Immerhin gelang dem Fachblatt *Trends* 1978 eine sehr kluge Beschreibung der neuen Lage. Einige Zitate mögen ein Bild davon geben, wie die Belgier die ALDI-Aktivitäten wahrnahmen, nachdem ALDI im Nachbarland Holland schon seit etwa 3 Jahren mit inzwischen 80 Läden aktiv war: »ALDI ist eine eigenartige Erscheinung«, heißt es beispielsweise dort. Und weiter: »Die Gebrüder Albrecht, zwei Self-made-men, begannen in Deutschland mit Prinzipien, die die etablierten und bedeutenden Händler ihre Köpfe schütteln ließen: Laß die Jungs man machen, da kann sowieso nichts draus werden.« Richtig wurde festgestellt: »Die einzigen Normen sind: Qualität und Preis« und »Das ganze System basiert auf geringstmöglichen Kosten, die einen niedrigen Verkaufspreis zulassen und doch einen beträchtlichen Gewinn ermöglichen«. Und zur Reaktion der Konkurrenz schrieben die Journalisten:

»Die Fachleute des Handels wußten, daß ein solches Projekt wahnsinnig war und das aus guten Gründen. Der Verbraucher will ein vollständiges Angebot an einem Ort. Ein Supermarkt hat eine Auswahl von ungefähr 5000 Artikeln. Je größer die Auswahl, desto mehr Kunden kann man anziehen. Der Verbraucher wünscht eine angenehme Kaufatmosphäre und eine luxuriöse Einrichtung. Die Mehrzahl der Verbraucher kauft keine total unbekannten Marken. ALDI verkauft zu billig. Das kann er nicht durchhalten. Ja, und was haben wir früher auch noch alles gehört? Bei uns will der Kunde bedient werden, in Belgien hat Selbstbedienung keine Chance. Supermärkte: gut für Amerika, bei uns klappt das nicht.«

Nun, der belgische Redakteur hatte seine Lektion gelernt und vermutlich auch seinen »Karl Albrecht von 1953« gelesen. Übrigens ist ALDI kaum irgendwo im Ausland schneller und besser gestartet als in Belgien. Und das unter dem Umstand, daß, wie oft in anderen Ländern, ALDI in Belgien der erste erfolgreiche Ausländer war. Mit 300 Läden macht ALDI Belgien einen Umsatz von rund 2,5 Milliarden Mark.

Dänemark (ALDI Nord)

In Dänemark, wo ALDI aus vielerlei bekannten, aber auch bis heute noch unbekannten Gründen nicht »auf einen grünen Zweig« kommen konnte, wurde der Newcomer mit hartem Widerstand und fast mit Haß aufgenommen.

Erik Sunström, Vorsitzender des Vereins dänischer Kolonialwarenhändler und Spar-Händler, schrieb: »Ich verstehe nicht, was ›die‹ wollen. Die dänischen Kaufleute tun ihr Bestes und stehen im harten Konkurrenzkampf untereinander.«

In Dänemark machten dann auch protektionistische Praktiken ALDI das Leben schwer. Verboten wurde, H-Milch ungekühlt zu transportieren und zu verkaufen. Damit beschäftigte sich dann schließlich die Europäische Kommission und der Europäische Gerichtshof, vor dem der dänische Staat schließlich nachgeben mußte. Anfang 1997 betrieb ALDI etwa 200 Märkte. Das entspricht durchaus etwa der Marktdichte im Verhältnis zur Bevölkerung in Deutschland. Der Umsatz dürfte etwa 1 Milliarde Mark erreicht haben.

Frankreich (ALDI Nord)

Discount in Frankreich, vor zehn Jahren eine Kulturrevolution, ist heute ein Erfolgsschlager: Mehr als 1500 Läden gibt es, und jährlich kommen über 200 hinzu. Wahrscheinlich aber werden diese Zahlen, wie früher in Deutschland auch, erheblich unterschätzt.

In Frankreich, dem Land der Gourmets, erzielte ALDI von Beginn an überwältigende Erfolge. Logistisch und von der Führung her wurde der Start aus dem südlichen Belgien, dem französischsprachigen Wallonien sehr vereinfacht. 1996 übernahm ALDI 74 Dia-Märkte von Promodès. 1998 betrieb ALDI schon 350 Märkte mit mehr als 2 Milliarden DM Umsatz, Lidl aber bereits über 600. Die deutschen Discounter teilen sich den französischen Markt, beschreiben Experten die Situation. Die Franzosen sehen für sich relativ geringe Möglichkeiten, weil die Expansion ihrer Meinung nach einen sehr hohen Kapitalbedarf erfordert – eine Einschätzung, die falsch ist: Der Kapitalbedarf ist im Vergleich zu anderen Einzelhandelsinvestitionen gering. Die Schwierigkeiten liegen meiner Ansicht nach eher in der Umsetzung eines einfachen Konzeptes mit Managern, die es nicht gelernt haben, konsequent und einfach zu handeln.

In den USA kaufte ich 1978 für Theo Albrecht ein kleines Filialunternehmen mit Delikatessen, europäischen Weinen und Käsespezialitäten: Trader Joe's. Ein Unternehmen, in dessen Hollywood-Filiale nicht nur die berühmtesten Schauspieler selbst einkaufen und zu dem die Kunden bis zu 100 Meilen fahren. Gründer war Joe Coulombe, einer der kenntnisreichsten und phantasievollsten Unternehmer, die mir je begegnet sind. Er hatte mit seiner kundenorientierten Leidenschaft über viele Jahre den Grundstein für den späteren Erfolg gelegt, nicht zuletzt mit seiner bekannten Rundfunkwerbung im Classic-Music-Sender KFAC unter dem Titel »This is Joe Coulombe with today's words on food and wine«. Zu Beginn der Verhandlungen stand der Kaufakt auf Messers Schneide. Joe Coulombe hatte Angst um sein Unternehmen und seine Mitarbeiter, die zu ALDI stehen würden wie Feuer zu Wasser. Theo Albrecht hatte es letztlich meiner engen persönlichen und vertraulichen Beziehung zu Joe Coulombe und seiner Frau zu danken, daß der Kauf später doch noch zustande kam.

Aus einer kleinen Anfangsinvestition ist mittlerweile ein Riesenvermögen entstanden. Die heute über 80 Geschäfte mit 750 Millionen Dollar Umsatz verkaufen Delikatessen von der Palette und sind ein Kultobjekt.

Nachdem eigene Discountaktivitäten der Essener ALDI Gruppe zunächst geplant und dann doch gestoppt wurden – ich führte in Texas bereits Einstellungsgespräche mit Bewerbern für die CEO-Position – suchte ich für Theo Albrecht nach einer weiteren interessanten Beteiligung im amerikanischen Lebensmittelhandel. Attraktiv erschien mir Albertson's in Boise, Idaho. Dank guter Kontakte zum Mehrheitsaktionär Joe Albertson und dem Top-Management wurde der neue Großaktionär, die Theo Albrecht Stiftung, 1982 »freundlich« aufgenommen. Mit gut 10 Prozent Anteil wurde diese Investition an dem exzellenten Unternehmen, das in den USA nach der Fusion mit American Stores an zweiter Stelle gemessen am Umsatz steht, eine gute Investition.

Stärkste Discountbegeisterung wird Italien nachgesagt: Monatlich eröffnen über 100 neue Läden. ALDI steht noch vor den Toren Roms.

Wie wird es weitergehen? Der dicke Dampfer ALDI fährt. Die Europäische Union führt zu rasantem Informationsaustausch, Grenzen sind durchlässig, und so erscheint es völlig folgerichtig, wenn es bald in jedem EU-Land eine ALDI-Organisation geben wird. Der »Euro« wird im übrigen dazu führen, daß man demnächst sehr leicht die Preise über die Grenzen vergleichen kann.

Die Management-Multiplikation für die Organisationen vor Ort wird mit zunehmender Größe immer einfacher. Ob allerdings der Verwaltungsrat in Essen das gesamte Imperium wird managen können, bleibt eine offene Frage. Für Mülheim ist vorstellbar, daß man sich dort - wie im Tagesgeschäft auch - eher beherrschen und auf wenige sehr attraktive Länder konzentrieren wird.

Zukunftsperspektiven

Rewe-Chef Hans Reischl prognostizierte vor kurzem, daß das Discountsystem seinen Zenit überschritten habe, weil die Vollversorger inzwischen ihre Kosten so im Griff hätten, daß sie Paroli bieten könnten[40]. Diese Einschätzung teile ich nicht. Der Trugschluß besteht meiner Ansicht nach darin, daß die anderen wohl besser geworden sein könnten – was durchaus bezweifelt werden darf –, aber die wirklichen Discounter betreiben ein anderes System.

Das ALDI-Konzept, also die ALDI-Kultur, die besonderen Organisationsgrundsätze und die Prinzipien der Geschäftspolitik bilden ein verhältnismäßig strenges, ganzheitliches System. ALDI ist ein System und für ALDI gilt:

Das System ist wichtiger als die Mannschaft

Solche prägenden Systeme sind prinzipiell übertragbar auf andere Anwender und auch auf andere Branchen und Aufgaben, bis in kulturelle und politische Bereiche hinein.

ALDI hat seinen gewaltigen Wettbewerbsvorsprung gewonnen mit seinen Prinzipien der Einfachheit, mit seiner Konsequenz, mit seiner Arbeit im Detail. ALDI konnte die Zeit nutzen, in der die Konkurrenz sich mit zähen Organisationen ausstattete, arrogant auf den Newcomer blickte und ihre Komplexität pflegte und ausbaute. Heute sind allerdings einige munter geworden und dabei, alte Zöpfe abzuschneiden. Doch erst, wenn sich die Erkenntnis verbreitet, daß Sortiment und Preis die Themen des Einzelhandels sind, weil das den Kunden interessiert, wird es noch munterer auf den Märkten werden.

Zurück zur Natur oder »Back to the Basics«, kann man dem Handel da nur zurufen, und »Haltet es einfach«! Eine eigene Unternehmenskultur mit guten Organisations- und Geschäftsprinzipien, ausgerichtet an der Kernfrage »Warum soll der Kunde in meinem Laden kaufen?«, bringt Lösungen und gute Entwicklungen. Nur so können die deutschen Unternehmen dem Riesen Wal-Mart begegnen. Wal-Mart sollte als neuer Konkurrent besonders ernst genommen werden. Nicht weil Wal-Mart mehr als doppelt so groß ist wie die Metro, sondern weil die Prinzipien von Wal-Mart denen von ALDI so ähnlich sind.

Computer verdrängen Bohnenkonserven

Der Non-Food-Anteil bzw. der Anteil an ALDI-Aktuell-Artikeln wie es offiziell und intern heißt, dürfte inzwischen über 15 Prozent vom Umsatz betragen, was etwa 5 Milliarden Mark bedeutet. Ursprünglich waren dies lediglich etwa 2 Prozent. Wenn ALDI jeweils eine ausreichende Warenversorgung gelingt, kann ein jährlicher Umsatz von bis zu 8 Milliarden Mark erreicht werden.

Früher hatte ALDI eine strenge Regel: Drei Aktuell-Artikel, die innerhalb von drei Wochen verkauft sein sollten.

Heute geht ALDI viel weiter, sicherlich auch nicht ohne Probleme. Nach derzeitigem System werden alle 14 Tage zwölf Artikel neu aufgenommen, was oft bis zu 30 Artikel im Non-Food-Sortiment zur gleichen Zeit bedeuten kann. Ladenhüter oder - vornehmer ausgedrückt - Reste sind nicht immer zu vermeiden. Bei späteren Preissenkungen zum Verkauf von Resten kann auch die Glaubwürdigkeit in Frage gestellt werden. Probleme entstehen auch, wenn ein Laden von bestimmten begehrten Artikeln nur acht Stück bekommt (Brotbackofen in Hamburger Filialen), weil Einkauf oder Versorgung nicht funktionieren.

Immerhin kommentierte die FAZ den Verkauf des ALDI PC Medion/Lifetec, eines reich ausgestatteten 586er Pentium zu DM 1998,- mit den Worten:

> »Wer rechnet schon mit ALDI?
> Was sich in nach Tausenden zählenden Stückzahlen verkaufen läßt, hält über kurz oder lang Einzug bei ALDI. Und von dort, im Karton für 1998 Mark von der Europalette, haben wir ihn her: einen Minitower rund um einen mit 100 Megahertz getakteten Cyrix 5x86 gebaut, einen Kompaktrechner nach dem Vorbild anderer aus der unteren Pentiumklasse. Medion heißt er.«

Fachkreise schätzen, daß ALDI mit Computern, die 1999 im vierten Jahr verkauft wurden, schon einen Marktanteil zwischen fünf und zehn Prozent in Deutschland erreicht hat. 150 000 Leser der »Computer-Bild« (größte europäische Computer-Zeitung) kürten den ALDI-Computer zur »Beliebtesten elektronischen Neuerscheinung des Jahres 1998«. ALDI erhielt dafür den »Goldenen Computer«. Der »Medion Professional« wurde von der Zeitschrift mit »sehr gut« getestet.

Ursprünglich waren einmal die Goldenen Angebote von Kaufhof das Vorbild und die Idee. Auch ALDI schreibt selbstverständlich ab und kopiert. Verkäufe von Gebrauchsgütern im Lebensmittel-Einzelhandel haben inzwischen Tradition und eine große Bedeutung. ALDI gilt dabei schon als einer der führenden Textilanbieter in Deutschland.

Tchibo macht inzwischen mit Non-Food mehr Umsatz als mit Kaffee.

Auch hier ist die geringe Artikelzahl, die ohne Service in riesigen Mengen zu sehr niedrigen Preisen ein- und verkauft wird, die Ursache für den Erfolg. Basis sind immer die mehreren tausend Verkaufspunkte, über die nur der Lebensmittel-Einzelhandel verfügt. Jedoch führen ALDI und Tchibo ihre angestammten Sortimente unberührt von den neuen Aktionen in bekannter Weise weiter.

Bleibt ALDI noch konsequent?

Das ausgeweitete Non-Food-Sortiment bewirkt eine graduelle, aber keine prinzipielle Veränderung bei ALDI - anders als die Sortimentserweiterung: ALDI Nord hat sein Sortiment in den vergangenen Jahren um 100 Artikel ausgeweitet. Das ist in meinen Augen eine schwerwiegende prinzipielle Änderung mit einer Tendenz zur Systemänderung.

ALDI Süd - über Jahrzehnte mit 450 Artikeln - führt heute 650 Artikel. Die Mülheimer galten immer als die »Bibeltreuen«, die Sturen, aber auch die klareren und härteren Unternehmensleiter. Mit vielen Entwicklungen folgten sie den Essenern erst Jahre später, so wie jetzt mit Tiefkühlkost und früher mit gekühlten Molkereiprodukten und Obst und Gemüse. Mehr Kreativität und Beweglichkeit in Essen, mehr Konsequenz und Einfachheit in Mülheim. Die Prognose dürfte heute sein, daß ALDI Süd damit erfolgreicher sein wird.

Disziplinierung ist im Handel, besonders im Discount, wohl die schwierigste aller Übungen. Oft unterliegen die Verantwortlichen dem Irrtum anzunehmen, wenn 600 Artikel funktionieren, dann funktionieren auch 610 und wahrscheinlich 650. Die Schwierigkeit ist nun, daß diese Annahme an sich nicht falsch ist. Aber, wo ist die Grenze? Sie kann nur willkürlich gezogen werden und muß dann mit eiserner Hand eingehalten werden. Eines ist allerdings klar: Jeder zusätzliche Artikel verursacht mit Sicherheit einen

Mehraufwand. Außerdem wird dadurch oft der Umsatz eines ähnlichen Artikels reduziert und dessen Bedeutung im Einkauf verringert. Hinzu kommen die nicht quantifizierbaren Einflüsse auf die Organisationsabläufe. ALDI stellt keine umständlichen Berechnungen an, sondern setzte lange Zeit rigoros Grenzen. Innerhalb des gesteckten Rahmens kann jeder Mitarbeiter seine Kreativität einbringen und sich - wie Einstein - an Verbesserungen und größere Leistung herantasten.

Im Grunde beginnt mit der Sortimentserweiterung ein Wertewandel. Auch im organisatorischen Bereich ist festzustellen, daß die für ALDI Nord so bedeutende und erfolgreiche Delegations- und Kontrollkultur sich aus verschiedenen Gründen verändert. Die Konzepte befinden sich im Übergangsstadium. Vor allem auch die personelle Besetzung der obersten Unternehmensleitung, des Verwaltungsrats, hat so gravierende Veränderungen erfahren, daß keine Sicherheit mehr dafür besteht, daß ALDI Nord seinen Weg so konsequent und erfolgreich wie bislang fortsetzen kann und so konsequent einfach bleiben kann wie in der Vergangenheit oder wie es bei ALDI Süd noch heute der Fall ist. Die abnehmende Bedeutung der regionalen Geschäftsführer wird sich nachteilig auswirken. Die alte sehr motivierende Bedeutung jedes einzelnen kann in einer Runde mit 34 Regionalgesellschaften und dem Verwaltungsrat nicht mehr wirksam sein. Eine wachsende - demotivierende - zentrale Autorität ist die Folge. Mit klugen organisatorischen Änderungen könnte der Verwaltungsrat auf diese Entwicklung reagieren. Aber ohne Mut geht das wie überall auch bei ALDI nicht.

Auch die alte Garde der ALDI-Geschäftsführer in Deutschland, Friedhelm Bekes, Gerhard Bohnenstengel, Harald Schneidenbach, Peter Vianden oder die ersten niederländischen Geschäftsführer Schnier, Conijn und Simons, die mit Leib und Seele ALDIaner waren, sind inzwischen abgetreten. Alfred Bartosch, der das Prinzip des ALDI-Einkaufs beherrschte wie kein anderer, ist ebenfalls nicht mehr an Bord, wie auch die ersten Mitglieder des Verwaltungsrats, Otto Hübner und der Verfasser dieses Buches.

Aber bei allen Fragezeichen zur künftigen Theorie und Praxis bleibt zur Zeit als entscheidendes Aktivum das ungeheuer positive Urteil der Verbraucher. Ein Vorsprung, der nur schwer verspielt werden kann. Die ALDI-Geschäftsleitung braucht im Wettbewerb mit Lidl, Penny und Netto Ruhe und Gelassenheit, um das ALDI-Konzept angemessen weiterentwickeln zu können.

In seinem 1997 erschienenen Bestseller *Das Dilbert Prinzip* sagt Scott Adams den Unternehmern, daß sie höchst selten einen Unternehmensberater finden, der empfiehlt, alles beim alten zu lassen. Als – allerdings von ALDI nicht gefragter Unternehmensberater würde ich ALDI empfehlen: »Bewahrt die erfolgreichen Prinzipien und Systeme. Ändert nur behutsam und graduell!« Systemerhaltung statt Systemveränderung.

Die gewaltige Expansion von diskontierenden Mitbewerbern auf dem deutschen und auf den europäischen Märkten bedrängt ALDI. Kurzfristige Umsatzverluste sind nicht zu vermeiden. 1997 und 1998 sind die Umsätze auf den vergleichbaren Flächen gegenüber den jeweiligen Vorjahren kaum noch gestiegen. Eine solche Stagnation kann nicht überwunden werden mit Sortimentsausweitungen, sondern nur mit den bewährten Methoden von kompromißloser Konsequenz und der mühsamen Arbeit im Detail, die allein den Konkurrenzvorsprung auf Dauer sichern helfen. Erwin Conradi von der Metro hat das sinngemäß treffend beschrieben: die Erfolgsaussichten eines Systems wachsen, wenn ich genau weiß, welches meine Erfolgselemente sind – und die darf ich nicht antasten.

Ingvar Kamprad hat das für Ikea so formuliert: »Wir sind ein Konzeptunternehmen. Wenn wir uns an das Konzept halten, werden wir niemals sterben.« »Konsequent einfach« bleiben lautet daher die Herausforderung der Zukunft an ALDI.

Anmerkungen

1 Hans Otto Eglau, *Die Kasse muß stimmen,* München 1972
2 Astrid Paprotta, Regina Schneider, *Aldidente - 30 Tage preiswert schlemmen. Ein Discounter wird erforscht,* Frankfurt a. M. 1996
3 *Lebensmittel-Zeitung,* 2. 7. 1993
4 *Handelsblatt,* 24. 1. 1995
5 Wörtlich wiedergegebener Fachvortrag, *Lebensmittel-Zeitung,* 4. 9. 1975
6 Hans-Otto Eglau, in *Die Zeit,* 3. 7. 1970
7 *Lebensmittel-Zeitung,* 4. 2. 1983
8 *Lebensmittelpraxis* 20/1992
9 Nielsen, in *Capital* 4/1995
10 Rolf Berth, *Erfolg. Überlegenheitsmanagement. 12 Mind-Profit-Strategien,* München o. J.
11 Dieter Wäscher, in *Blick durch die Wirtschaft,* 29. 11. 1996.
12 *Lebensmittel-Zeitung,* 12. 11. 1992
13 Cuno Pümpin, *Management strategischer Erfolgspositionen,* Bern–Stuttgart 1992
14 Ingvar Kamprad, Bertil Torekull: *Das Geheimnis von Ikea,* Hamburg 1998
15 Peter Drucker, *Managing for Results,* New York 1964
16 vgl. Anmerkung 14
17 *Blick durch die Wirtschaft,* 28. 2. 1997
18 Don Clifford, Richard E. Cavanagh, *The Winning Performance,* New York 1985
19 *Die Zeit,* 7. 2. 1997
20 Reinhard Höhn, »Die Flucht aus der Verantwortung«, in *management heute,* 5/1975
21 *Wirtschaftswoche,* 9. 9. 1983
22 *Lebensmittel-Zeitung,* 21. 3. 1997
23 *Frankfurter Briefe für Unternehmensführung,* 23. 11. 1990
24 *Blick durch die Wirtschaft,* 1. 2. 1995
25 *Lebensmittel-Zeitung,* 6. 12. 1991
26 *Die Zeit,* 18. 10. 1996

27 *Lebensmittel-Zeitung,* 10. 10. 1997
28 *Lebensmittel-Zeitung,* 10. 2. 1995
29 Vgl. dazu *Die Zeit,* 11. 4. 1997.
30 *Der Handel* 4/95, S. 28
31 *Lebensmittel-Zeitung,* 11. 11. 1994
32 *Lebensmittelpraxis* 19/1991
33 *Focus* 18/1997
34 *Lebensmittel-Zeitung,* 22. 8. 1997
35 *Blick durch die Wirtschaft,* 17. 4. 1997
36 Roger Fisher, William L. Ury, Bruce Patton: *Das Harvard-Konzept, Sachgerecht verhandeln - erfolgreich verhandeln,* Frankfurt/New York 1996
37 Dem interessierten Leser wird dazu ein Aufsatz in der *Lebensmittel-Zeitung* vom 7. 3. 1997 empfohlen, in dem Roland Berger & Partner und die amerikanische The Partnering Group das von ihnen erarbeitete »Europäische Ideal-Modell eines Category Managements« vorstellen und die strategischen Überlegungen und Maßnahmen mit schönen Charts illustrieren.
38 *Lebensmittel-Zeitung,* 10. 7. 1992
39 WISO-Tip des ZDF am 15. 9. 1997 zum Thema Supermarktkassen
40 *Lebensmittel-Zeitung,* 15. 8. 1997

Literatur

Adams, Scott: *Das Dilbert Prinzip. Die endgültige Wahrheit über Chefs, Konferenzen, Manager und andere Martyrien,* Landsberg 1997

Augenthaler, Karin, Paula B. Spielhof: *Aldi Piccoli. Das erste Aldi-Kinder-Kochbuch,* Zürich 1997

Berth, Rolf: *Erfolg. Überlegenheitsmanagement. 12 Mind-Profit-Strategien,* München o. J.

Binnig, Gerd: *Aus dem Nichts. Über die Kreativität von Natur und Mensch,* München 1997

Brooks Jr., Frederick P.: *The Mythical Man Month. Essays on Software Engineering,* Reading (MA) 1985

Clifford, Don, Richard E. Cavanagh: *The Winning Performance,* New York 1985

Doppler, Klaus, Christoph Lauterburg: *Change Management,* Frankfurt 1997

Drucker, Peter: *Managing for Results,* New York 1964

Eglau, Hans Otto: *Die Kasse muß stimmen,* München 1972

Fisher, Roger, Bruce Patton, William L. Ury: *Das Harvard-Konzept. Sachgerecht Verhandeln - erfolgreich verhandeln,* Frankfurt/New York 1996

Gesellschaft für Konsumforschung: *Aldi-Studien,* 1995

Görtz, Frank: *Der Einkaufsführer - Ein Ratgeber zum Geld sparen,* 1974 (vermutlich nicht mehr lieferbar)

Goeudevert, Daniel: *Wie ein Vogel im Aquarium. Aus dem Leben eines Managers,* Berlin 1996

Harmel, Gary, C. K. Prahalad: *Wettlauf um die Zukunft. Wie Sie mit bahnbrechenden Strategien die Kontrolle über Ihre Branche gewinnen und die Märkte von morgen schaffen,* Wien 1995

Jones, Daniel T., Daniel Roos, James P. Womack: *Die zweite Revolution in der Autoindustrie. Konsequenzen aus der weltweiten Studie des Massachusetts Institute of Technology,* 8. Auflage, Frankfurt/New York 1994

Kamprad, Ingvar, Bertil Torekull: *Das Geheimnis von Ikea,* Hamburg 1998

Luhmann, Niklas: *Vertrauen. Ein Mechanismus der Reduktion sozialer Komplexität,* 3. Auflage, Stuttgart 1989

Ogger, Günter: *König Kunde. Angeschmiert und abserviert,* München 1996

Paprotta, Astrid, Regina Schneider: *Aldidente - 30 Tage preiswert schlemmen. Ein Discounter wird erforscht,* Frankfurt a. M. 1996

Peters, Tom, Robert Waterman: *In Search of Excellence. Lessons from America's Best-Run Companies;* deutsch: *Auf der Suche nach Spitzenleistungen. Was man von den bestgeführten US-Unternehmen lernen kann,* Landsberg 1993

Pümpin, Cuno, *Management strategischer Erfolgspositionen,* Bern-Stuttgart 1992

Shapiro, Eileen C.: *Trendsurfen in der Chefetage. Unternehmensführung jenseits der Management-Moden,* Frankfurt/New York 1996

Shingo, Shigeo: *Das Erfolgsgeheimnis der Toyota-Produktion* (vermutlich nicht mehr lieferbar)

Townsend, Robert: *Further up the Organisation,* 1985

Register